工业和信息产业职业教育教学指导委员会"十二
基于物流业务流程的梯进式模块化系列

运输管理实务——项目教程

陈建华　杜丽茶　简学军　编　著

电子工业出版社
Publishing House of Electronics Industry
北京·BEIJING

内容简介

本书共由七个项目组成，每个项目按照先熟悉知识点，再掌握业务操作点及流程，进而进行业务管理的三层次梯进模式，即知识储备、实践操作及能力拓展三个部分，系统地介绍了公路运输管理、水路运输管理、铁路运输管理、航空运输管理、多式联运管理、运输信息系统管理等方面的内容，教师和学生可根据自己的兴趣和需要自由选择。各个项目设置了相应的技能训练，对培养具有良好职业道德、一定理论知识、较强操作和管理实践能力并具有可持续发展能力的运输职业型人才有较强的针对性。

本书适合作为高职院校特流及相关专业的教材，也可供从业人员自学参考使用。

未经许可，不得以任何方式复制或抄袭本书之部分或全部内容。
版权所有，侵权必究。

图书在版编目（CIP）数据

运输管理实务：项目教程 / 陈建华，杜丽茶，简学军编著. —北京：电子工业出版社，2014.7
基于物流业务流程的梯进式模块化系列教材
ISBN 978-7-121-22458-4

Ⅰ.①运… Ⅱ.①陈… ②杜… ③简… Ⅲ.①物流—货物运输—管理—高等职业教育—教材 Ⅳ.①F252

中国版本图书馆 CIP 数据核字（2014）第 023326 号

策划编辑：张云怡
责任编辑：郝黎明
印　　刷：北京虎彩文化传播有限公司
装　　订：北京虎彩文化传播有限公司
出版发行：电子工业出版社
　　　　　北京市海淀区万寿路173信箱　邮编：100036
开　　本：787×1 092　1/16　印张：16.75　字数：428.8千字
版　　次：2014年7月第1版
印　　次：2020年7月第7次印刷
定　　价：35.00元

凡所购买电子工业出版社图书有缺损问题，请向购买书店调换。若书店售缺，请与本社发行部联系，联系及邮购电话：（010）88254888，88258888。
质量投诉请发邮件至 zlts@phei.com.cn，盗版侵权举报请发邮件至 dbqq@phei.com.cn。
本书咨询联系方式：（010）88254573，zyy@phei.com.cn。

物流管理示范性特色专业"十二五"教材建设专家委员会及教学资源库建设指导委员会

顾　　问： 赵云峰　电子工业出版社教育出版中心主任　副总编
　　　　　　邵清东　北京络捷斯特公司总裁
　　　　　　焦　杨　启秀（北京）科技有限公司总裁

主任委员： 文振华　湖南现代物流职业技术学院院长　教授
　　　　　　肖智清　湖南现代物流职业技术学院副院长　教授

副主任委员： 邓志勇　招商局物流湖南分公司总经理高级物流师
　　　　　　　龚全安　湖南现代物流职业技术学院教务处长
　　　　　　　陈建华　湖南现代物流职业技术学院物流管理系主任　副教授　省级专业带头人

委　　员： 宾　珊　湖南京阳物流有限公司行政总监留英学者
　　　　　　胡学英　国药控投湖南分公司副总经理
　　　　　　张中文　湖南长沙金霞经济开发区局长　博士
　　　　　　郑国华　中南大学　教授
　　　　　　李正军　湖南工业大学　教授
　　　　　　周　敏　湖南商学院物流管理系主任　博士
　　　　　　简学军　中国外运广东有限公司物流事业部总经理
　　　　　　邓子云　湖南现代物流职业技术学院科研产业处处长省物流公共信息平台总经理
　　　　　　钟　静　湖南现代物流职业技术学院物流工程系主任　教授
　　　　　　章劲松　湖南现代物流职业技术学院评建办主任　副教授
　　　　　　米志强　湖南现代物流职业技术学院物流信息系主任　副教授
　　　　　　段圣贤　湖南现代物流职业技术学院专业带头人　副教授　访德学者
　　　　　　吴正心　湖南现代物流职业技术学院专业带头人　博士　副教授
　　　　　　杜丽茶　湖南现代物流职业技术学院课程负责人
　　　　　　袁世军　湖南现代物流职业技术学院课程负责人
　　　　　　谭新明　湖南现代物流职业技术学院课程负责人
　　　　　　马红萍　湖南现代物流职业技术学院课程负责人
　　　　　　旷健玲　湖南现代物流职业技术学院课程负责人
　　　　　　曾玉湘　湖南现代物流职业技术学院课程负责人
　　　　　　吴春平　湖南现代物流职业技术学院会计专业带头人
　　　　　　姚济国　湖南现代物流职业技术学院课程负责人

高等职业教育财经类规划教材编审委员会

主　任： 方玲玉

委　员： 郑明望　谢雅琳　管有桥　陈建华　谭境佳　严　品
　　　　　伍守意　刘意文　易　能　齐绍琼　吴桐华　孟迪云
　　　　　李蜀湘　邹　敏　罗　勇　彭连刚　张为民　李　军
　　　　　王　宇　谢景文　王郁葱　黎云凤　刘海雄　谢早春
　　　　　单再成　涂　奇　王静平　王志凡　叶明初　杨载田
　　　　　周伟华　肖全功　李　平　曹立村　朱阳生　米志强

前 言

《运输管理实务》是以培养社会化、职业化的物流专业人才为目的,以企业真实业务运作为基础,按照人才培养由基础操作→基层管理→中高层管理的训练过程,遵循"六基原则"开发的"基于物流业务流程的梯进式模块化"系列教材之一。

多年来,编者一直与物流企业进行紧密合作,开展了项目合作、企业培训与咨询等,并通过对现有物流专业教材进行反复的比较与研究,调研学校人才培养与企业用人的差异,提出了人才培养的"六基原则",即:

- 基于职业岗位变动来设置课程体系;
- 基于物流业务流程来设计课程模块;
- 基于职业能力培养来创建教学情境;
- 基于职位升迁来拓展选修课程;
- 基于个人素养养成来完善教学资源体系;
- 基于社会化、职业化的人才培养来营造教学氛围。

"六基原则"中的"基于物流业务流程来设计课程模块"成为作者编写本书的原则和出发点,即按照不同企业的运输业务运作、管理及员工在不同的运输企业不同岗位的具体运作内容进行针对性的开发。作者按照先熟悉知识点、再掌握业务操作点及流程,进而进行业务管理的三层次梯进模式编写了本教材。

全书共分七个项目,列表如下。

项目	项目内容	编著者
一	掌握运输基础知识	陈建华,简学军(企)
二	公路运输管理	陈建华,简学军(企)
三	水路运输管理	杜丽茶,欧阳寿平(企)
四	铁路运输管理	周礼,丁大勇
五	航空运输管理	杜丽茶,欧阳寿平(企)
六	多式联运业务管理	冯梅,简学军(企)
七	运输信息系统管理	严福泉,邓子云(企),陈建华

各模块可以在教学或学习中相互独立,可以颠倒顺序,不受内容的先后顺序制约,学习的内容又互为补充,能够让人一目了然。

按照易教、易学、易用、终身学习的原则,本教材实施教学资源配套,建有 PPT、视频资源库、文档资源库、图片资源库及技能抽查标准。用于教学的 PPT 不再是教材内容的浓缩版或影印版,而是对教材内容的更新与补充。技能抽查标准融合中国物流与采购联合会物流师及助理物流师相关标准,以及其他职业技能鉴定标准和企业岗位的检测标准。资源库同时融入了相关的国际标准及国家标准、政府文件和相关网络资源,并提供了一些当前企业比较流行的 Demo 软件。相关资源请到湖南现代物流职业技术学院课程展示网及世界大学城示范性特色专业物流管理专业网站上下载。

网址为 http://www.worlduc.com/SpaceShow/index.aspx?uid=267961。

本书极力创新运输企业管理人才与技术人才的培养方式、培养模块与培养内容，其情境的设计与创新对从事本课程的师生提出了更高的要求。

值此本书完成之际，特别感谢湖南现代物流职业技术学院文振华、肖智清、黄友森教授的精心指导，特别鸣谢中外运广东分公司简学军经理、深圳市恒进国际货运代理有限公司欧阳寿平经理、陕西大件物流有限公司、湖南新合作物流有限公司、湖南京阳物流有限公司等相关公司领导的大力支持。

由于编者的水平有限，错误在所难免，欢迎读者、专家批评指正！

湖南现代物流职业技术学院
《运输管理实务》课程开发团队

教学建议

本书共由七个项目组成，每个项目按照先熟悉知识点，再掌握业务操作点及流程，进而进行业务管理的三层次梯进模式，即知识储备、实践操作及能力拓展三个部分，系统地介绍了公路运输管理、水路运输管理、铁路运输管理、航空运输管理、多式联运管理、运输信息系统管理等方面的内容，教师和学生可根据自己的兴趣和需要自由选择，各个项目设置了相应的技能训练，对培养具有良好职业道德、一定理论知识、较强操作和管理实践能力，并具有可持续发展能力的运输职业型人才有较强的针对性。

为丰富并拓展学生的知识面，本书增设了阅读理解及知识链接板块，供学生自主阅读学习。本书是按照 64 学时（不包括能力拓展部分）设计的，各项目的学习能力要点与授课学时分配建议见下表。

项目	学习及能力要点	建议学时
运输基础知识	1. 掌握运输及运输管理的概念 2. 掌握运输业务分类 3. 掌握影响运输业务六要素 4. 掌握运输方式各自的优缺点 5. 掌握运输的七种类型及优缺点分析 6. 掌握 SWOT 分析方式进行业务分析 7. 能够运用所学，准确进行业务分类 8. 能够把握运输管理的关键点 9. 能够根据六要素，对运输业务的特征进行描述 10. 能够运用所学，对不同产品或客户的货物进行运输方式的选择	6
公路运输管理	1. 掌握公路运输的概念及公路现状 2. 把握公路运输类型 3. 了解公路运输常用运输工具及性能 4. 掌握公路运输计划的内涵与编制方法，能够开展有计划的调研 5. 掌握利用软件或手工工具进行配装配载的方法与手段 6. 掌握运输路线优化中的节约里程法 7. 掌握公路运输计算公式及计算标准 8. 掌握报价的类型与报价技巧 9. 掌握公路运输风险产生的类型与产业过程 10. 掌握风险管理的基本技巧 11. 能够准确知道我国高速公路的编码方式 12. 能够正确选择运输工具 13. 能够识别汽车编号 14. 能够准确编制运输计划 15. 能够快速、准确进行配装配载及运输工具的选择 16. 能够利用节约里程法，对运输路线进行简单规划 17. 能够准确计算货物运输费用并提出报价 18. 能够灵活报价 19. 能够对某项公路运输业务可能面临的风险进行准确预估 20. 能够提出有效的管理措施来预防风险	16

续表

项目	学习及能力要点	建议学时
水路运输管理	1. 掌握水路运输的概念及现状 2. 了解我国的通航河流及港口 3. 了解世界主要航线及港口 4. 掌握水路运输的组织形式 5. 掌握水路运输技术装备和设施的构成 6. 掌握班轮运输的组织流程 7. 掌握海运险的类型 8. 能够在地图上指出我国两江三河及主要港口的位置 9. 能够在地图上指出世界主要航运航线及知名港口的位置 10. 能够识别集装箱上的标识 11. 能够正确缮制单证，并正确进行业务流程处理 12. 能够运用运输六要素制定运输方案 13. 能够根据货物选择集装箱 14. 能够安排货物装箱 15. 能够计算海运运费	10
铁路运输管理实务	1. 掌握铁路运输的概念及现状 2. 了解铁路运输的分类和方式 3. 熟悉铁路运输设施设备 4. 掌握铁路运输的费用计算方式 5. 熟悉铁路运输的相关管理机构及法律法规 6. 掌握铁路货物运输的业务组织流程 7. 了解铁路特殊货物运输的流程 8. 掌握货物保险的类型和索赔处理 9. 能够计算铁路运输的运费 10. 能够识别铁路运输设施设备 11. 能够正确进行铁路货物运输业务组织 12. 能够运用铁路运输六要素制定运输方案 13. 能够根据货物选择承运人 14. 能够根据货物填写运单 15. 能够办理托运手续 16. 能够合理办理保险索赔	8
航空运输管理	1. 掌握航空运输的概念 2. 了解我国航空运输的发展 3. 了解航空运输的相关方 4. 了解世界主要航线及机场 5. 了解相关的航空运输组织 6. 了解打板的原则 7. 掌握航空运输的组织形式 8. 掌握航空运输技术装备和设施的构成，掌握航空运输的组织流程 9. 掌握航空运输货物收运限制 10. 掌握航空运输到达交付货物的操作规范 11. 能够识别集装器上的标识 12. 能够准确知道航空运输企业经营形式 13. 能够正确地收运货物 14. 能够填写航空托运书 15. 能够正确制作及贴挂货物标签 16. 能够缮制航空运单及计算航空运费 17. 能够进行货物交付工作	8

续表

项目	学习及能力要点	建议学时
多式联运管理	1. 掌握多式联运的概念和特点 2. 掌握多式联运经营人的概念与分类 3. 了解多式联运经营人的法律地位 4. 理解多式联运责任划分的依据及有关法律规定 5. 掌握责任划分与有效期限 6. 掌握多式联运组织程序与运作的方法 7. 掌握多式联运单据需记载的内容 8. 掌握多式联运经营人的赔偿责任 9. 能够对一个企业能否从事多式联运进行资质审查 10. 能够对多式联运企业进行类别区分 11. 能处理多式联运的基本业务 12. 会填制多式联运单据 13. 能针对多式联运案件进行初步分析并分清责任 14. 能够利用相关法律手段维护企业的利益	6
运输信息系统管理	1. 掌握运输信息系统的概念及分类 2. 掌握运输信息系统的功能和作用 3. 了解运输信息系统所涉及的技术 4. 掌握运输信息系统开发要素 5. 掌握运输信息系统平台的基本功能 6. 掌握运输信息系统使用上的关键点 7. 能够认识运输信息系统对企业的重要作用 8. 能够根据仓储系统、物流设施设备等课程学习，进一步掌握条码技术和相关软件操作流程 9. 进一步熟练掌握六个项目中相关的软件应用 10. 能够设计本企业运输信息系统开发的相关方案，并能寻找合适的开发企业 11. 能够寻找合适的物流公共信息平台，并利用平台进行业务处理 12. 能够完成新旧系统切换的工作方案设计	10

目　录

项目一　掌握运输基础知识……1
　　引导任务一………1
　　知识储备………1
　　单元一　运输概述………1
　　单元二　运输业务分类………2
　　　　实践与练习 1-1　运输形式对运输服务需求者与提供商的影响………3
　　实践操作………4
　　操作一　运输方式 SWOT 分析………4
　　　　实践与练习 1-2　运输方式选择………8
　　操作二　运输业务关键六要素分析………8
　　　　实践与练习 1-3　运输业务六要素分析………10
　　能力拓展………10
　　模块一　运输需求管理………10
　　　　实践与练习 1-4　运输需求分析………12
　　模块二　运输风险管理………13

项目二　公路运输管理……14
　　引导任务二………14
　　知识储备………14
　　单元一　中国公路运输概述………15
　　　　实践与练习 2-1　认识公路运输………19
　　单元二　公路运输类型………19
　　　　实践与练习 2-2　认识公路运输类型………21
　　单元三　公路运输常用运载工具………21
　　　　实践与练习 2-3　认识公路货物运输车辆………24
　　实践操作………24
　　操作一　编制公路运输计划………25
　　　　实践与练习 2-4　设计调研方案………27
　　　　实践与练习 2-5　编制运输计划………27
　　操作二　配装、配载………27
　　　　实践与练习 2-6　配装配载货物………32
　　　　实践与练习 2-7　货物加固………32
　　操作三　运输路线优化………33
　　　　实践与练习 2-8　运输线路优化………35
　　操作四　公路运输报价………37
　　　　实践与练习 2-9　公路运输报价………42
　　操作五　公路运输风险管理………43
　　　　实践与练习 2-10　公路运输风险防范………48
　　能力拓展………48
　　模块一　公路运输项目管理………49
　　　　实践与练习 2-11　公路运输项目管理………49
　　模块二　零担运输业务管理………50
　　　　实践与练习 2-12　零担运输企业调研………54
　　模块三　特种商品运输管理………54
　　　　实践与练习 2-13　制订危险货物汽油运输方案………59
　　　　实践与练习 2-14　制订大件货物运输方案………60

项目三　水路运输管理……61
　　引导任务三………61
　　知识储备………61
　　单元一　水路运输概述………62
　　　　实践与练习 3-1　认识我国主要河流

	及世界主要海运运河……	70	口的组织流程……108
	实践与练习 3-2 认识全球知名航		**项目四 铁路运输管理**……109
	运公司……	71	引导任务四……109
单元二	水路运输的类型……	71	知识储备……109
	实践与练习 3-3 查询中远的航线		单元一 铁路运输概述……110
	服务属于的海运类型……	72	实践与练习 4-1 判断货物能否一批
单元三	水路运输设施设备……	72	托运……116
	实践与练习 3-4 上海港区分析		实践与练习 4-2 熟悉铁路干线
	……	79	……116
	实践与练习 3-5 集装箱类型分析		单元二 熟悉铁路运输设施设备……117
	……	79	实践与练习 4-3 选择合适的铁路
	实践与练习 3-6 海运常用集装箱		车辆……120
	参数分析……	79	单元三 铁路货物运输费用计算……120
实践操作……	80	实践与练习 4-4 计算货物运到期限
操作一	选择船公司并进行订舱……	80	……124
	实践与练习 3-7 查询船期……	83	实践与练习 4-5 计算铁路运输费用
操作二	确定集装箱的类型和数量……	84	……124
	实践与练习 3-8 确定集装箱类型和		单元四 熟悉铁路运输相关管理机构及法律
	数量……	87	法规……125
操作三	提取空箱、安排货物装箱……	88	实践与练习 4-6 解决铁路运输纠纷
	实践与练习 3-9 提柜纸、设备交		……127
	接单、装箱单的流转……	92	实践操作……128
操作四	出口报关报检……	93	操作一 托运人发送作业……128
操作五	结算运费换取提单……	95	实践与练习 4-7 选择合适的承运人
	实践与练习 3-10 缮制海运提单		……130
	及计算运费……	99	操作二 铁路货物运输订单的填写和提报
操作六	运输及风险的防范……	100	……131
	实践与练习 3-11 选择海运险种		实践与练习 4-8 铁路货物运输订单
	……	104	的填写与提报……134
操作七	换取提货单……	104	操作三 铁路货物运输运单的填写……135
操作八	进口报关报检……	105	实践与练习 4-9 填写铁路运单
操作九	提货……	105	……137
	实践与练习 3-12 远洋运输业务		操作四 铁路货物装车作业……137
	操作……	105	实践与练习 4-10 装车作业……140
能力拓展……	106	操作五 铁路货物运输到达交付作业……140
模块一	海运出口运输业务管理……	106	实践与练习 4-11 到达交付作业
模块二	海运进口业务运输管理……	107	……142
	实践与练习 3-13 模拟海运进出		操作六 铁路运输索赔与保险……142

　　　　实践与练习 4-12　铁路运输纠纷
　　　　　　……………………………………145
　　　　实践与练习 4-13　铁路运输索赔
　　　　　　……………………………………145
　　能力拓展……………………………………145
　　模块一　铁路危险货物托运和承运……146
　　模块二　危险货物包装及装卸要求……147
　　　　实践与练习 4-14　铁路特殊货物
　　　　　　运输……………………………147

项目五　航空运输管理……………………148
　　引导任务五…………………………………148
　　知识储备……………………………………148
　　单元一　航空运输概述……………………149
　　　　实践与练习 5-1　认识我国知名的
　　　　　　航空公司………………………150
　　单元二　航空运输分类……………………152
　　　　实践与练习 5-2　认识全球前四大
　　　　　　快递公司………………………153
　　单元三　熟悉航空运输设施设备…………154
　　　　实践与练习 5-3　认识全球知名的
　　　　　　国际机场………………………155
　　　　实践与练习 5-4　认识航空集装板和
　　　　　　集装箱…………………………158
　　实践操作……………………………………158
　　操作一　货物收运…………………………159
　　　　实践与练习 5-5　航空货物禁运限
　　　　　　运货物…………………………162
　　　　实践与练习 5-6　航空货物包装
　　　　　　…………………………………163
　　　　实践与练习 5-7　航空货物收运
　　　　　　…………………………………163
　　操作二　填写托运书………………………163
　　　　实践与练习 5-8　填写托运书……165
　　操作三　向航空公司订舱…………………165
　　　　实践与练习 5-9　快件货物运输要求
　　　　　　…………………………………165
　　操作四　签发航空运单……………………166
　　　　实践与练习 5-10　填写航空运单

　　　　　　…………………………………174
　　操作五　计算运费…………………………174
　　　　实践与练习 5-11　计算航空运费
　　　　　　…………………………………174
　　　　实践与练习 5-12　运费时效差异
　　　　　　对比……………………………179
　　操作六　贴挂标签…………………………179
　　　　实践与练习 5-13　货物标签差异
　　　　　　对比……………………………180
　　操作七　安检打板…………………………180
　　　　实践与练习 5-14　航空禁运、限运
　　　　　　货物……………………………181
　　操作八　装机发运…………………………181
　　操作九　到达交付…………………………183
　　能力拓展……………………………………185
　　模块一　避免误收危险品…………………185
　　模块二　航空运输风险避免措施…………187
　　　　实践与练习 5-15　航空运输作业
　　　　　　…………………………………187

项目六　多式联运管理……………………188
　　引导任务六…………………………………188
　　知识储备……………………………………188
　　单元一　多式联运的概念、特点与优点
　　　　　　…………………………………189
　　　　实践与练习 6-1　理解多式联运
　　　　　　…………………………………191
　　单元二　多式联运经营人及相关人员……192
　　单元三　多式联运经营人的法律地位……195
　　　　实践与练习 6-2　理解多式联运经营
　　　　　　人的法律地位…………………196
　　单元四　多式联运责任形式………………196
　　　　实践与练习 6-3　理解多式联运责任
　　　　　　形式……………………………198
　　单元五　多式联运责任期划分……………198
　　实践操作……………………………………198
　　操作一　多式联运的主要业务流程………198
　　　　实践与练习 6-4　多式联运业务流程
　　　　　　…………………………………200

XIII

操作二　多式联运的运输组织⋯⋯⋯200
　　　　　实践与练习6-5　多式联运业务组织
　　　　　⋯⋯⋯⋯⋯⋯⋯⋯⋯⋯⋯⋯⋯203
　　　操作三　多式联运单证⋯⋯⋯⋯⋯204
　　　　　实践与练习6-6　多式联运业务单证
　　　　　⋯⋯⋯⋯⋯⋯⋯⋯⋯⋯⋯⋯⋯205
　　　操作四　多式联运责任划分⋯⋯⋯205
　　　　　实践与练习6-7　多式联运业务纠纷
　　　　　⋯⋯⋯⋯⋯⋯⋯⋯⋯⋯⋯⋯⋯209
　　　　　实践与练习6-8　多式联运业务索赔
　　　　　⋯⋯⋯⋯⋯⋯⋯⋯⋯⋯⋯⋯⋯210
　　能力拓展⋯⋯⋯⋯⋯⋯⋯⋯⋯⋯⋯211
　　模块一　多式联运方案设计⋯⋯⋯211
　　　　　实践与练习6-9　多式联运业务方案
　　　　　设计⋯⋯⋯⋯⋯⋯⋯⋯⋯⋯⋯212
　　模块二　多式联运风险管理⋯⋯⋯213
　　　　　实践与练习6-10　多式联运风险
　　　　　控制⋯⋯⋯⋯⋯⋯⋯⋯⋯⋯⋯224

项目七　运输信息系统管理⋯⋯⋯226
　　引导任务七⋯⋯⋯⋯⋯⋯⋯⋯⋯226
　　知识储备⋯⋯⋯⋯⋯⋯⋯⋯⋯⋯226
　　单元一　运输信息系统的概念⋯⋯227
　　　　　实践与练习7-1　熟悉运输信息系统
　　　　　⋯⋯⋯⋯⋯⋯⋯⋯⋯⋯⋯⋯⋯229
　　单元二　运输信息系统涉及的相关技术
　　　　⋯⋯⋯⋯⋯⋯⋯⋯⋯⋯⋯⋯⋯229
　　　　　实践与练习7-2　熟悉运输信息系统
　　　　　的相关技术⋯⋯⋯⋯⋯⋯⋯230

　　单元三　运输信息系统的功能⋯⋯230
　　单元四　运输信息系统的开发与平台运用
　　　　⋯⋯⋯⋯⋯⋯⋯⋯⋯⋯⋯⋯⋯232
　　　　　实践与练习7-3　如何提高运输
　　　　　信息化⋯⋯⋯⋯⋯⋯⋯⋯⋯236
　　　　　实践与练习7-4　湖南省现代物流
　　　　　公共信息平台的应用⋯⋯⋯238
　　　　　实践与练习7-5　分析运输信息系统
　　　　　⋯⋯⋯⋯⋯⋯⋯⋯⋯⋯⋯⋯⋯239
　　实践操作⋯⋯⋯⋯⋯⋯⋯⋯⋯⋯239
　　操作一　以公路运输为主的信息系统⋯⋯239
　　　　　实践与练习7-6　公路运输信息系统
　　　　　⋯⋯⋯⋯⋯⋯⋯⋯⋯⋯⋯⋯⋯243
　　操作二　以水路运输为主的信息系统⋯⋯243
　　　　　实践与练习7-7　水路运输信息系统
　　　　　⋯⋯⋯⋯⋯⋯⋯⋯⋯⋯⋯⋯⋯246
　　操作三　以铁路运输为主的信息系统⋯⋯247
　　　　　实践与练习7-8　铁路运输信息系统
　　　　　⋯⋯⋯⋯⋯⋯⋯⋯⋯⋯⋯⋯⋯248
　　操作四　以航空运输为主的信息系统⋯⋯248
　　　　　实践与练习7-9　航空运输信息系统
　　　　　⋯⋯⋯⋯⋯⋯⋯⋯⋯⋯⋯⋯⋯249
　　能力拓展⋯⋯⋯⋯⋯⋯⋯⋯⋯⋯249
　　模块一　信息系统的供应链管理⋯⋯250
　　模块二　信息系统的安全性管理⋯⋯251
　　　　　实践与练习7-10　运输信息系统
　　　　　安全性管理⋯⋯⋯⋯⋯⋯⋯252

参考文献⋯⋯⋯⋯⋯⋯⋯⋯⋯⋯253

项目一

掌握运输基础知识

引导任务一

小张很热爱物流这一行业,他知道运输、仓储、信息构成了现代物流的三大支柱。可运输管理到底管什么?如何去管呢?他急切想知道什么是运输?有哪些方式?运输企业到底是如何划分的?

知识储备

学习目标

1. 掌握运输及运输管理的概念。
2. 掌握运输业务分类。

学习任务

1. 能够运用所学,准确进行业务分类。
2. 能够把握运输管理的关键点。

单元一 运输概述

1. 运输的概念

运输(Transportation)是指用设备和工具,将物品从一个地点向另一地点运送的物流活动，其中包括集货、分配、搬运、中转、装入、卸下、分散等一系列操作。在运输这一概念中，特别强调以下几个方面：

- 运输的对象是货物；
- 从起点至终点的活动过程；
- 隐含强调实现过程中的技术因素与实现条件。

没有货物的实体需求，就没有运输。没有客户的需要，就不可能有真正的运输业务发生。交通运输业是国民经济的重要部门，对于整个社会经济发展的效率起着至关重要的作用；运输是物流的核心，创造着物流的空间效用和时间效用。

2012年，中国交通运输货物运输量为403.9亿吨，其中，公路货运量为318.9亿吨，占比78.9%，水路、铁路以及航空运输量合计占比21.1%[①]。交通运输是衔接生产和消费的一个重要环节，又是保证国家在政治、经济、文化、军事和人民生活等方面保持联系的手段之一。

2. 运输管理的概念

运输管理（Transport Management）是指对运输业务过程的全程管理，它既是对运输业务需求的管理，也是对产品运输方式、运输过程控制、运输技术使用、运输风险、运输企业文化推销等的全过程管理。

运输管理是一个综合性复杂系统工程，表现在运输管理上需要做到以下几个方面：

（1）需要明确客户需求，同时还要根据业务运行的需求，进行需求处理；

（2）根据货物的自然属性与社会属性选择运输工具与管理模式，在配装配载及运输过程中采用技术进行监控，保证商品的按时、按质、按量送到指定的客户手中，要求做到"及时、准确、经济、完全"；

（3）在国际物流的条件下，需要明确所经历的环节、风险、文化差异所带来的影响；

（4）运输过程是创造效益和增加附加值的过程，降低成本、提升增值服务能力是运输管理的一个重要功能和要求。

3. 运输服务提供商的种类

将运输业务外包给选定的运输服务提供商，是企业提升核心竞争力的一个重要途径。运输服务提供商一般有四种。

（1）单一的经营人：仅利用一种运输方式提供服务的经营人，这种集中程度使承运人高度专业化，有足够的能力和较高的效率，航空公司和公路运输公司就是单一方式承运人。

（2）专业承运人：专业从事小批量装运服务或包裹运送服务的企业。

（3）联运经营人：即提供一站式服务的多式联运经营企业。

（4）作业中间商：运输服务中间商主要有托运代理人，托运人协会以及经纪人。

单元二　运输业务分类

1. 按运输业务波动性大小划分

（1）规则性运输业务。规则性运输业务，是指产品运输有着长期相对稳定的关系，货物的运输与企业有其自身的规律性，便于企业有计划地进行产品运输。它通常需要以下几

---

① 引自于前瞻产业研究院《2013—2017年中国公路货运行业市场前瞻与投资战略规划分析报告》。

个条件：
- 产品需求相对稳定，符合企业的产品生产与供应的周期变动规律；
- 客户关系相对稳定；
- 以协议或合同形式形成了一种固有合作模式；
- 其需求波动在企业运输需求的安全范围内，并且可控。

（2）突发运输业务。突发需求指在企业正常规则性需求之外，因为客户的需求变化、市场的波动或其他政治因素所带来的企业产品需求陡然加大或因客户增加而带来的需求。

（3）应急运输业务。应急运输业务是指企业因应自然灾害、战争及客户的紧急需求（如紧急补货）而带来的产品及运输需求从而发生的运输业务行为与过程。

2．按货物的流向分类

按货物的流向，运输业务可以分为正向运输与逆向运输两类，如图1-1所示。

（1）正向运输。正向运输是指计划、实施和控制原料、半成品库存、制成品和相关信息，高效和成本经济地从起始点到消费点的运输过程，以达到满足客户需求的目的。

（2）逆向运输。逆向运输是指为了达到回收价值和适当处置的目的，将产品从消费点运输到起始点的一个高效流通过程，包括产品回收运输和废弃物运输两个部分。

3．按运输的货物特性分类

（1）常规货物运输。常规货物运输是指在常温常态下，用一般运载工具即可满足要求的运输方式或运输需求。

（2）特种货物运输。特种货物运输是指超长、超大、超重、不规则货物等或具有特种危险性，以及生鲜食品、动物及其产品的运输。它对运输设施设备、运载工具、运输时间等具有特殊要求。

实践与练习 1-1　运输形式对运输服务需求者与提供商的影响

分组讨论：图 1-1 运输业务流程中，运输形式会有哪些种类，它们会给运输服务需求者与提供商分别带来何种影响。

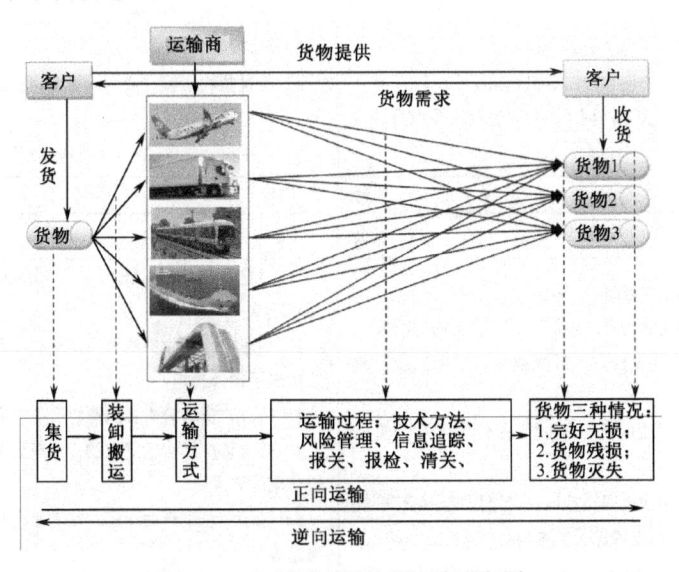

图 1-1　正向运输与逆向运输示意图

实践操作

学习目标

1. 掌握影响运输业务六要素。
2. 掌握运输方式各自优缺点。
3. 掌握运输七种类型及优缺点分析。

学习任务

1. 能够根据六要素，对运输业务的特征进行描述。
2. 能够运用所学，对不同产品或客户的货物进行运输方式选择。
3. 掌握 SWOT 分析方式并进行业务分析。

运输任务 1-1

浏阳 A 烟花厂有 4 个 40 英尺集装箱的烟花销往美国纽约，要求最迟交货 40 天后，请分析如何为该业务设计运输方案。

操作一 运输方式 SWOT 分析

古代的运输方式有人力、畜力、风帆行船；现代有公路、水路、铁路、航空、管道等运输方式，不同需求的不同货物，都要选择合适的运输方式才能达到最佳的运输效果，这就需要我们对不同的运输方式进行分析对比，下面介绍运输方式的 SWOT 分析。

1. 公路运输 SWOT 分析

公路运输是以车辆为运输工具的运输方式，其 SWOT 分析如表 1-1 所示。

表 1-1 公路运输 SWOT 分析

1. 灵活，随时可以起运； 2. 实现"门到门"服务； 3. 适合于没有水路或铁路的地方运输； 4. 运输经济批量小，方便客户，零担运输组织比较方便； 5. 可供选择行驶的路线多，便于应对突发物流需求及应急物流	1. 单位承载量小； 2. 运输成本相对较高； 3. 环境污染较大； 4. 特种货物运输需要专用设备，一般运输公司不具备此种能力； 5. 长距离运输风险大、道路收费多
优势	劣势
机会	威胁
1. 客户的需求趋向于多品种、小批量； 2. 特种运输需求的快速提升，增加了对公路运输的需求； 3. 从事公路运输的企业较多，资源整合、网络扩展容易形成； 4. 村村通公路、村村通电话，为我国公路运输提供了良好的需求； 5. 公路运输中的配套设施包括加油、公路建设、维护维修等都十分便捷，为公路运输提供了保障	1. 运输企业多，竞争压力大，企业低价竞争，造成了市场相对较乱； 2. 高速公路的收费给公路运输企业和需要用公路运输的企业带来了额外负担； 3. 特种物资运输需要的特种设备的提供商太少； 4. 有大量产品运输需求的企业在公路运输方式选择上有比较苛刻的要求； 5. 运输信息平台的运用存在着平台与平台之间互不通信的问题等

2. 铁路运输 SWOT 分析

铁路运输是以火车为运载工具的运输方式，其 SWOT 分析如表 1-2 所示。

表 1-2 铁路运输 SWOT 分析

1. 是垄断性较强的行业，运输规律性强，如时间、班次、运输量、运输价格等都有统一规定； 2. 运输量大； 3. 运输成本较低； 4. 运输的线路相对固定； 5. 运输作业流程规范性强； 6. 不容易受到天气的影响	1. 运输灵活性不足； 2. 运输的网络覆盖面比公路运输少； 3. 部分地区铁路未通； 4. 前期建设成本高； 5. 铁路运输过程中货物的安全措施不足； 6. 统一的价格，无法与市场进行有效衔接
优势	劣势
机会	威胁
1. 我国的产品数量加大，信息化速度提升，有利于铁路运输的业务合作； 2. 近三年，我国铁路网络的延伸、高铁的运营等，为铁路运输带来了新机遇； 3. 铁路的改革，有利于铁路货运进行市场化机制运行； 4. 铁路运输国际化对接，有利于跨国运输	1. 铁路运输的管理机制、体制，不适合于铁路货物市场化发展的需求； 2. 铁路的延伸投入成本过高； 3. 部分设施设备的老化速度快，维护、更新速度慢

3. 水路运输 SWOT 分析

水路运输是以船舶为主要运输工具，以港口或港站为运输基地，以水域包括海洋、河流和湖泊为运输活动范围的一种运输方式，其 SWOT 分析如表 1-3 所示。

表 1-3 水路运输 SWOT 分析

1. 运量大； 2. 成本低； 3. 续航能力足； 4. 是国际贸易与物流最主要的运输方式； 5. 承担长距离、大宗货物，特别是集装箱的运输	1. 速度较慢； 2. 受气候和商港的限制； 3. 季节性强，易受到季节影响； 4. 价格差异性大，不同的河流，不同的季节价格会有不同的变化； 5. 基础设施设备投入成本高
优势	劣势
机会	威胁
1. 随着经营全球化、供应链一体化，水路运输已成为国际海上运输的生命线； 2. 内河运输越来越受到各个国家的重视； 3. 资源节约、相对环保，单位货物能耗低； 4. 与其他运输方式有机结合，能够为客户提供便捷的门到门服务	1. 水路运输往往是国际贸易或国际物流需要，其运行与操作，需要专业团队或专业公司运作，这就增加了中间环节； 2. 海域或岛屿争端及海盗等导致海上运输不安全； 3. 国际的贸易容易受到区域政治、经济的影响

4. 航空运输 SWOT 分析

航空运输（Air Transportation），使用飞机、直升机及其他航空器运送人员、货物、邮件的一种运输方式，其 SWOT 分析如表 1-4 所示。

表 1-4　航空运输 SWOT 分析

1. 速度快，运输时间短； 2. 适用于长距离的快速运输； 3. 不需要对商品进行特殊包装、稳定性好； 4. 适用于生鲜食品的运输； 5. 适用于突发事件及应急物流； 6. 安全性高	1. 载货量较小； 2. 运输成本高； 3. 受网点限制； 4. 环节多； 5. 投资成本高，受气候影响大
优势	劣势
机会	威胁
1. 电子商务与网购业务的扩大，为航空运输带来了机会，特别是快递业的迅猛发展，对航空运输的需求越来越强； 2. 大型运输机的出现为降低航空货物的运输成本创造了条件； 3. 航空运输网点越来越多，网络覆盖面越来越广； 4. 多式联运的发展促进航空运输与其他运输方式的融合	1. 水路运输往往是国际贸易或国际物流需要，其运行与操作，需要专业团队或专业公司运作，这就增加了中间环节； 2. 海域或岛屿争端及海盗等导致海上运输不安全； 3. 国际的贸易容易受到区域政治、经济的影响

5．管道运输 SWOT 分析

管道运输是指以管道为主的运输方式。管道运输是一种由大型钢管、泵站和加压设备等组成的运输系统完成运输工作的运输方式，其 SWOT 分析如表 1-5 所示。

表 1-5　管道运输 SWOT 分析

1. 运送液体、气体和粉状货物的专用方式； 2. 连续性强，运量大； 3. 运输成本低、损耗少； 4. 安全性好，不受气候影响； 5. 节能、环保	1. 只针对特定货物； 2. 灵活性差； 3. 运输对象单一，不具有通用性，就某一具体管道而言，只限于单项货物的运输
优势	劣势
机会	威胁
1. 产业发展，能源需求加大； 2. 全球管道运输网络越来越全	1. 自然灾害的影响大； 2. 人为破坏难防范； 3. 管道更新与维护，易造成运输中断； 4. 跨境传输，易受到他国的干扰，影响正常运营

6．多式联运 SWOT 分析

多式联运是指在以上 5 种方式中，将其中的 2 种或 2 种以上方式联合起来进行运输的方式。其中，1～4 种运输方式的有机衔接最为常见。

国际多式联运是指按照多式联运合同，以至少 2 种不同的运输方式，由多式联运经营人把货物从一国境内接运货物的地点运至另一国境内制定交付货物的地点[①]。

国际多式联运适用于水路、公路、铁路和航空多种运输方式。在国际贸易中，由于 85%～90%的货物是通过海运完成的，故海运在国际多式联运中占据主导地位。对其进行 SWOT 分析如表 1-6 所示。

---

① 引自《联合国国际货物多式联运公约》

表1-6 多式联运SWOT分析

1. 方便客户、简化了手续； 2. 实现"门到门"运输； 3. 减少了中间环节； 4. 加快了货运速度； 5. 降低了运输成本； 6. 提高了货运质量； 7. 多式联运企业联系紧密，提升企业管理水平	1. 从事此项运输的企业或组织必须具备相应条件； 2. 多式联运由多家企业构成，且在不同地区，因此适应的法律、责任的划分都容易给客户带来不便
优势	劣势
机会	威胁
1. 目前多种运输方式都不同程度的高速发展； 2. 企业与企业的合作与竞争由恶性竞争趋于"竞合"，企业之间的合作关系由松散变为紧密； 3. 国际物流业务人才的培养，为多式联运提供了人才保障； 4. 对从事多式联运的资质审查，为合法的多式联运企业提供了法律保护； 5. 信息与技术的发展，为全程追踪货物，确保货物安全，划分运输责任奠定了基础	1. 企业文化不同，跨国跨区域存在着法律、民俗等方面的不同，对货物的包装要求、包装标志、货物装箱数量等都有明显的不同；这容易给企业和客户带来不必要的麻烦； 2. 增加多式联运网点时，周期长、调研难度大、成本高； 3. 从事多式联运的企业容易受到国际危机的影响等

阅读理解

1）构成国际多式联运必须具备的条件如下：
（1）货物托运和多式联运经营人接收的货物是国际间的货物运输；
（2）至少2种不同运输方式的连贯运输；
（3）发货人与负责全程运输的多式联运经营人订立相关的多式联运合同；
（4）由与发货人订立相关合同的多式联运经营人对货物全程运输负责；
（5）由多式联运经营人签发一份全程多式联运单据，且应满足不同运输的需要；
（6）全程运输使用单一运费率。

2）国际多式联运的主要特点是：由多式联运经营人对托运人签订一个运输合同，实行运输全程一次托运、一单到底、一次收费、全程负责，以及统一理赔的一种国际货运组织形式。
（1）你如何理解国际多式联运的六个"一"，这能给托运人带来哪些好处与麻烦？
（2）为何要选择多式联运？你会考虑自己运输需求的哪些方面？

7. 快递SWOT分析

快递是以最快的速度在寄件人和收件人之间运送急件（文件、包裹和重货），是最快捷、最周到的一种运输服务形式。它是将航空货运业务、短途公路配送紧密结合起来的一种特殊的货物运输方式，由专业的公司承担，其SWOT分析如表1-7所示。

表1-7 快递SWOT分析

1. 客户服务水平高，门到门取、送货； 2. 速度快，快速响应； 3. 信息化水平高	1. 承运的商品的限制较多； 2. 必须与其他运输方式实施有效对接； 3. 从业人员的素质有待提升
优势	劣势
机会	威胁
1. 用户需求快速增长； 2. 本行业的竞争还不十分激烈； 3. 服务领域由国内延伸至国外； 4. 与跨国公司的合作将提升企业的服务与管理水平	1. 跨国公司的竞争； 2. 服务水平不高； 3. 网络不健全； 4. 电子商务企业正进军快递物流业

> 阅读理解

物流快递产品按其承运货物的内容和质量，分为文件、包裹和重货。文件一般指在进出国境时不需要报关，无商业价值的资料等货物，质量在 500 克以内；包裹则需要报关，且商业价值要高于文件的货物，质量在 30 千克以内；重货则指质量在 30 千克以上 250 千克以内的大型货物。根据公司规模不同，各类产品有着不同的边际贡献率，总体而言，文件的边际贡献率要高于包裹。

实践与练习 1-2　运输方式选择

分析运输任务 1-1，4 个 40 英尺集装箱的烟花从浏阳运输到美国纽约港出口，有哪些运输方式可以选择，思考选择运输方式的影响因素有哪些？

操作二　运输业务关键六要素分析

物流运输方案设计及运输业务实施都要从客户运输需求出发，运用先进的运输技术及运输管理，满足客户的要求，可以从以下关键六要素着手。

1. 产品（Product）

根据产品的类型和品牌，产品的特殊要求如下。

（1）货物的包装要求。货物的包装要求是指除货物的本身的包装以外，是否需要特殊的运输包装，确认是否需要改包或重新打包。

（2）货物的装卸要求。货物的装卸要求包括是否需要轻拿轻放，装卸辅助工具、材料等。

（3）货物的堆码标准。货物的堆码标准确定货物堆码高度，也决定单一运载工具的运载量和运载成本。

（4）货物的卫生要求。货物的卫生要求是指不同的商品具有不同的卫生要求。尤其对于一些特殊商品，更要求有特定的卫生要求，包括货物不能混装、混运，保证产品不被污染等。

（5）货物的品质要求。货物的品质要求是指商品在运输过程中，应该确保产品品质不发生改变，如需满足冷藏、防渗漏、防霉、防潮等要求。

（6）货物运输过程的安全要求。即货物的运输特性，包括货物加固、运输动力、运输条件限制、运输过程监控等要求。

2. 数量（Quantity）

数量的多少是影响运输工具及选择运输方式、降低成本、提升效率一个关键要素，因此必须掌握总体数量是多少，是一次性需求还是多批次需求。

3. 时间（Time）

时间要素主要考虑：什么时间需要，每批次的间隔是否有规律，客户是否提前通知，提前期是多少；货物准备的时间有多长；运输的时间要多长，有多少不确定的因素，运输的提前期能否确定。

在客户的需求中，货物到达时间通常都固定在某一段时间内。因此时间因素决定了运输的组织方式，也决定了运输方式的选择。

在运输组织实施过程中，时间一般由以下几个时间段构成。

（1）订单处理时间：接收客户订单，订单有效性审核及订单处理所需要的时间。

（2）备货时间：即从接收订单开始，订单进行合并处理后，准备货物所需要的时间。

（3）集货时间：即将货物从备货点集中到运输出发点的时间。

（4）装卸时间：即货物装到运输工具并进行配装配载的时间。

（5）提前期（Lead Time，LT）：即客户自发出订单至货物到达所需要的时间减去现有库存能够满足需求（T 库存）的时间。它通常是变化波动的，是满足客户需求、提高客户满意率的关键因素，缩短提前期可以通过强化信息互通、信息共享及实施 VMI 等手段来缩短提前期。

（6）运输时间：即采用不同的运输工具，将货物从指定的一个地点运达客户指定地点所需要的时间，其时间一般是固定的，但因受气候、路况、能源供应的影响会有变动。

所有运输货物运至客户的总时间为

$$T_{总}=T_{订单处理}+T_{备货}+T_{集货}+T_{装卸}+T_{在途运输}+T_{装卸}$$

客户发出订单的提前时间为

$$LT=T_{总}-T_{库存}$$

而在实际运行过程中，要求

$$LT \geqslant T_{总}-T_{库存}$$

4．成本（Cost）

成本要素主要涉及：运输成本及经济运输批量；运输的相关环节成本，如装卸搬运；客户的货物运价是包括在商品采购之中，还是另行支付；客户愿意为运输支付的价格具体是多少，希望采取何种支付方式。

作为运输服务需求商，在实际业务中往往支出的成本有两个部分：运费与杂费，统称运杂费。运杂费往往被笼统称为运费。

运费的发生与企业的相关性有以下两种情况。

（1）只承担寻找运输服务提供商，其费用由产品需求的客户承担。

（2）客户指定在其指定地点交货，其费用包括在订单中或合同中，此时运费由己方负担。

不管运费由谁承担，尽可能降低运费，是企业在能够满足服务需求前提下追求的目标。

5．路线（Route）

路线要素主要涉及以下两个方面：

（1）目的地（交货地点）在什么地方，因为交货地点决定了运输的路线与运输所需要采取的方式；

（2）不同的路线选择，可能给企业带来的风险与成本变动。

6．服务水平（Service）

服务要素主要涉及以下 6 个方面：

（1）客户有没有明确要求的运输方式及服务水平等级；

（2）运输过程是否需要全程监控，要求运输过程的透明化；

（3）运输设施设备有没有明确的指定；

（4）具体的交货方式；

（5）对运输一致性的要求；

（6）对货物外包装的要求，如不能有污损，破损率控制在多少百分比以内。

实践与练习 1-3　运输业务六要素分析

1．分组讨论：每 5 人一小组，并选定一小组长，主持讨论。其主题是：除了影响运输业务的关键六要素之外，还有哪些要素会影响运输业务？

2．运用运输业务关键六要素，分析运输任务 1。

3．运输方式的选择最主要的影响因素有哪些？

4．运输方式选择时，可以多种方式并用以满足用户需求，请举例说明之。

5．请到当地铁路运输服务公司或部门咨询，租订车皮的程序与需要提前的时间。

6．请到当地港口寻找运输服务公司或部门咨询，掌握货物运输时订舱等一系列的业务流程，并画出流程图。

能力拓展

学习目标

1．掌握用户需求的类型与特点。
2．掌握运输风险的类型。

学习任务

1．能够把握和分析用户需求。
2．能够编制运输需求说明。
3．能够进行运输风险防范。

模块一　运输需求管理

运输需求指针对运输对象（商品）、运输方式、运输时间及运输起运、运输过程、运输交货与终结全过程提出的具体要求，以及运输相关业务管理等方面提出的定性和定量的具体化需求。

一、明确运输需求的重要性

运输需求是货物能够按时、按质、按量送到指定位置的保障和基本条件，强化对运输过程监控，及时有效、妥善处理突发状况，是保障多方（托运人与承运人及第三方利益的有效手段。

（1）明确需求有利于明确双方责任；

（2）有利于沟通与谈判，包括企业内部部门之间及业务外包时企业与企业之间的沟通与协调；

（3）有利于保护商品；

（4）有利于处理突发状况；

（5）有利于协议的签订；

（6）有利于项目管理，包括订单的合并处理、运输经济批量的制定、项目合作与项目跟踪、项目风险等的管理；便于降低成本、提高服务质量等。

（7）有利客户关系管理。

二、运输需求分类

1. 运输总需求

运输总需求指一段时间内，企业需要发送的所有客户需求的货品数量。它由不同节点企业所需要的需求总量乘以一定的弹性系数而成。

运输总需求，往往由客户的订单需求量进行合并、汇整而成。运输总需求，往往用于企业与运输服务提供商的谈判。

2. 运输路线需求

运输路线需求，是指同由某节点化出发而运送至另一主要节点不同的客户的运输需求。

运输路线需求，往往通过订单合并处理后，生成的可用于运输具体业务操作与管理的需求，因此，它在企业的具体业务操作中具有很强的实用性，为运输方式选择、运输调度、运输业务管理提供依据。

在实际过程中，运输路线需求是应用最为广泛的，是成本核算的主要依据。

三、编制运输需求说明

运输需求说明通常由两部分构成。一部分是货物运输计划单，一部分是运输需求说明或备注。

1. 货物运输计划单

货物运输计划单用于明确运输货物线路、运输数量、运输项目性质等，如表1-8所示。

表1-8 货物运输计划单

货物名称	货物数量	起运点	交货点	交货时间	运输需求说明	备 注
产品A						
产品B						
产品C						
……						

2. 运输需求说明

（1）项目需求类别

明确运输项目的类别。即与产品需求客户的关系，根据客户关系的不同可以将运输项目分成A、B、C三类进行处理。

（2）运输项目实施说明

● 明确交货的时间与进度：客户需求货物的时间与地点，交货提前期及合同相关的要求。

● 交货的地点与联系人：详细的交货地址，联系人与联系电话，交货要求（包括货物、时间、地点、数量及其他相关要求）等。

● 运输方式：按照时间、成本等进行综合考虑，特别是货物的物理、化学特性进行综合安排，对包装容器的要求等。

- 明确运输服务提供商的责任与义务：明确提供商的资质要求、服务水平、技术水平及服务响应。
- 明确成本：包括风险的险种、处理方式。
- 明确法律要求与政策要求：应遵行的法律法规；当地运输主管部门的相关要求；
- 明确项目负责人等相关信息：明确项目负责人、联系方式。

在运输协议达成后，还需要进一步明确每一次运输的运输工具（包括车牌、司机、联系方式）、运输量等信息。

3．运输项目技术需求说明

（1）运输货物的货差货损、堆码、加固等的偏差要求。

（2）特种货物运输的附加说明。

（3）货物交接时的说明，如是否装卸、安装、调试等。

实践与练习 1-4 运输需求分析

北京某 3S 企业是 A、B、C 三大商品的主要生产企业，每年各地来要货的企业众多，而且数量不一，企业感到按时送货到客户压力很大，决定外包运输业务给当地的运输公司。以下是各地要货的月度订单、订单合并生成日期是 5 月 8 日，请求出总需求量与路线需求量。

3S 企业 5 月份客户需求量的订单经统计后的结果如表 1-9 所示。

表 1-9 5 月份客户需量统计表

公司名称	要货情况（订单已确认）		送货地点	要货日期（月-日）前
	产品	数量（吨）		
1．长沙奔腾公司	A 产品	3000	湖南长沙市芙蓉南路	05-20 前
	B 产品	500		
	C 产品	200		
2．星沙汽贸公司	A 产品	1000	湖南长沙县星沙镇	05-18 日前
	B 产品	400		
	C 产品	200		
3．广州三星集团	A 产品	8000	广州市	05-28 日前
	B 产品	2000		
	C 产品	0		
4．东莞市四驱公司	A 产品	120	东莞市	05-30 日前
	B 产品	80		
	C 产品	3000		
5．江西三艺公司	A 产品	900	江西南昌	05-25 日前
	B 产品	182		
	C 产品	450		

从运输业务实施的线路上看有 5 条：北京—长沙、北京—星沙、北京—广州、北京—东莞、北京—南昌。

那么运输的总需求量为五个公司的总和 20 032 吨，其中 A 产品 13 020 吨，B 产品为 3 162 吨，C 产品为 3 850 吨。

如果跟运输服务提供商谈，你该如何规划该路线，选择合适的运输方式？如果所有可选择的方式都能够满足时间上的要求，公司该如何规划？

合并路线为三条：北京—长沙、北京—广东、北京—江西。

请计算三条路线需求量，并说明采取何种方式为佳？

3．商品需求

商品需求主要包括货物的包装、货物损耗率、商品运输容器、运输环境要求（货物的物理化学特性，超大、超长、超宽、超重、特种减震、防霉防变等要求）。

4．客户需求

客户需求主要指对商品需求的批次、数量、时间及运输工具、运输方式的需求。

5．运输阶段需求

（1）起运准备阶段。起运点上所需人力、设施设备；装卸搬运需求、堆码与配装配载需求。

（2）运输过程阶段。商品运输过程的质量保障需求（如温湿度控制）、技术需求、运输过程的监控需求。

（3）货至终点阶段。货物交接需求、装卸需求、理货、理单需求等。

6．三方业务需求

明确托运人、承运人、收货人在此运输项目或业务管理中的需求。

模块二　运输风险管理

运输风险是指将产品从起运地送到收货指定地过程中所有涉及政治、经济与自然风险三个方面以及运输方式、运输技术要求及商品中途保管条件要求匹配性程度差异、运输工具运转性能等所带来的风险。运输风险可以从宏观和微观两个角度进行分类。

一、从宏观角度来分类

（1）政治风险。政治风险常见于国际物流业务中。当一个国家处于动乱、战争或与货物运出国之间存在着严重的政治矛盾时会给运输带来不能运输、暂停运输、运输过程中失控、财物丢失等，或因为一国其政策变化或要求对某一行业或某一类企业增加了运营不确定因素而带来的风险。

（2）经济风险。经济处于低迷时，运输需求会减少，会影响整个运输系统的效益。

（3）自然风险。自然风险主要是指由于自然灾害的发生所带来的风险，如海啸、地震、暴风雪等。

二、从微观角度来分类

（1）运输工具的技术性风险。运输工具的技术性风险是指运输工具由使用寿命及部件承受能力所带来的风险。

（2）操作风险。操作风险是指由人员操作不当所带来的风险。

（3）人才风险。人才风险是指由于企业与企业之间的强烈竞争所导致的人才流失的风险。

（4）业务外包风险。业务外包风险是指将相关业务外包给第三方时可能带来的风险。

（5）财务风险。

（6）工程技术风险。工程技术风险是指在运输项目管理中，运输环境复杂，自身技术力量在处理相关运输项目时带来的风险。

项目二

公路运输管理

引导任务二

> 公路运输业务看似简单,甚至许多人认为只要有几辆车,就可以跑公路运输业务啦。小张来到运输公司,人力资源部李总却要小张熟悉一些运输的类型,准备以后去承担运输项目主管的职务。小张知道,要当一个项目主管,要熟悉的内容太多。特别是公司有一些运输业务,不仅是技术活,更是管理水平的体现。小张一时不知道从哪里下手?若你是小张,你该知道什么、掌握什么呢?

知识储备

学习目标

1. 掌握公路运输的概念及公路现状。
2. 把握公路运输类型。
3. 了解公路运输常用运输工具及性能。

学习任务

1. 能够准确知道我国高速公路的编码方式。
2. 能够正确选择运输工具。
3. 能够识别汽车编号。

单元一 中国公路运输概述

一、公路运输概念

公路运输（Highway Transportation）又称为汽车运输、道路运输，是在公路上运送旅客和货物的运输方式。是交通运输系统的组成部分之一。主要承担短途客货运输。现代所用运输工具主要是汽车。因此，公路运输也叫做汽车运输。

本文中的公路运输主要是指货物公路运输，即指为社会提供服务、发生各种费用结算或者获取报酬的道路运输形式，此种形式也叫做经营性道路货物运输。经营性道路运输过程中发生的各种方式结算除运费单独结算这种方式外，还包括运费、装卸费与货价并计，运费、装卸费与工程造价并计，运费与劳务费、承包费并计等结算方式。

二、中国公路建设现状

2012 年年末全国公路总里程达 423.75 万公里，比上年年末增加 13.11 万公里。公路密度为 44.14 公里/百平方公里，提高 1.37 公里/百平方公里[1]。

公路建设情况统计如图 2-1 和图 2-2 所示[2]。

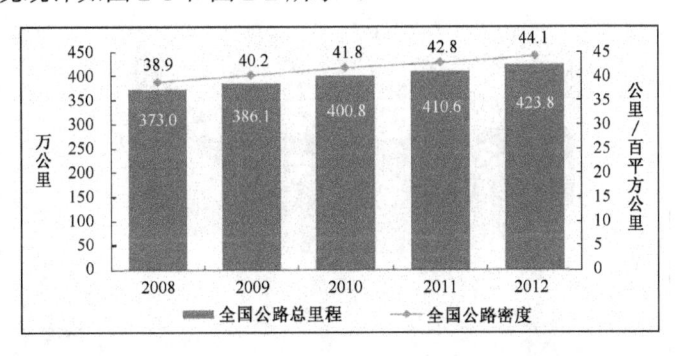

图 2-1 2008—2012 年全国公路总里程及公路密度

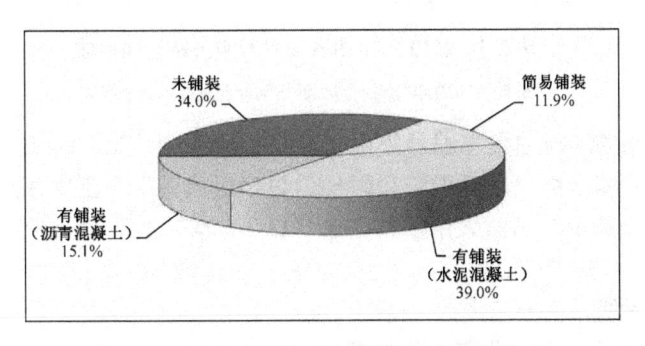

图 2-2 2012 年全国各路面类型公路里程构成

---

[1] 引自于中华人民共和国交通运输部网站 http://www.moc.gov.cn/zhuzhan 交通发展报告。
[2] 引自《2012 年公路水路交通运输行业发展统计公报》。

（一）根据交通量及其使用任务、性质划分

根据交通量及其使用任务和性质，公路可以分为高速公路，一级、二级、三级、四级公路以及等外公路。我国公路的等级类别与性质如表 2-1 所示。2012 年全国各技术等级公路里程构成情况如图 2-3 所示。

表 2-1 公路等级类别与性质一览表

类 别	年平均昼夜交通量	性 质
高速公路	25000 辆以上	具有特别重要的政治、经济意义，专供汽车分道高速行驶并全部控制出入的公路
一级公路	5000～25000 辆	连接重要的政治、经济中心，通往重点工矿区，可供汽车分道行驶，并部分控制出入，部分立体交叉的公路
二级公路	2000～5000 辆	连接政治、经济中心或大矿区等地的干线公路，或运输任务繁忙的城郊公路
三级公路	2000 辆以下	为沟通县及县以上城市的一般干线公路
四级公路	200 辆以下	是沟通县、乡、村等支线公路
等外公路		乡村便道，勉强可以通行，通行能力差

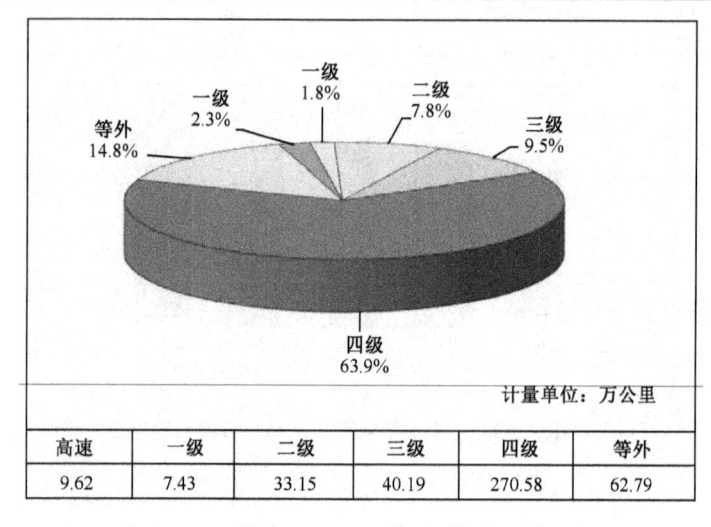

高速	一级	二级	三级	四级	等外
9.62	7.43	33.15	40.19	270.58	62.79

图 2-3 2012 年全国各技术等级公路里程构成

引自《2012 年公路水路交通运输行业发展统计公报》

国家高速公路的阿拉伯数字编号采用 1 位、2 位和 4 位数，并与一般国道相区别。国家高速公路网路线编号由字母标识符和阿拉伯数字组成。由于国家高速公路属于国道网的一部分，因此字母标识符仍然采用汉语拼音"G"，与一般国道一致。高速公路主要分为以下 3 类。

（1）北京放射线，主要有：
- G1——京哈高速（北京—哈尔滨）；
- G2——京沪高速（北京—上海）；
- G3——京台高速（北京—台北）；
- G4——京港澳高速（北京—香港、澳门）；
- G5——京昆高速（北京—昆明）；

- G6——京藏高速（北京—拉萨）；
- G7——京新高速（北京—乌鲁木齐）。

（2）南北纵向线：由东至西编号。

（3）东西横向线：从北至南编号。

高速公路作为基础设施对沿线的物流、资源开发、招商引资、产业结构的调整、横向经济联合起到积极的促进作用。

我国高速公路布局方案如图 2-4 所示，高速公路年增长情况如图 2-5 所示。

图 2-4　中国高速公路布局方案

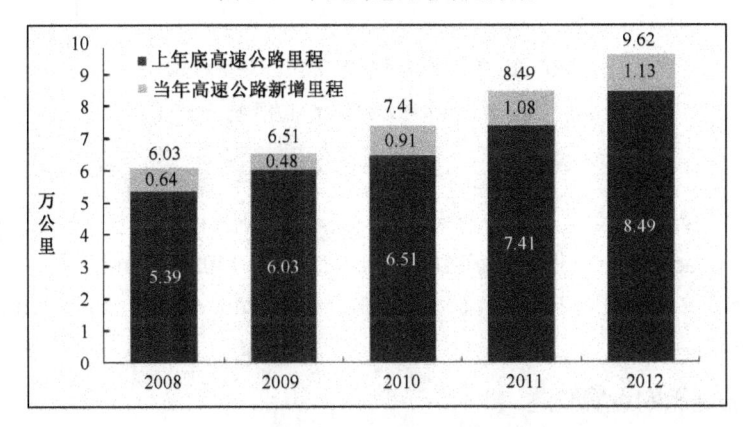

图 2-5　2008－2012 年全国高速公路里程

引自《2012 年公路水路交通运输行业发展统计公报》

（二）根据使用性质划分

根据使用性质，公路可分为国家干线公路、省公路、县公路和乡公路（简称国道、省道和乡道），以及专用公路 5 个行政等级。

1．国家干线公路的含义

国道是国家干线公路的简称，是国家综合交通网中的重要干线。我国的国道由以下公路组成：一是首都北京通往各省、直辖市、自治区的政治、经济中心和 30 万人以上城市的干线公路；二是通向各港口、铁路枢纽、重要工农业生产基地的干线公路；三类是大中城市通向重要对外口岸、开放城市、历史名城、重要风景区的干线公路；四类是具有重要意义的国防公路。在全国范围内，以 70 条国道为骨架，辅以地方干线公路（省道）和普通公路，形成了全国公路网。

2. 国家干线公路的编号方式

国道的编号根据国道的地理走向分为 3 类，均以 G 开头编号。

一类是以北京为中心的放射线国道，首都放射线 12 条，编号 101～112，其中通向东北 3 条、华北 2 条、华东 1 条、中南 2 条、西北 1 条。112 线是以北京为中心的环线。目前这类国道主要为三级和四级公路。

二类是南北走向国道（纵线国道）。南北纵线 27 条，编号 201～228（无 226），G228 国道为台湾环线。其中 G207 锡林浩特—海安线最长（3 405 公里）。

三类是东西走向的国道（横线国道），东西横线 29 条，编号 301～330（除 313）。其中 G312 上海—霍尔果斯线最长（4451 公里）。

2012 年全国各行政等级公路里程构成如图 2-6 所示。

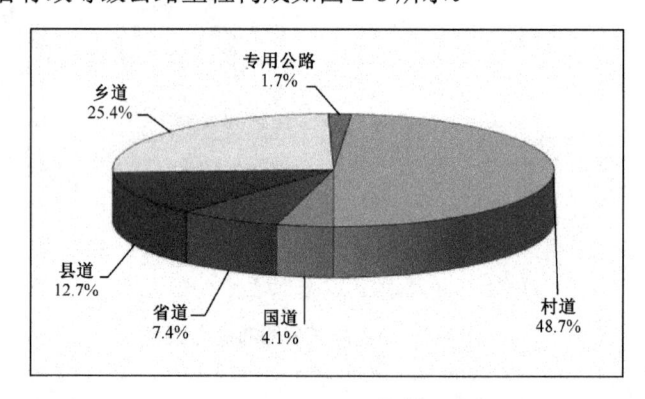

图 2-6　2012 年全国各行政等级公路里程构成

引自《2012 年公路水路交通运输行业发展统计公报》

知识链接

1. 《2012 年公路水路交通运输行业发展统计公报》。地址：http://www.moc.gov.cn/zhuzhan/zhengwugonggao/ jiaotongbu/guihuatongji/201304/t20130426_1403039.html。

2. 中国公路运输研究，中国物流与采购联合网站 http://www.chinawuliu.com.cn/xsyj/class_106.shtml。

三、中国公路货物运输概述

2011 年度公路运输货运量是 5 种运输方式中最大的，货物周转量仅次于水运，如表 2-2 所示。

表 2-2　各种运输方式货运量及货物周转量统计表（单位：亿吨）

运输方式	铁路	公路	水运	民航	管道	总计
货运量	39.3	282.0	42.6	0.0558	5.71	369.7
比 2010 增长	8.0%	15.2%	12.4%	-0.9%	14.4%	14%
货物周转量	29466.0	51375.0	75424.0	173.9	2885.0	159324.0
比 2010 增长	6.6%	18.4	10.2%	-2.8%	31.3%	12.3%

本表数据引自于《中国物流年鉴 2012》

从上表可以看出，公路运输成为我国国内货物运输的最主要形式，货运量及货物周转量的增长速度均超过15%，高于其他运输方式的平均水平。

公路运输的货运量占总货运量的76%，占货物周转量的32.3%，是我国物流的主要形式，这意味着国内3/4以上的货物要经过汽车运输，经过汽车运输的物品比重越来越大。

中国公路运输行业企业规模小、资源分散、市场秩序混乱，同质竞争、恶性竞争情况严重。产品的同质化非常严重，导致运输企业没有议价能力，根本无法应对油价和人工成本的快速上升。赢利能力在仓储、货代等物流业务中却是最低的。

目前，随着物流业务的快速发展和物流产业成为国家"十一五"重大发展的产业之一，许多风险投资开始进入运输业。

公路运输业务的技术能力在21世纪初得到较大提升。公路运输由普通货物发展到特种货物，我国承担超大、超重件运输的企业越来越多，其管理水准接近发达国家水准。

实践与练习2-1 认识公路运输

2013年2月《公路运输行业1月月报》统计指出1月份高速公路指数上涨5.6%，跑输市场1.0%；铁路运输指数上涨9.0%，跑赢市场2.4%。1月30日高速公路指数上涨4.1%，板块估值低位，异动是近两月大幅跑输市场后的补涨行为。

请上网查询并理解以下几个概念及指标内容：
（1）高速公路指数；
（2）铁路运输指数；
（3）跑输市场；
（4）跑赢市场。

单元二 公路运输类型

一、按运输对象——货物分类

按运输对象，公路运输通常可分为特种货物运输和一般货物运输。

1. 特种货物运输

特种货物运输可以分为以下4类。

（1）大件货物运输。大件货物运输因运输的货物的体积、质量都超出常规，因此需要大型专业运输工具和专业运输技术进行运输，通常此类运输需要经过相关部门批准和协调、由大件运输公司按项目方式进行运输。

（2）危险货物运输。危险货物通常指具有易燃易爆、放射性或有毒物资的运输以及军需品等运输方式。此类运输需要专用器具、装载工具及特定保护或安全措施，并遵照国家规定的路线、规定的操作流程而进行的运输。

（3）保温或恒温货物运输。保温或恒温货物运输包括冷藏冷冻货物、鲜活植物运输及医药品等的运输方式，以及易腐货物、活动物和有生植物等的运输。

（4）鲜活动物运输。鲜活动物运输主要指各种牲畜物的运输。该类货物须经卫生、检验检疫并出具相关证明后，方能进行运输。其运输时间要求尽可能短，运输过程要有防范措施，根据相关规定此类运输必须派人押运。

2．一般货物运输

一般货物运输是指对运输工具、运输道路、运输流程没有特定要求的货物运输，它又分为规则货物运输和不规划货物运输。

（1）规则货物运输。规则货物运输是指货物的外包装呈现规则形状（如长方形、方形、圆柱形等）。

（2）不规则货物运输。不规则货物运输是指货物无包装或包装随货物而变形，一批货的包装不同且不规则，不便于配装配载，如家具、废旧机械等。

二、按运输企业的业务组织方式分类

按运输组织方法分类，分为零担货物运输、整批货物运输和集装箱运输三类。

1．零担货物运输

托运人一次托运货物计费重量 3 吨及以下的，为零担货物运输。

在实际运输业务中，绝大多数企业都认为：零担物流服务是一种介于合约物流（大客户物流）和快递之间的物流模式，以实体网络规模和集约化经营为特点，服务对象以中小企业为主，每票货物质量在 50～500 千克的居多。零担运输企业将不同托运人的货物拼车运输，零收整发。

零担运输的特点：
- 集货时间相对较长；
- 运输费用比整车高；
- 零收整发，拼车运输；
- 过程相对整车运输复杂。

2．整批货物运输

托运人一次托运货物计费重量 3 吨以上或虽不足 3 吨，但其性质、体积、形状需要一辆汽车运输的，为整批货物运输。

3．集装箱运输

以集装箱为容器，使用汽车运输的，为集装箱运输。集装箱运输有以下分类方法：
- 国际集装箱运输和国内集装箱运输，标准集装箱运输和非标准集装箱运输；
- 普通集装箱运输和特种集装箱运输（危险、冷藏保温和罐式集装箱运输等）；
- 整箱运输和拼箱运输；
- 用托运人的集装箱进行的运输和用承运人的集装箱进行的运输；
- 用单车型式车辆进行的集装箱运输和用牵引车加挂半挂车的列车组合形式进行的集装箱运输。

三、按运输速度分类

按运输速度分类，可分为普通货物运输和快件货物运输。

要求在规定的时间内将货物运达目的地的，为快件货物运输；应托运人要求，采取即托即运称之为特快件货物运输或速递。

实践与练习 2-2 认识公路运输类型

请查询每种公路运输类型的代表运输企业，完成表 2-3。

表 2-3 公路运输类型的代表运输企业统计表

分类依据	公路运输类型		代表企业
按运输对象——货物来分类	一般货物运输		
	特种货物运输	大件货物运输	
		危险货物运输	
		保温或恒温货物运输	
		鲜活动物运输	
按运输企业的业务组织方式分类	零担货物运输		
	整批货物运输		
	集装箱运输		
按运输速度分类	普通货物运输		
	快件货物运输		

单元三 公路运输常用运载工具

一、公路运输工具分类

公路运输工具的分类如表 2-4 所示。国产汽车类别代号与车辆种类如表 2-5 所示。

表 2-4 公路运输工具类型

类 型		规格术语	说 明
汽车	载客	大型	车长大于等于 6m 或者乘坐人数大于等于 20 人。乘坐人数可变的，以上限确定。乘坐人数包括驾驶员（下同）
		中型	车长小于 6m，乘坐人数大于 9 人且小于 20 人
		小型	车长小于 6m，乘坐人数小于等于 9 人
		微型	车长小于等于 3.5m，发动机气缸总排量小于等于 1L
	载货	重型	车长大于等于 6m 或者总质量大于等于 12 000kg
		中型	车长大于等于 6m，总质量大于等于 4 500kg 且小于 12 000kg
		轻型	车长小于 6m，总质量小于 4 500kg
		微型	车长小于等于 3.5m，载质量小于等于 750kg
摩托车		普通	最大设计时速大于 50km/h 或者发动机气缸总排量大于 50mL
		轻便	最大设计时速小于等于 50km/h，发动机气缸总排量小于等于 50mL
农用运输车		三轮	以柴油机为动力，最高设计车速不大于 50km/h，最大设计总质量不大于 2000kg，长不大于 4.6m，宽不大于 1.6m，高不大于 2m
		四轮	以柴油机为动力，最高设计车速不大于 70km/h，最大设计总质量不大于 4 500kg，长不大于 6m，宽不大于 2m，高不大于 2.5m
拖拉机		大型	发动机功率大于等于 14.7kw
		小型	发动机功率小于 14.7kw

续表

类 型	规格术语	说 明
挂车	重型	最大总质量大于等于 12 000kg
	中型	最大总质量大于等于 4500kg 且小于 12 000kg
	轻型	最大总质量小于 4 500kg

表 2-5　国产汽车类别代号与车辆种类一览表

种 类	类别代号	种 类	类别代号
载货汽车	1	专用汽车	5
越野汽车	2	客车	6
自卸汽车	3	轿车	7
牵引汽车	4	半挂车及专用半挂车	9

阅读理解

国家标准分类：国家标准 GB/T 3730.1—2001《汽车和挂车类型的术语和定义》中，将货车分为普通货车、多用途货车、全挂牵引车、越野货车、专用作业车和专用货车六大类，见表 2-6。

表 2-6　货车分类表

货车分类	定　义	示意图
普通货车	一种在敞开（平板式）或封闭（厢式）载货空间内载运货物的货车	
多用途货车	在其设计和结构上主要用于载运货物，但在驾驶员座椅后带有固定或折叠式座椅，可运载 3 个以上的乘客的货车	
全挂牵引车	一种牵引杆式挂车的货车。它本身可在附属的载运平台上运载货物	
越野货车	在其设计上所有车轮同时驱动（包括一个驱动轴可以脱开的车辆）或其几何特性（接近角、离去角、纵向通过角、最小离地间隙）、技术特性（驱动轴数、差速锁止机构或其他型式的机构）和它的性能（爬坡度）允许在非道路上行驶的一种车辆	
专用作业车	在其设计和技术特性上用于特殊工作的货车。例如，消防车、救险车、垃圾车、应急车、街道清洗车、扫雪车、清洁车等	

续表

货车分类	定 义	示 意 图
专用货车	在其设计和技术特性上用于运输特殊物品的货车。例如，罐式车、乘用车运输车、集装箱运输车等	

二、货车分类

在日常作业中，货车的分类方式如下：

（1）按驾驶室结构分为长头式货车、短头式货车、平头式货车、双排座货车、卧铺式货车、偏置式货车等；

（2）按车箱结构分为栏板式货车、厢式货车、油罐车、自卸车、汽车、列车等；

（3）按载重量分为轻型货车（3.5吨以下）、中型货车（4~8吨）和重型货车（8吨以上）；

（4）特种货物运输中新出现的车辆类型。

● 遥控自行液压式平板车（见图2-7）：长度110米，宽8米，880个轮胎，载重量2500吨；

图2-7 陕西大件公司拥有的遥控自行液压式平板车

● 运梁车（见图2-8）：车长48米宽6米，144个轮胎，载重量达800吨，采用静液压闭环驱动、全液压悬挂系统、全液压独立转向以及整车液压升降自动调平。采用工业级微机来控制驱动、转向、升降和调平，同时能够实现直行、斜行、八字转向、半八字转向等多种运行模式。整机运行非常灵活，可实现无滑移或少滑移行驶，可以在较小的场地完成工作任务。前后全视野驾驶室，可旋转90°，双操纵互锁。

图2-8 运梁车

三、汽车编号规则

汽车编号由字母及数字组成，如图2-9所示。

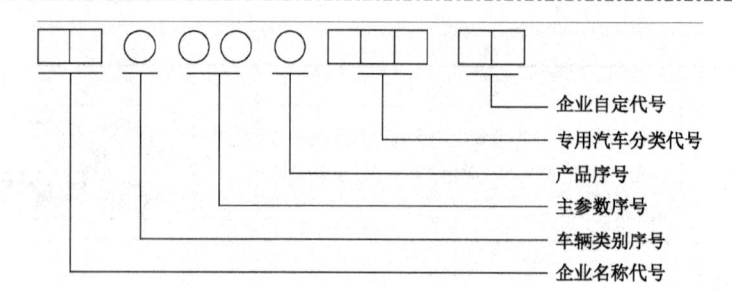

```
┌─┬─┬─┬─┬─┬─┬─┬─┬─┬─┐
│□│□│○│○│○│○│□│□│□│□│
└┬┴┬┴┬┴┬┴┬┴┬┴─┴┬┴─┴┬┘
 │  │  │  │  │  │   │   └── 企业自定代号
 │  │  │  │  │  │   └────── 专用汽车分类代号
 │  │  │  │  │  └────────── 产品序号
 │  │  │  │  └───────────── 主参数序号
 │  │  │  └──────────────── 车辆类别序号
 │  │  └─────────────────── 企业名称代号
```

图 2-9 汽车编号规则示意图

举例：

（1）EQ1202WB3G 东风载货汽车总质量 20 吨。

（2）BK6180BK（北客的缩写）表明了车的生产厂商，6 表示此车是客车，中间的 18 表示车的长度是 18 米。

（3）TJ7100TJ（天津的缩写）表明了车的生产厂商，7 表示此车是轿车，中间的 10 表示车的排量是 1.0。

实践与练习 2-3 认识公路货物运输车辆

1．请指出右边编号的含义：解放牌 CA1258P11K2L7T1 型 6×4 平头柴油载货汽车。

解答：CA——表示一汽；

1——表示货车；

25——表示总质量 25 吨；

P——表示平头；

K——表示柴油发动机；

L——表示长轴距；

T1——表示驱动型式为 6×4。

2．请阅读资料《2-1 车辆产品型号编制规则》。

实践操作

学习目标

1．掌握公路运输计划的内涵与编制方法，能够开展有计划的调研。

2．掌握利用软件或手工工具进行配装配载的方法与手段。

3．掌握运输路线优化中的节约里程法。

4．掌握公路运输计算公式及计算标准。

5．掌握报价的类型与报价技巧。

6．掌握公路运输风险产生的类型与产业过程。

7．掌握风险管理的基本技巧。

学习任务

1．能够准确编制运输计划。

2．能够快速准确进行配装配载及运输工具选择。
3．能够利用节约里程法，对运输路线进行简单规划。
4．能够准确计算货物运输费用并提出报价。
5．能够灵活报价。
6．能够对某项公路运输业务可能面临的风险进行准确预估。
7．能够提出有效的管理措施来预防风险。

公路运输任务 2-1：

DW 物流公司中标了 WQ 通信网络设备制造企业由东莞生产基地到全国最终客户的门到门运输业务，货物属普通货物，以重货为主，不需要特殊的保管措施，每天有 10 吨到 20 吨的货物发送，WQ 公司要求 0~400 公里——限从派送单开出日起 2 天内送达；401~900 公里——限从派送单开出日起 3 天内送达；901~1400 公里——限从派送单开出日起 4 天内送达；1401~2000 公里——限从派送单开出日起 5 天内送达；2001~2600 公里——限从派送单开出日起 6 天内送达；2601 以上公里——限从派送单开出日起 7 天内送达；此后，按每增加 600 公里增加 1 天送达时限，累加计算；有特殊加急的，必须按约定要求完成。请根据 WQ 公司的需求，设计合理公路运输方案。

操作一　编制公路运输计划

一、公路运输业务调研

公路运输业务调研主要调研与本企业业务相关的货物运输量及服务需求，调研的对象为现有客户、潜在客户。

1．调研目的

调研目的主要包括：了解客户需求，明确企业的运能，为制定运输策略提供依据。

2．调研对象

按不同的分类方式，调研对象可以不同，但本质上是相同的。

（1）按客户与公司的业务关系可以分为以下几类。
● 现有客户。即目前与公司有业务往来的客户。
● 潜在客户。目前与公司没有业务往来，但有运输业务需求，有可能成为本企业客户的企业、单位或个人。

（2）按照客户的不同性质可以分为以下几类。
● 制造企业。即指服务区域范围内制造企业，它包括本地的制造企业和有大量产品输入到本地区的制造企业。
● 商贸企业。通常以本地商贸企业为主要调研对象。调研的范围从商贸企业的上游至商贸企业的客户完整供应链的调研。
● 物流企业。与本地有物流业务往来的企业。
● 电子商务企业等。

3．调研方法

调研方法按照是否在网上进行调研分为网上调查法与网下调查法，根据调研的对象的样本又分为抽样调查法与普查法。其中，以深度访谈法的实用性效果最佳。

（1）深度访谈法的含义。

深度访谈法是指站在要访谈对象的角度，与要访谈的对象通过一定的媒介建立起较为密切的关系，通过正式或非正式的方式进行访谈；并对访谈的内容进行整理分析而得出所需结论的一种方式。

（2）深度访谈法的关键操作步骤如图 2-10 所示。

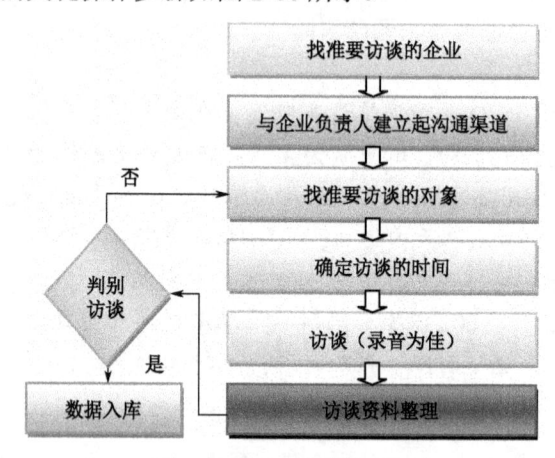

图 2-10　深度访谈流程图

二、编制公路运输计划

公路运输计划：指企业的货物运输计划。指企业根据合同、协议等，结合用户的需求，通过预测等手段，对一段时期内的运输货物的流量、流向及流速进行统筹规划，包括运输路线、运输车辆数量、运输人员的合理安排，尽可能满足用户需求的一种策划，并通过书面或电子书方式指导企业的整体运输工作。

1．计划分类

（1）按时间分：月度计划、周计划、日计划、应急计划。

（2）按客户分：ABC 类客户计划及零担业务计划。

（3）按运输干线分：运输计划与配送计划。

（4）按车辆属性分：自有车运输计划、挂靠车用车计划、租车计划等。

2．公路运输计划内容

公路运输计划通常分为以下 3 类。

（1）现在客户的运输计划。现在客户的运输计划是指根据现有运输量的需求确定以下内容：

- 运输路线；
- 运输车辆大小与数量；
- 跟单员或押运员的数量；
- 运输技术保障体系；
- 运输业务完成支持计划。

（2）应急运输计划。应急运输计划是指根据往年运输需求波动情况，确定以下内容：

- 运输高峰期的运输路线、车辆及技术工程人员、支持人员计划，并准备与其他运输企业或物流企业建立应急时联动联运的合作机制计划，并制订实施的进度计划；

- 运输业务低峰期设施设备保养计划及运输设施的外包计划。

（3）特种运输计划。特种运输计划是指根据所承运货物的特殊性及特殊技术要求进行运输计划编制，包括特种运输工具需求计划、运输工程技术人员计划、运输过程风险监控计划、运输货物装卸计划及交货进程计划等。

实践与练习 2-4　设计调研方案

1．小王与小李参加公司组织的一次企业调研，主要目标是某市区的制造企业的物流需求。根据公司的要求，他们必须掌握各制造业的物流需求情况，包括供应商供应的零配件、原材料以及产品输出量、运输方式、仓储需求等。

按照公司的分工，小王与小李分别负责该城市 A 区及 B 区的调研。

小王的做法是，通过 A 区的经济开发区的熟人要到了企业的联系人的电话，并由该熟人牵线搭桥进行了初步沟通，尔后通过其本人的沟通技巧，找到了对应的企业在采购、物流方面的负责人分别进行了访谈。访谈的形式也没限定，时而在企业，时而又在茶餐馆，获得了大量的一手资料，并通过随身的录音笔轻松地记录了相关谈话（录音前征得了客人的同意）。通过数据整理，所需要的数据都基本齐备，为公司下一步业务的拓展奠定了一个好的基础，并提供了相应的决策的依据。

小李的做法是，通过网上调研，首先筛掉了一部分企业，并通过电话联络了企业，随后较顺利地进行了调研，并通过用笔记本进行现场记录。访谈的地点都在各企业内。获得了一定的数据资料。

小王和小李的数据资料比较起来，小王的数据真实性更高、涉及面更大；小李的数据不翔实、涉及具体数据时，企业的负责人要么说不清楚，要么得另外找人来回答，得到的数据较散乱，甚至部分数据还没有拿到。小李的时间虽然短，但效果没有小王的理想。

请比较二人的做法的差异性？

如果你是 C 区的负责人，你该如何调研呢？

2．请为公路运输任务 1 设计调研方案。

实践与练习 2-5　编制运输计划

根据公路运输任务 2-1 的内容，为 WQ 公司制订运输计划。

操作二　配装、配载

一、配装、配载技术

1．配装、配载的概念

配装是指根据货物的形状、体积、质量等物理特性，依据货物的运输技术要求及可能面临的技术风险对装卸货物的先后顺序而实施的一种提高货物运输稳定性，减少货物运输风险的一种技术手段。

配载是在配装技术支持的前提下，提高容积利用率及运输效率的一种技术手段。

以上 2 种技术通常被称作配装、配载技术。

2．配装配载技术人员分类

（1）装卸搬运工：负责普通标准形状普通货物的配装和实施配装。

（2）配装技术工程师：对不规则的货物和超长、超重、超宽和运输过程中存在较大风险的技术要求的货物进行配装。

3．配装配载考虑的技术因素

（1）车辆要素：车载的载重量、容积。

（2）货物要素：货物的物理化学性质；较规则的货物为长方体、立方体和带有此类型的包装的货物。特殊形状的货物有带轮子的机械设施、圆形货物、不容易固定、重心较高的货物、容易受损的货物等。考虑货物要素通常采用不同的加固技术和重组技术来保证货物保质保量。

（3）运输过程要素：运输的路线、运输的速度、起运及交货要素。

4．配装配载自动化软件

目前国内最流行的集装箱配装配载软件为 Loadmaster 及装柜专家。

Loadmaster 装箱大师集装箱配载软件致力于解决货物在集装箱、厢式货车等容器中的摆放问题。帮助货主、货代和承运企业简单快速地设计高效的集装箱优化配载方案，达到对空间和载重能力充分利用，提供给客户高度优化的集装箱优化配载方案。本软件适用于计算货柜装柜、集装箱拼柜、卡车装箱、火车装箱、纸箱装箱、托盘装柜。最终目的就是为了提高企业的集装箱配载率，降低货物运输环节的费用，提高企业的核心竞争力，最终得到更大利润。

经验数据表明，经过 Loadmaster 软件优化后的集装箱配载方案的配载率平均可以达到 95%以上，使集装箱配载率提高了 10%～15%。以上数据是在保证货物配载的安全性和可操作性基础之上得到的结果。这就意味着同样一个集装箱，一批货物，使用装箱大师集装箱配载软件，您将比过去装入更多的货物，为企业节约更多的运费。正所谓：装得多!获利就多！

如果您现在正在费神费力地画图、计算，设计集装箱配载方案，请赶快下载装箱大师集装箱配载软件，它可以使复杂的配载问题简单化。只需点几下鼠标，就可以快速优化计算集装箱配载数，一个高效率的集装箱优化配载方案轻松完成，让耗时费力的集装箱装箱配载设计和排柜计算过程成为过去。而且装箱大师集装箱配载软件可以将优化后的集装箱配载优化方案导入到 EXCEL 或 PDF 中，以便用户编辑和打印 EXCEL 或 PDF 文件，导出文件之后，在现实中可以使集装箱配载过程变得更加简单快捷。

销售人员在联系客户的同时可以快速地计算出货物的运费，及时报给客户，提高订单成功率。物流管理人员可以通过打印出来的 EXCEL 文件，更加简单快捷地指导现场配载。

本软件下载地址：http://www.onlinedown.net/softdown/59573_2.htm，LoadMaster 装箱大师 5.8.6 提供一个月的试用期。每台电脑只允许安装 1 次。

5．配装配载手工计算

（1）容量计算法：按货车或货柜的体积与货物的体积计算，并预留 10%左右的冗余度。可以得到近似值；包括一车可以装多少箱货物及需要多少个车。

（2）质量计算法：按货物单件质量及堆码的要求，计算单车载重量和载货数量。

比较二者得到的数据，取二者中小者为最终结果。

二、公路运输技术

公路运输技术是指按货物运输要求，制定运输线路上技术控制手段，包括临时性加固技术、架桥铺路技术、穿桥穿洞技术及运输速度控制技术。

三、常见的加固技术与货物重组技术

（一）加固技术（常用于非集装箱车）

1. 位置稳定加固

加固是防止货物左、右、前、后移动以及在运输过程中发生货物移动、碰撞和被加固用绳索等物体的作用而损伤货物。

通常用到的加固技术有以下几个。

（1）圆形货物加固技术。如图 2-11 所示。

图 2-11 圆形货物加固技术

① 三角形垫木，防止左右方向的移动，如图 2-12 所示。

② 整体阻挡或加装底座防止前后移动，如图 2-13 所示。

图 2-12 三角形垫木　　图 2-13 整体阻挡或加装底座（引自于《陕西大件》宣传片）

③ 在条件允许下改变码放方式，增加其稳定性，如图 2-14 所示。

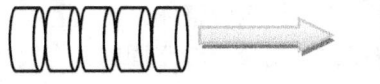

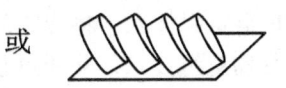

图 2-14 改变码放方式（引自于《陕西大件》宣传片）

④ 通过加装新包装办法，改变货物整体包装形态，来进行加固，但会带来成本增加，如图 2-15 所示。

（2）带轮货物的加固技术。带轮货物通常指带有轮子的货物如汽车、压路机、铲车、大型公共汽车、动车、农用机械（如收割机、插秧机等）等依靠平板车来运输的货物。除小轿车有专用运输工具外，大型带轮货物的公路运输是目前运输企业从事运输业务时的一大关键技术和难题。

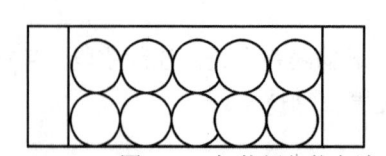

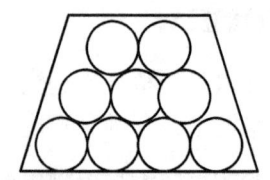

图 2-15 加装新包装办法（引自于《陕西大件》宣传片）

常见办法有以下两种。

第一种方法：拆零与拼装法。发运地货物以零配件的方式打包装箱或分解成相应的整体进行装卸、运输，至目的地后再进行组装、调试。此种方式适用于可分解和易于组装的货物。

第二种方法：整体加固法。对于只能在生产车间进行组装和必须整体运输的带轮货物，其常用的方法是整体加固，使被运货物与运输工具成为一个整体，从而减少运输过程中的损耗。

加固模式有通过特殊的装置进行底座固定、上部拉紧的方式进行。对于部分货物通常有安装简易的便于加固的扣件及其他装置，如图 2-16 所示。

（3）货物重心的改变技术。带轮货物和其他货物装上运输工具后，重心过高，容易导致运输过程中在拐弯或紧急刹车时，货物甩出运输工具或发生其他危险，造成人员和财产损失，因此，改变货物的重心，并通过研究道路情况来控制运输速度是提高运输服务质量的严格要求。

图 2-16 整体加固法

改变货物的重心技术通常有以下 3 种方法。

第一种方法：加重法，即加大货物的重量从而改变原有货物的重心。

第二种方法：整体加固法，即使所运货物与运输工具成为一个整体，从而改变货物与运输工具的整体重心。

第三种方法：降低高度法，即将货物的高度在合理的技术条件支持下，降低货物的整体高度，从而降低重心，如采用悬挂系统贴地运输或使用重心很低的运输工具等。

（4）蓬布紧固技术。用于轻泡货物和标准箱形货物。

（5）填充技术。用木头等充填物来填满货物所留下的空隙，以保障货物的位置固定和减少冲击力。

（二）重组技术

（1）托盘重组技术：将货物通过合理组托后，重组打包成整体。

（2）货物重组技术：即通过包装的强化，将多件货物置于较坚固的具有较规则包装箱内，形成数量一定的包装单体，便于运输。

（三）货物装载加固常用材料

（1）缠绕类：吊葫芦（5 T～10T）、钢丝绳、绳索、镀锌铁线、盘条。

（2）垫板类：厚橡胶板、三角挡木（三角形截面尺寸 150 毫米×250 毫米）、枕木、掩木、凹木。

（3）绳网类：绳网。用于货物运输过程中的货物固定及防止集装箱开门时货物砸伤、砸死人和摔坏货物。

（4）填充类：泡木、海绵、纸箱板等。

（四）货物运输技术

货物运输技术是指在运输过程中确保货物与人身财产安全的技术实施行为与过程。

1. 集装箱网兜技术

即在集装箱装完货后，在要卸货的一侧（车后端或侧门）悬挂网兜，如图 2-17 所示。

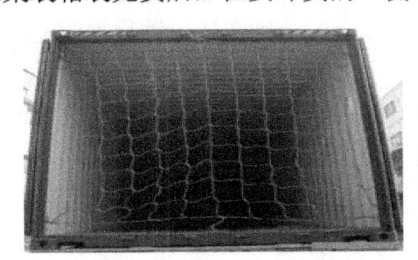

图 2-17　集装箱安全网兜

　　加装集装箱网兜是为了防止运输货物到达目的地后，开箱卸货时，发生货物垮、掉，砸伤作业人员和损坏货物及运输工具。

2. 贴地运输技术

　　贴地运输常用于超高货物及重心高的货物的运输，是运输技术中一种较高难度的技术。此类技术常见的有悬挂技术、框架式、桥梁式运输，如图 2-18～图 2-20 所示（引自陕西大件宣传片）。

图 2-18　采用钳夹式钢丝斜拉牵引贴地运输技术

图 2-19　桥梁式贴地运输技术

图 2-20　框架式运输技术

3．纵列运输技术

此类技术常用于超大超重货物的运输，通常采用 2 个或 2 个以上的动力机车进行同时驱动货物的运输技术方式。

采用的方式有前拉后推式、前拉式。

（1）前拉式：即指由 2 个（或 2 个以上）动力牵引车拉动运输货物方式。

（2）前拉后推式：动力牵引车（2 个或 2 个以上）分别在所运输货物的前后两端进行同向的驱动。

纵列运输方式操作难度，同步操作要求高，适合于大件货物运输及运输速度较低的货物运输模式。

实践与练习 2-6　配装配载货物

1．请下载 LoadMaster 装箱大师 5.8.6 软件，或由本书所指定的资源库下载并运行该软件，设计任意一批 3 种以上不同规格的货物及其数量进行配载，看如何能够做到最佳配装配载。

2．以下货物由东莞发往北京（见表 2-7），请为 DW 物流公司选择合适的公路车辆，并制订配装方案。

表 2-7　货物信息

货物名称	包装形式	件　数	外部尺寸（mm）	毛重（kg）	备　注
设备 1	木制包装	20	2340×710×850	800	
设备 2	木制包装	10	直径 1000 高 700 的圆柱体	400	
设备 3	纸箱	500	500×300×100	10	
设备 4	无包装	100	不规则的铁制品，长 8000，两头直径分别为 100 和 200	30	
电脑显示屏	纸箱	150	526×388×172	5.9	
电脑主机	纸箱	150	495×290×525	15	
茶叶	纸箱	200	500×200×300	2.5	
桂皮	纸箱	10	250×200×100	2.5	
棉花包	棉布捆扎	5	1000×800×50	50	

实践与练习 2-7　货物加固

以下案例是某企业在运输某一设备中出现了故障，导致设备损坏。

2000 年 9 月 3 日辽 BJ××××　承运某公司压路机至东北某地，在 9 月 7 日晚 9 点离目的地 100 多公里时，承运车辆往一座桥上行驶途中，因躲避对方车辆，司机急转弯与急刹车，造成钢丝绳断裂，压路机被甩下车体，致使压路机多处划伤，部分车身变形，驾驶室玻璃破碎的严重后果，因货物受损严重，客户要求换货。

此次事故主要是因为在大桥上司机躲避对方车辆而导致，事发后因压路机直接砸下，造成大桥一端出现裂缝，司机为避免路政系统索赔，直接在当地请吊车将压路机装上车就离开了事发地，造成交警部门没有拍照，保险公司也没有拍照。司机没有及时将货物受损情况反映给营销代表，而是直接将压路机送到客户工地，客户见货后直接要求换机器，错过了压路机维修的最佳时机，造成无法挽回的损失。其次，现场协调员张三没有严格按《路机设备捆绑标准》执行，在货物没有严格按标准捆绑的情况下，擅自将车辆放行，给运输留下了安全隐患。

请从以下几个方面进行分析：
1. 事故引起的主要原因有哪些？
2. 在此次事故中，加固技术与运输技术的运用中存在哪些漏洞？
3. 在本次事故中，除了张三要负责任外，该公司还应该加强哪些方面的管理？

操作三　运输路线优化

运输路线优化：是指选择运输路线，在保证货物运输安全的前提下，确保货物运输成本最低和获得返回运输。

运输路线包括送货到目的地的线路和返回原送货点的线路。

一、运输路线优化的目的

运输路线优化的目的是使整个运输过程完整、流畅、环节少，在确保运输安全的前提下，使运输距离最短，降低成本、提高运输服务质量，提高客户的满意度。

二、运输路线优化的原则

运输路线优化的原则有以下几个。

1. 安全第一的原则

任何运输路线的选择都必须确保货物能够通过、安全通过，并能够顺利地到达目的地。

2. 网络优化与经验相结合的原则

运输路线的优化可以通过网络选择最短路径，但最短路径的线路不一定是最优的路线。因此必须在长期的运输过程中将运输线路、节点情况进行总结，以经验为基础进行优化，以确保驾驶员对路况相对熟悉、运输成本相对较低、运输路线较为通畅，从而为运输调度和运输业务的调整奠定基础。

3. 技术与管理并重的原则

运输不仅是一个管理过程，而且是一个技术实施与技术保障的过程，更是一个企业文化的输出过程和拓展客户的过程。因此，路线的选择要整体考虑运输过程中相关服务设施、设备、动力供应（如加油站、服务区）和技术实施时的难易程度。

4. 企业文化先行的原则

运输路线是运输业务的实施过程中企业文化宣传的路线。车辆、人员的管理教育要与路线上的节点结合起来，做好引导、教育和管理工作，充分展现企业的高素质、高服务水平。从而树立企业的良好形象。

5. 及时更新原则

在我国目前的道路建设过程中，新建公路多，路网比较发达。由于新建公路的信息不能准确、及时地纳入目前的地图体系中。加强对新建道路的搜集与整理，不仅能够提高运输速度，更能降低运输成本、节约运输时间。

三、运输路线优化的方法与方案设计

运输路线优化的方法有经验法、节约里程法和最短路径法。此 3 种方法中以经验法最为有效，也是各运输企业常用的方法。

1．经验法

经验法也称为专家意见法或运输线路定式，即以经验丰富的驾驶员和押运员、技术员或跟单员，根据以往的运输经验总结而得出的路线。通常从运输道路情况、运输线路收费情况、不同季节运输道路的服务区、加油站，及返回时运输业务的繁忙程度等综合要素考虑而制定的由不同运输方向、干线、支线、节点组成的运输路线与运输网络。

2．节约里程法

节约里程法常用于配送和近距离的运输服务。

（1）节约里程法的原理。从某运输业务中心点 O，分别运输货物到 A、B 两点，其中 OA 之间的距离为 a，OB 之间的距离为 b，AB 之间的距离为 c，如图 2-21 所示。

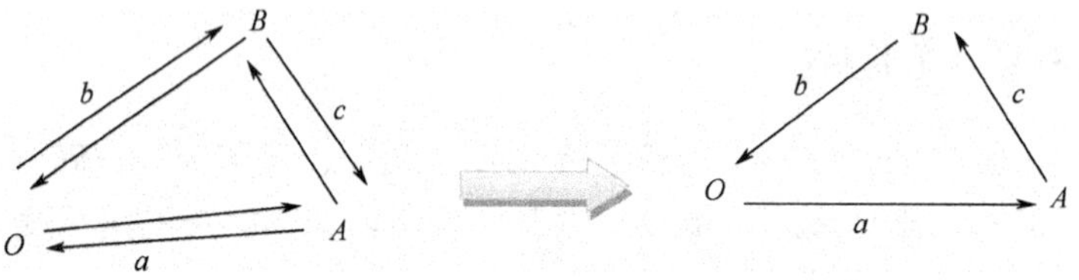

图 2-21　节约里程法原理图

某车从 O 点出发，送货至 A 后返回（距离为 $2a$），再由 O 出发送货至 B 后再返回（距离为 $2b$），那么其行走的总距离为 $2a+2b$；

如果该车从 O 点出发，先到 A（或 B）再至 B（或 A），再返回 O 点，那么其实际行走的距离为 $a+b+c$；

那么节约的总距离为 $(2a+2b)-(a+b+c)=a+b-c$。

为了找出最佳路径，我们通过对从中心 O 出发到各点的距离进行节约的距离计算，并按从大到小的顺序进行排序，从而得到各点之间的最大节约值，根据每个节点只有进入该点和离开该点两条线进行合理布线，从而得到最佳路线图。

（2）节约里程法计算。节约里程法的计算，一般分以下 3 个步骤进行。

① 绘出从中心点至各点的距离表，如表 2-8 所示。

表 2-8　中心点至各点的距离表

O	A	B	C	D	E	F
A						
B						
C						
D						
E						
F						

② 计算从 O 点至各点之间节约的里程。如计算 O 到 A、B 点的节约距离为 OA+OB-AB，O 到 B、C 点的节约距离为 OB+OC-BC，以此类推。

③ 将节约的距离按照顺序从大到小排序。

④ 画连线图，确定每个节点的上一节点和下一节点，每个节点只能有一个进入线和离开线（即输入端和输出端）。

⑤ 计算完整路径里程，即为最短路径。

⑥ 说明行走路线和最短距离。

实践与练习 2-8　运输线路优化

由配送中心 P 向 A～I 等 9 个用户配送货物，如图 2-22 所示。图中连线上的数字表示公路里程（公里）。靠近各用户括号内的数字，表示各用户对货物的需求量（吨）。配送中心备有 2 吨和 4 吨载重量的汽车，且汽车一次巡回行走里程不能超过 35 公里，设送到时间均符合用户要求，求该配送中心的最优送货方案。

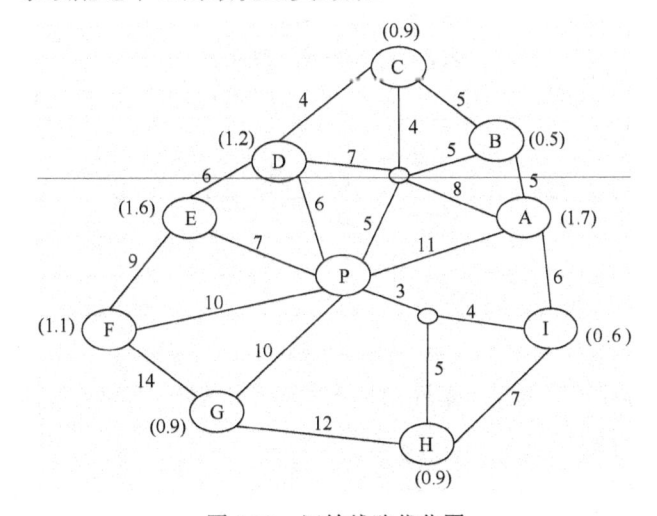

图 2-22　运输线路优化图

计算配送中心至各用户以及各用户之间的最短距离，列表得最短距离表，见表 2-9。

表 2-9　最短距离表

	P	A	B	C	D	E	F	G	H	I
P		11	10	9	6	7	10	10	8	7
A			5	10	14	18	21	21	13	6
B				5	9	15	20	20	18	11
C					4	10	19	19	17	16
D						6	15	16	14	13
E							9	17	15	14
F								14	18	17
G									12	17
H										7
I										

由最短距离表,利用节约法计算出各用户之间的节约里程,编制节约里程表,见表 2-10。

表 2-10 节约里程表

	A	B	C	D	E	F	G	H	I
A		16	10	3	0	0	0	6	12
B			14	7	2	0	0	0	6
C				11	6	0	0	0	0
D					7	1	0	0	0
E						8	0	0	0
F							6	0	0
G								6	0
H									8
I									

根据节约里程表中节约里程多少的顺序,由大到小排列,编制节约里程顺序表,以便尽量使节约里程最多的点组合装车配送,见表 2-11。

表 2-11 节约里程顺序表

顺位号	里程	节约里程	顺位号	里程	节约里程	顺位号	里程	节约里程
1	A—B	16	6	H—I	8	10	F—G	6
2	B—C	14	8	B—D	7	10	C—H	6
3	A—I	12	8	D—E	7	15	A—D	3
4	C—D	11	10	A—H	6	16	B—E	2
5	A—C	10	10	B—I	6	17	D—F	1
6	E—F	8	10	C—E	6			

根据节约里程排序表和配车(车辆的载重和容积因素)、车辆行驶里程等约束条件,绘出配送路径,如图 2-23 所示。

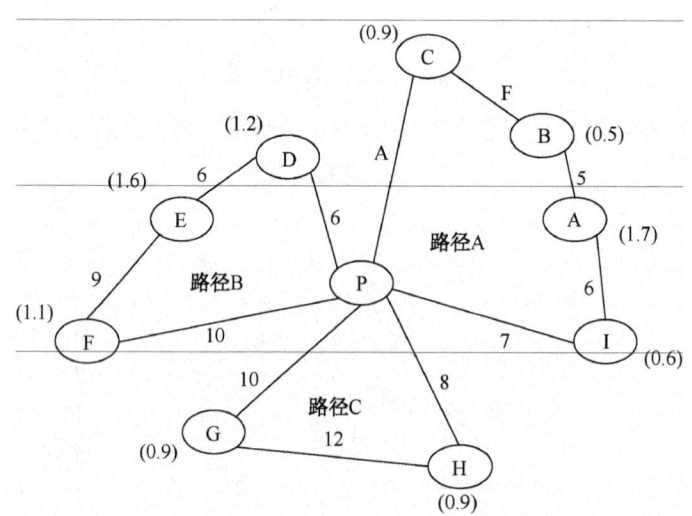

图 2-23 配送路径图

(3) 最短路径法

寻找最短路径就是在指定网络中两节点间找一条距离最短的路。最短路不仅仅指一般地理意义上的距离最短，还可以引申到其他的度量，如时间、费用、线路容量等。

由于此种方法在企业实际运作中常通过优化软件得以实现，所以在此不再赘述。

操作四　公路运输报价

一、公路货物运费计算相关规定

（一）公路货物运费的计算公式

1．整批货物运费的计算公式

整批货物运费（元）=吨次费（元/吨）×计费质量（吨）+整批货物运价［元/（吨·公里）］×计费重量（吨）×计费里程（公里）+货物运输其他费用（元）其中，整批货物运价按货物运价价目计算。

2．零担货物运费的计算公式

零担货物运费（元）=计费质量（千克）×计费里程（公里）×零担货物运价［元/（千克·公里）］+货物运输其他费用（元）。其中，零担货物运价按货物运价价目计算。

3．集装箱运费的计算公式

重（空）集装箱运费（元）=重（空）箱运价［元/（箱·公里）］×计费箱数（箱）×计费里程（公里）+箱次费（元/箱）×计费箱数（箱）+货物运输其他费用（元）其中，集装箱运价按计价类别和货物运价费目计算。

4．计时包车运费的计算公式

包车运费（元）=包车运价［元/（吨·小时）］×包用车辆吨位（吨）×计费时间（小时）+货物运输其他费用（元）。其中，包车运价按照包用车辆的不同类别分别制定。

由以上公路货物运费的计算公式可以看出，计算公路货物运费，关键在于明确公路货物运输的运价价目、计费质量（箱数）、计费里程（时间）以及货物运输的其他费用。

（二）公路货物运价分类

1．基本运价

（1）整批货物基本运价：指一等整批普通货物在等级公路上运输的公里/吨运价。

（2）零担货物基本运价：指零担普通货物在等级公路上运输的公里/千克运价。

（3）集装箱基本运价：指各类标准集装箱重箱在等级公路上运输的每箱公里运价。

2．吨（箱）次费

（1）吨次费：对整批货物运输，在计算运价费用的同时按货物重量加收吨次费。

（2）箱次费：对汽车集装箱运输，在计算运价费用的同时按不同箱型加收箱次费。

3．普通货物运价

普通货物实行分等计价，以一等货物为基础，二等货物加成15%，三等货物加成30%。

4．特种货物运价

（1）大型特型笨重货物运价

① 一级大型特型笨重货物在整批货物基本运价的基础上加成40%～60%；

② 二级大型特型笨重货物在整批货物基本运价的基本上加成60%～80%。

（2）危险货物运价：
① 一级危险货物在整批（零担）货物基本运价的基础上加成 60%～80%；
② 二级危险货物在整批（零担）货物基本运价的基础上加成 40%～60%。
（3）贵重、鲜活货物运价。在整批（零担）货物基本运价的基础上加成 40%～60%。

5．特种车辆运价

按车辆的不同用途，在基本运价的基础上加成计算。特种车辆运价和特种货物运价两个价目不准同时加成使用。

（1）非等级公路货运运价：在整批（零担）货物基本运价的基础上加成 10%～20%。
（2）快速货运运价：按计价类别在相应运价的基础上加成计算。

6．集装箱运价

（1）标准集装箱运价。重箱运价按照不同规格箱型的基本运价执行，空箱运价在标准集装箱重箱运价的基础上减成计算。

（2）非标准箱运价。重箱运价按照不同规格的箱型，在标准集装箱基本运价的基础上加成计算，空箱运价在非标准集装箱重箱运价的基础上减成计算。

（3）特种箱运价。在箱型基本运价的基础上按装载不同特种货物的加成幅度加成计算。

7．出入境汽车货物运价

按双边或多边出入境汽车运输协定，由两国或多国政府主管机关协商确定。

（三）公路货物运费的计价标准

1．计费质量（箱数）

（1）计量单位

① 整批货物运输以吨为单位；
② 零担货物运输以千克为单位；
③ 集装箱运输以箱为单位。

（2）计费质量（箱数）的确定

① 一般货物。整批、零担货物的计费质量均按毛重（含货物包装、衬垫及运输需要的附属物品）计算。

货物计费质量一般以起运地过磅质量为准。起运地不能或不便过磅的货物，由承、托双方协商确定计费质量。

② 轻泡货物。整批轻泡货物的计费质量按车辆标记吨位计算。零担运输轻泡货物以货物包装最长、最宽、最高部位尺寸计算体积，按每立方米折合 333 千克计算其计费质量。

③ 包车运输的货物。按车辆的标记吨位计算其计费质量。

④ 散装货物。如砖、瓦、沙、石、土、矿石、木材等，按体积由各省、自治区、直辖市统一规定的质量换算标准计算其计费质量。

⑤ 托运人自理装车的货物。按车辆额定吨位计算其计费质量。

⑥ 统一规格的成包成件货物。根据某一标准件的质量计算全部货物的计费质量。

⑦ 接运其他运输方式的货物。无过磅条件的，按前程运输方式运单上记载的重量计算。

⑧ 拼装分卸的货物。按最重装载量计算。

2．计费里程

（1）计费里程的单位。公路货物运输计费里程以公里为单位，尾数不足 1 公里的，进整为 1 公里。

（2）计费里程的确定

① 货物运输的计费里程，按装货地点至卸货地点的实际载货的营运里程计算；营运里程以省、自治区、直辖市交通行政主管部门核定的营运里程为准，未经核定的里程，由承、托双方商定。

② 同一运输区间有 2 条（含 2 条）以上营运路线可供行驶时，应按最短的路线计算计费里程或按承、托双方商定的路线计算计费里程。

③ 拼装分卸的货物，其计费里程为从第一装货地点起至最后一个卸货地点止的载重里程。

④ 出入境汽车货物运输的境内计费里程以交通主管部门核定的里程为准；境外里程按毗邻国（地区）交通主管部门或有权认定部门核定的里程为准。未核定里程的，由承、托双方协商或按车辆实际运行里程计算。

⑤ 因自然灾害造成道路中断，车辆需绕道而驶的，按实际行驶里程计算。

⑥ 城市市区里程按当地交通主管部门确定的市区平均营运里程计算；当地交通主管部门未确定的，由承、托双方协商确定。

3．计时包车货运计费时间

（1）计时包车货运计费时间以小时为单位，起码计费时间为 4 小时；使用时间超过 4 小时，按实际包用时间计算。

（2）整日包车，每日按 8 小时计算；使用时间超过 8 小时，按实际使用时间计算。

（3）时间尾数不足半小时的舍去，达到半小时的进整为 1 小时。

4．运价的单位

各种公路货物运输的运价单位如下。

（1）整批运输：元/（吨·公里）；

（2）零担运输：元/（千克·公里）；

（3）集装箱运输：元/（箱·公里）；

（4）包车运输：元/（吨位·小时）；

（5）出入境运输，涉及其他货币时，在无法按统一汇率折算的情况下，可使用其他自由货币为运价单位。

（四）公路货物运输的其他费用

（1）调车费。应托运人要求，车辆调出所在地而产生的车辆往返空驶，应计收调车费。

（2）延滞费。车辆按约定时间到达约定的装货或卸货地点，因托运人或收货人责任造成车辆和装卸延滞，应计收延滞费。

（3）装货（箱）落空损失费。应托运人要求，车辆开至约定地点装货（箱）落空造成的往返空驶里程，按其运价的 50%计收装货（箱）落空损失费。

（4）排障费。运输大型特型笨重物件时，因对运输路线的桥涵、道路及其他设施进行必要的加固或改造所发生的费用，称为排障费。排障费由托运人负担。

（5）车辆处置费。应托运人要求，运输特种货物、非标准箱等需要对车辆改装、拆卸和清理所发生的工料费用，称为车辆处置费。车辆处置费由托运人负担。

（6）检验费。在运输过程中国家有关检疫部门对车辆的检验费以及因检验造成的车辆停运损失，由托运人负担。

（7）装卸费。由托运人负担。

（8）通行费。货物运输需支付的过渡、过路、过桥、过隧道等通行费由托运人负担，承运人代收代付。

（9）保管费。货物运达后，明确由收货人自取的，从承运人向收货人发出提货通知书的次日（以邮戳或电话记录为准）起计，第4天开始核收货物保管费；应托运人的要求或因托运人的责任造成的需要保管的货物，计收货物保管费。货物保管费由托运人负担。

（10）道路阻塞停车费。汽车货物运输过程中，如发生自然灾害等不可抗力造成的道路阻滞，无法完成全程运输，需要就近卸存、接运时，卸存、接运费用由托运人负担。

（11）运输变更手续费。托运人要求取消或变更货物托运手续，应收变更手续费。

（五）公路货物运费的结算

结算公路货物运费时，应遵守如下规定。

（1）货物运费在货物托运、起运时一次结清，也可按合同采用预付费用的方式，随运随结或运后结清。托运人或者收货人不支付运费、保管费以及其他运输费用的，承运人对相应的运输货物享有留置权，但当事人另有约定的除外。

（2）运费尾数以元为单位，不足1元时四舍五入。

（3）货物在运输过程中因不可抗力灭失，未收取运费的，承运人不得要求托运人支付运费；已收取运费的，托运人可以要求返还。

二、报价

报价是运输进行公平竞争、获取客户、保证企业利益和获得长远发展的手段。报价必须遵循以下几个原则。

第一，遵照国家指导价原则。即依据国家政策，在国家指导价格的基础上开展报价。

第二，公平竞争的原则。即为了竞争需要，可以采用灵活报价，但严禁采用恶性竞争和低价竞争，破坏当地运输市场价格以及采用垄断性竞争价格。

第三，利益兼顾的原则。要兼顾三层利益：即国家利益（社会利益），本企业利益，运输业务链上、下游节点企业等的利益。

第四，市场定价的原则。价格根据市场相关要素波动进行定价。影响运输价格的要素主要包括：油料价格、高速运输收费、市场管理费用和风险成本、劳动力成本等。

报价根据运输业务获取途径的不同而采用的报价模式。

（一）竞标报价

竞标报价是企业获得大型企业业务或大笔业务的一种主要途径。需要竞标报价的运输业务往往意味着运输业务量、运输技术要求、运输业务利润与风险共存的业务。

根据竞标的原则，往往是在满足业务技术要求及满足偏差的情况下而采用低价中标原则进行。因此竞标报价要求对不同要素进行综合平衡后再进行报价。

报价原则是：较低价获取业务、中低利润下报价获取和巩固长期业务、较高报价适合于高风险、高技术要求的报价。

（二）合同协议价

对于长期业务客户和业务量较大的客户，可以根据双方的协议，在保证企业的适当利润前提下，通过协议和合同，对指定的运输业务进行定价磋商。其价格的确定通常与运输环节、运输风险等紧密结合在一起。

合同协议中一般要明确以下几点。

1．运输价格与运输环节

在运输价格与运输环节上，需要确定的运输价格包括起运前的装卸环节、运输过程中的费用（拆卸收费站、路上拆除其他障碍物、重新修路架桥等）、运输到达目的地后的装卸、转运、安装调试等和整个运输过程中的风险费用承担、自然灾害等环节和内容，以及运输时间长短、影响要素。

2．协议价格可变动因素

运输价格不能以固定方式进行，通常要考虑燃料、过桥过路费用、市场管理费用等，确定调价方式和调价范围。

此外公路运价需考虑的八个因素：运输距离、载货量、货物的疏密度（轻抛货和重货）、装载能力、装卸搬运、承担责任程度、运输供需因素、服务要求。

（1）运输距离。影响成本的主要因素，直接影响劳动力、燃料、维修保养等变动成本费用。单位成本与距离不是成正比关系，由于货物提取和交付活动产生一定的固定费用，因此平均计算下来，通常距离越短，单位成本越高，距离越长，单位成本越低。与城际间运输相比，市内运输由于频繁停车，单位成本相对较高，也是基于同样的原因。

（2）载货量。体现出规模经济的特点，通常情况下，单位体积或质量的运输成本随载货量增加而减少，主要是因为货物提取和交付活动的固定费用以及行政管理费用，可以随装载量的增加而被分摊，但这种关系受到货车的载重量及尺寸限制。货量越少，伴随运输所发生的固定费用就越难分摊，所以很多承运商在制订价格时，都有最低收费的标准。

（3）货物的疏密度。质量和体积因素需要结合起来考虑，如按质量结算费用，承运商肯定不愿拉轻泡货，按体积结算费用，承运商就会把很多成本分摊到运价上，最理想的状态是重货与轻货能结合装运，既不超重又能充分利用车辆的容积。

（4）装载能力。是指产品的具体尺寸对空间利用程度的影响，像比较规则的电器产品，一般能做到 80%～85%的装载利用率，如形状不规则装载较少，超长、特型货物则更少或不能很好装载。装载能力也受装运规模的影响。

（5）装卸搬运。如产品的存放方式特殊，需要特别的装卸设备，如托盘运输、捆扎作业等都会影响装卸成本。

（6）责任程度。责任程度与货物的本身特征有关，如价值、性能、耐震性、包装等，主要涉及货物损毁风险和事故导致索赔，运输中要考虑到货物的易损坏性、易腐性、易被偷盗性、易自燃性或自爆性、对货物损毁承担责任的大小以及单位价值。通过风险控制，也能降低运输成本。

（7）运输供需因素。主要是指起运地和目的地是否能平衡对流，即是否有回程货物，理想状态下的对流是很难做到的，受制于地区之间的差异，也受季节性因素的影响。一些冷僻线路，虽然距离短，但单程价格高，相当于同距离热门线路的全程价格，就是因为回程货少的缘故。

（8）服务要求。服务与成本是成正比的，服务要求高，投入就多，成本就会增加，如加急运输，以及附加的搬运、仓储、分拣服务等。制定服务标准时，关键在于找到服务水平与成本之间的平衡。

（三）业务部门现场货物运输报价

此类运输报价，也称为公开报价。此类报价常见于企业运输业务的托运报价。

1. 整批货物运输运费报价

整批货物运费=吨次费×计费质量+整批货物运价×计费质量×计费里程+货物运输其他费用

2. 零担货物运费报价

零担货物运费=计费质量×计费里程×零担货物运价+货物运输其他费用

3. 集装箱运费报价

重（空）集装箱运费=重（空）箱运价×计费箱数×计费里程+箱次费×计费箱数+货物运输其他费用

4. 计时包车运费报价

包车运费=包车运价×包用车辆吨位×计费时间+货物运输其他费用

5. 价格计算公式

价格=运输成本+运输利润
　　=固定成本+变动成本+运输利润
　　=现场提货费用+干线费用（车辆固定成本+车公里变动成本+吨·公里变动成本）×回程系数+目的城市配送费用+管理费用（信息、管理人员工资等）+税金+运输利润

实践与练习 2-9　公路运输报价

1. 报价案例

有一批货物要进行运输，始发城市为：上海，目的城市：南京；公里数 412 公里，行驶路线：沪宁高速，每月能跑 7 个来回，14 趟。使用的运输工具 5 吨整车；内空体积 40 立方米，可装货物 32 立方米。其成本情况如表 2-12 所示。

表 2-12　货物流运输费用计算表

成本一级项目	成本二级项目	成本三级项目	价格	备注
现场提货费用	提货车辆费用		63.00	按 80 公里的耗油费计算
	装车费	搬运工费用	64.00	按 2 元/立方米计算装车费
		现场人员管理费用	0.00	此费用可含在管理费用中
单程长途干线费用	车辆固定成本	车辆折旧费	196.43	固定成本按 16.5 万元计算，按 5 年折旧计算，每月按 22 天计算，可跑 7 次（3 天/次），单程费用除 2
		人力成本（司机工资、福利等）	150.00	按 3000 元/月计算，按 1.5 天的工资支付
		车辆保险	75.84	按每年 9 500 元计算
		车辆使用税	21.43	按 3 600 元计算
		车辆年检	7.14	按 1 200 元计算
	合计		450.84	
	按 1.5 天支付吨·公里变动成本	耗油费	324.45	每百公里耗油 25 升，按 315 元/升计算
		轮胎（如外、内胎垫带及轮胎翻新费、零星修补费）	28.57	按每月 400 元计算

续表

成本一级项目	成本二级项目	成本三级项目	价格	备注
单程长途干线费用	按1.5天支付吨·公里变动成本	维修费（各级维护和小修的所有费用）	21.43	按每月300元计算
		通信费	15.00	按每月300元计算
		过桥过路费	280.00	
		回程系数	1.00	按1计算，仅计算单程费用
	配送费用	配送车辆费用	0.00	与服务有关忽略不计
		配送装卸费用	64.00	按2元/立方米计算卸车费
		临时仓储费用	0.00	与服务有关忽略不计
	合计		734.35	
管理费用			65.61	按5%计算税金
运管费+税金			78.74	按6%计算
毛利前合计			1312.29	
合计			1456.64	

吨·公里费用=1 456.64÷（5×412）≈0.70元/吨·公里。在不超载的情况下，上海到南京5吨整车的运输价格在1500元左右，吨·公里成本在0.70元左右比较合理。

在实际中，有的公司为了减少亏损，在只保持变动成本的情况下也会承接业务，在本例中，在总成本中去掉车辆固定成本（450.84元），则上海到南京5吨整车的运输价格在1000元（吨·公里成本0.5元）左右找到的承运商，报价应在1 000～1 500元。

2．请于当地找一家运输企业，了解其报价。建议学生可以扮演需要运输业务服务企业的业务员或到该公司进行顶岗实习。

操作五　公路运输风险管理

一、公路运输风险的概念

公路运输风险是指公路运输从接受运输业务开始，至运输业务结束全过程中由所运送货物、运输技术、运输线路路况、道路事故、沿线服务设施设备、动力供应及自然气候条件等引发的风险，以及在此期间造成货物延期到达、无法到达等的政治因素、经济因素和自然因素所引起的风险等。

根据风险产生的过程不同，可以分为以下几种。

1．合同风险

在合同签订时，考虑的要素不周全，对风险估计不足，造成合同履行不能、不能完全履行和完全履行时对企业造成较重大的经济损失等。

2．货物风险

货物风险从货物本身和货物配装配载及运输过程中造成的货物泄漏、灭失、污损等造成货物本身及周围人、财、物的安全损失。它主要包括以下2点。

第一，货物本身是危险货物，它对运输企业的资质、运输技术条件、保障条件及发生危险时的防范措施等要求较高，对人、财、物及环境和社会都可能造成影响。

第二，货物集货与配装配载时所发生的风险。此类风险特别容易发生于收货员收货时，未及时检查货物和掌握货物的特性、包装要求等。在配装配载及运输过程中由于货物的相互影响、包装破损对其他货物造成损坏、变质、异味等发生的风险。

> **阅读理解**

案例：

广东某运输公司长期从事整车运输与零担货物运输。有一天，需要将一批新服装发往长沙。而服装数量不够装满该车。恰巧，有客户上门，要求将一些货物运往长沙，该批货物包装较好，也未见异常。收货员在收货时，未认真询问与检查，并收下货物办理相关手续后装车发往长沙。

到达长沙后，送货的司机打开车厢，发现车箱内怪味冲天。原来后接到的此批货物是一批刺激性很强的货物，很多运输公司不愿承运。为了及时把货运回长沙，虽然他们在完善密封包装后，才交给该公司运输，但是没想到，由于货物相互挤压，有些包装破损，导致整车货物都被污染上该刺激性气味。

服装收货人对该批服装拒收，并与发货人进行了沟通，退回货物。运输公司需承担相关的损失。

第三，货物灭损风险。包括货物的灭失和损害。可能发生的环节主要有运输、仓储、装卸搬运和配送环节。发生的原因可能有客观因素，也可能有主观因素。客观因素主要有不可抗力、火灾、运输工具出险等，主观因素主要有装卸人员野蛮装卸、配载不合理、丢失、偷盗等。

第四，错发错运风险。运输企业因种种原因导致分拨路径发生错误，致使货物错发错运，由此给客户带来损失和增加自身的运输成本，并承担相应的违约责任。

3．技术保障风险

技术保障风险是在运输过程中，因运输工具、道路条件、货物的固定与安全保障技术不当所造成的货物错发错配、中途损伤、延时到达，以及因满足不了客户对运输过程监控而导致的赔偿、诉讼、违约赔偿责任等风险。

4．分包风险

分包风险指第三方物流企业通过分包协议把全部风险有效传递给分包商的风险。分包商如果没有实力可能造成的损失就要由自己承受。例如，运输企业与客户签订的协议规定赔偿责任限额为每件500元，但分包商没有实力，只能签订规定赔偿责任限额为每件100元的协议，差额部分则由运输企业埋单。在这里，运输企业对分包环节造成的货损并没有过错，但依据合同不得不承担差额部分的赔偿责任。由于目前铁路、民航、邮政普遍服务等公用企业对赔偿责任限额普遍规定较低，因此运输企业选择由公用企业部门分包时将面临着不能有效传递的风险。

分包欺诈风险。资质差的分包商，尤其是一些缺乏诚实信用的个体户运输业者配载货物后，有时会发生因诈骗而致货物失踪的风险。如有的个体运输业可能会将物流公司的货物装载后部分或全部私自拉走，隐匿占为己有。

5．财务风险

财务风险指运输业务发生后，漏单、漏算、运输款项不能按时结算，甚至无法结算时所带来的风险。主要有以下3个方面。

第一，资金结算异常带来的报失风险。一些物流运输企业和客户之间的运输费用采用月结方式，平时收取回单，这样就有可能出现因回单丢失，到货延时及其他事件导致不能正常结算运费收入的风险。月结客户一般结算运费时要求有：托运方托运单；承运方运单；收货方收货确认后，需返回的回单。托运方托运单及承运方运单一般不易丢失，收货方收货确认回单因为有在途时间，尤其是跨省跨区域运输，很容易丢失，所以回单管理是一项非常重要的管理内容。

第二，汇率风险。跨境公路运输时，货币的汇率的变动及计算时间差异容易给企业带来风险。

第三，无法结算的风险。托运人或发货人因财务困难或企业倒闭时，无法结算或部分结算，给企业带来的损失。

6．管理风险

管理风险指企业的管理人员在车辆管理、调度、技术维护、技术项目、人员组织与管理、信息系统使用等方面管理不到位，相关工作人员不遵守操作规程导致运输业务不能按期按质按量地完成。

管理风险表现在以下3个方面。

第一，违规操作风险。野蛮操作、疲劳驾驶、不按规定配备相应的设施设备、超载、超速等违纪违法行为给企业带来的交通肇事风险、危险品泄漏风险、环境污染风险。

第二，业务管理风险。部分司机，特别是挂靠司机，为了降低成本，用公司的名义私自低价接洽业务（"回头车"业务），造成市场秩序混乱，从而影响到公司的正常运输。

第三，企业文化与地方、区域文化冲突风险。不同的地区有不同的民风民俗，企业管理人员必须教育和训练相关从事人员尊重各地的风俗习惯，以确保业务的顺利进行。一旦发生冲突，不仅会给企业带来不可估量的损失，还会造成重大的政治影响。

7．商业信誉风险

公路运输企业都有"事前觉得有利可图，事后发现血本无归"的经历、经验和教训。甚至有一部分托运人、发货人为了寻找到真正的合作伙伴，而采取设陷阱考察伙伴的策略。因此，诚实守信，按期按质按量按合同办事，是企业赢得商业信誉的一条重要途径。

二、公路运输风险管理

风险管理即通过对风险产生过程与风险形成要素、环节进行系统分析，并确定相应对策，按照产生环节，从企业的管理、技术提升、营销手段等方面组织开展攻关，以最大限度降低或消除风险和确保企业运营过程中的损失最低，并通过风险转移适度获取利润的一种模式或手段。

（一）风险产生的过程分析

公路运输风险分析如表2-13所示。

表2-13 公路运输风险分析一览表

运输业务阶段	风险产生环节	风　险	产　生　原　因
1．业务营销与合同签订	1．谈判 2．合同签订 3．客户关系	1．合同风险； 2．客户倒闭风险； 3．收款风险； 4．隐藏风险（未公证，口头承诺未纳入合同文本中）	业务不熟； 合同条款存在重大缺陷； 相信口头承诺； 条款审定不仔细

续表

运输业务阶段	风险产生环节	风　险	产　生　原　因
2. 合同执行	合同执行	合同执行不能或不能完全履行	所承揽的业务与自己的能力不匹配 挂靠与分包单位资质审核不到位
3. 集货	收货过程	1. 货物风险 2. 运输成本增加	集货与分类储存不合理 货物集货时间不能按时到位
4. 配装配载	装卸、搬运及货物紧固过程	1. 货物损坏 2. 成本增加的风险	管理不善 技术不到位 人才缺乏 配装配载不合理，导致不能满载
5. 运输过程	道路运输 道路运输条件改变 交通事故处理	1. 交通事故风险 2. 货物损坏 3. 货物被盗 4. 道路条件改变与恢复的成本风险 5. 延时到达违约风险	不遵守案例操作规程 货物配装配载技术不到位 运输过程中安全监控措施不到位 人为或自然灾害 项目团队组建与管理存在问题
6. 卸货	卸货	货物损坏	装卸技术人员经验不足 技术装备等条件不足或缺乏 装卸方式方法、技术手段缺乏
7. 交货	交货过程	1. 交货不到位或货物丢失风险 2. 货物运输返回的风险	交货确认手续不全 交货地点不符 交货方式不符 收货人未经严格审验与确认 无法交货，收货人消失或不存在
8. 货款交付	收款交货； 按合同条款结算； 预付后尾款结算	1. 货款无法及时收回； 2. 货款结算汇率风险	
9. 后续服务	客户服务	客户流失	

（二）风险防范

风险防范是企业风险管理的核心，风险防重于救。风险防范一般有以下几个方面措施。

1. 强化内部管理

企业在对风险进行防范时，首先要强化内部管理，注重"政、文、理"三项工作。

（1）政——政治思想教育。树立全面质量意识、安全意识和服务品质意识，突出为他人服务、为社会服务的思想。树立热爱企业、热爱国家、尊重客户的思想，只有这样，才能从根本上解决违章作业、马虎作业和服务品质低下等带来的风险。

（2）文——企业文化培养。企业文化是企业优秀传统的构建与发扬。注重企业文化，树立共同的道德观、价值观与行为标准，并能通过企业文化环境，影响与教育全体员工，是防范风险的必由之路。

（3）理——企业发展的目标与理想。使全体员工明确企业发展的目标与个人目标之间的关系，明确每个人的行动目标，并通过理想教育，提高企业的凝聚力与战斗力，从而形成共抓共管互助互督，强化生产安全管理，有效防止风险的发生。

2．强化外部资源管理

强化外部资源的管理主要涉及以下几个方面。

1）加强对挂靠车辆与外请车辆的管理

车辆挂靠或外请车辆已成为公路运输企业业务中重要一环。强化管理，有利于降低"被骗"和"货物灭失"等风险。

对于车辆挂靠或外请，要从车辆、人员及技术3个方面进行资质审核。

（1）车辆审验。包括证照真假、车辆的载货能力及运输业务路线和作业时间段分布。这要求对车辆严格查验，并尽量使用新车。防止利用破旧车辆或报废改装车辆进行诈骗。对所使用车辆的完全资料档案加以管理。包括车辆型号、购置时间、行驶证复印件等。驾驶员本人驾驶执照、车辆正侧面照片各1张、驾驶员全身近照、家庭和亲属的电话号码、挂靠单位证明、联系电话和联系人等，要形成独立的档案管理系统。

（2）驾驶人员审验。审验身份证、驾驶证、驾驶经验、挂靠单位与年限及经济能力以及驾驶员家庭情况，通过各种合理手段判别驾驶员资料的真实性，包括网上查询、电话询问核对等，并进行现场电子档案记录，建立驾驶员资料库。

（3）技术测试。对车辆挂靠在本企业的单位或个人进行技术测试，按技术能力、经验、承运能力、服务品质等建立考核等级制度，并以此为基础进行调度与利用，防止在车辆调配和运输过程中出现因能力不匹配、经验不足、服务不到位等而带来的风险。

2）强化对分包商的管理

业务外包是物流企业发展的一个趋势，有利于建立服务网络、降低成本、提高服务效率与服务质量。

业务外包或分包时，对分包商的管理显得十分迫切。一个合格的分包商应具备以下几项条件：

（1）良好的商业信誉；

（2）良好的银行信用；

（3）资产负债能力；

（4）证照齐全、税务证明资料合格；

（5）良好的设施设备运管记录；

（6）企业文化与本企业文化相融；

（7）业务范围符合合作条件；

（8）特种技术能力达标。

（三）风险转移

风险转移是指将风险及其可能造成的损失全部或部分转移给他人。通过转移风险而得到保障，是应用范围最广、最有效的风险管理手段，保险就是其中之一。

风险转移的方式可以分为非保险转移和保险转移。

1．非保险转移

非保险转移是指通过订立经济合同，将风险以及与风险有关的财务结果转移给别人。常见的非保险风险转移有租赁、挂靠、互助保证、基金制度及运输条款或协议等。

（1）租赁：包括租入和租出两种方式。租入：通过租赁他人的仓库、码头、运输、装卸工具，以降低自行购买或建设所带来的风险。或通过租出相关的设施设备，减少自行承担业务运营所带来的各种风险。

（2）挂靠：在自身设施设备不足，业务在一定时期内波动较大的情况下，通过其他运输服务提供商的加盟或以协议形式进行挂靠，从而明确各自的责、权、利，有利于降低风险。

（3）基金制度：基金是指为了某种目的而设立的具有一定数量的资金。为了扩大运输业务，获取某特殊项目和完成重大运输任务，根据企业的发展需求，可以通过募集基金的方式进行，并通过完善基金管理，提高基金使用效率，降低企业运营风险。

（4）运输条款或协议：公路运输企业在承担的运输业务中有必要解释运输条款，部分运输企业的条款在货物运送单的背面，在承担或分包其他公司的业务时，由于部分运输企业为了降低自身的风险，制定了部分霸王条款并未特别要求用户查阅，因此必须仔细地阅读相关条款，否则运输任务一旦开始，用户有无签字都可能生效，将给用户带来法律纠纷和其他损失。

2．保险转移

保险转移是指通过订立保险合同，将风险转移给保险公司（保险人）。个体在面临风险的时候，可以向保险人交纳一定的保险费，将风险转移。一旦预期风险发生并且造成了损失，则保险人必须在合同规定的责任范围之内进行经济赔偿。

由于保险存在着许多优点，因此通过保险来转移风险是最常见的风险管理方式。需要指出的是，并不是所有的风险都能够通过保险来转移，因此，可保风险必须符合一定的条件。

（1）运输保险概念。运输保险是以处于流动状态下的财产作为保险标的的一种保险，包括运输货物保险和运输工具保险。

（2）运输保险特点：

● 保险标的处于运输状态或经常处于运行状态，与火灾保险的保险标的要求存放在固定场所和处于相对静止状态有区别，并因此而不能被火灾保险包容；

● 保险购买的主体不同，货物保险由托运人或发货人购买，也可以由承运人或货运代理人代购，一般不具有强制性。而运输工具保险，则由运输工具的拥有者按国家法律法规购买，具有一定的强制性。

（3）运输保险购买方式。运输货物保险指在托运人或发货人向承运人或货运代理人确定货物运输任务时，必须建议托运人或发货人对所运输货物进行保险。运输货物保险购买方式：

● 由托运人或发货人直接向保险公司购买；
● 由本企业代购。

实践与练习 2-10　公路运输风险防范

分析 DW 物流公司与 WQ 公司的运输项目有哪些风险，应如何防范。

能力拓展

学习目标

1．掌握公路运输项目管理的基本内涵。
2．掌握零担运输业务网点选择方式并优劣的评价方法。

3．掌握特种商品运输（危险品及特大件货物运输的流程）。

> 学习任务

1．能够准确判定某一业务是否需要进行项目管理。
2．能够选择零担运输业务合作伙伴或进行设点。
3．能够准确运用特种商品运输业务流程实施项目管理。

模块一　公路运输项目管理

公路运输项目的界定

一般运输业务完成或某项运输业务的获得并不一定构成一个运输项目。也不需要用项目管理的办法来实施。

什么样的业务能够构成一个项目，需要采用项目管理的方式来实施，通常来说，构成一个公路运输项目需要具备3个条件。

（1）任务完成对公司有重大影响。公司从未完成过该项业务或该业务存在着诸多的不确定因素，需要多部门、多种人才、多种资源的协调。

（2）任务完成的时间非常明确。没有充分的准备、良好的组织，该业务的完成就无法按期完成。

（3）任务的成本或代价更高。要用较少的资源去完成任务。

具备上述3个要素的业务都可以归纳为一个项目，而需要组成项目团队来实施。

对于公路运输企业而言，通常以下几个方面都必须作为一个项目来对待。

（1）运输企业网点选择与规划。包括物流园区的选址与新办一个公路运输企业、选择运输合作伙伴及零担业务拓展（包括选址、经营线路、经营范围）。

（2）特种商品运输。主要包括危险品、特大、特重物品，战略物资运输（包括保密品、军需品等）、应急物资运输（包括战争、自然灾害等所需物资）。

（3）重点业务或重大业务的谈判与采购。

（4）重点客户的管理。

实践与练习 2-11　公路运输项目管理

请分析下列2个案例，看哪一个可以用项目方式进行管理？为什么？

案例1：某物流企业在引进物流人才时，总觉得引进的人才存在各方面的不足，于是决定成立物流人才引进项目团队，由人力资源部门的副总经理作为项目负责人，组织全体人力资源部门的人员，开展了"物流专业人才引进"的项目攻关，最后收效甚微，请问此项目存在哪些问题？如果你是该项目团队的负责人该如何做？

案例2：某公司从事特大件货物运输，接手了一单业务，要求将重达1500吨，长度超过150米高度接近4.2米货物进行长距离运输（2000公里），该公司迅速组建了特大件运输团队，开展项目研究，制订出详细计划，成功实施了运输任务。请说明此项目，跟案例1比较存在哪些差异，要搞好此项目应关注哪些关键点？

模块二　零担运输业务管理

我国公路零担货运市场呈现出多、小、散、弱的局面，中国内地从事公路零担货物运输的企业约有 78 万家，并且以每年 15% 的速度在增长，公路零担货运市场供大于求，未来市场竞争将会进一步加剧。

零担运输业务在满足了客户多样性需求同时，也带来了高成本和难易实现"最后一公里"将货物送到客户手中的问题，因此零担运输业务面临着业务网点选择与加盟。因此进行零担运输网点布局，首先要了解公路零担货运的分类与条件。

一、零担运输业分类

零担运输业务布点指在不同的区域或地点，选择合适的地点作为业务部门的一个分支来开展运营。

零担运输业务是主要针对零散客户需求而开展一项运输业务，是具有较高运输业务价值和客户满意度异常灵敏的一项运输业务，是检验公司业务管理品质和提高公司服务水平的试金石。

根据交通部文件交公路发〔1996〕1039 号文件精神，《道路零担货物运输管理办法》明确规定零担货运包括零担货物受理、零担货运站经营、零担线路运输 3 种形式。

1．零担货物受理

零担货物受理业户应具备以下几点。

（1）有固定的营业场所，与业务相适应的货物仓储面积和装卸设施，租赁仓储设施，需有 1 年以上合法有效的租赁合同。

（2）与零担货运站签订有受理经营线路范围内的半年以上有效的运输服务合同。

（3）有固定的业务人员，持有运管机关核发的上岗证等。

2．零担货运站应具备

零担货运站应具备以下几点。

（1）具有 300 平方米以上的停车场和 500 平方米以上的仓储面积，并有相应的安全设施和装卸能力。

（2）与零担运输业户签订零担货物线路运输合同。

（3）业主和业务人员需经运管机关培训，持有上岗证。

3．零担线路运输业户

零担线路运输业户除了符合《道路货物运输业户开业技术经济条件》外，还须具备下列条件。

（1）使用封闭式专用货车或封闭式专用设备，车身喷涂"零担货运"标志，车辆技术状况达到二级以上。

（2）经营省内零担货运需有 5 辆（25 个吨位）以上零担货运车辆，跨省经营需有 10 辆（50 个吨位）以上零担货运车辆，国际零担货运按国际双边运输协定办理。

（3）业主、驾驶员、业务人员须持有运管机关核发的"上岗证"。驾驶员应有安全行驶

2 年以上或安全行驶 5 万公里以上的驾驶经历。

现在上述 3 种形式，在实际运作过程中通过加盟或自办的形式，形成了三位一体的零担运输形式。

二、零担运输业务布点

1．零担运输业务布点流程

零担运输业务布点一般遵循以下流程：

（1）考察当地经济发展状况；充分把握当地有关政策，为企业进入当地市场做好前期调研工作；

（2）调查当地零担市场、货运专线、运输车辆及业务开展状况；

（3）确定拟经营的范围、货物来源（客户资源）；

（4）对潜在客户进行调研与沟通；

（5）确定业务的规模；

（6）确定所需要的场地规模；

（7）计算投资与效益，做出战略决策（是找合作伙伴，还是自己经营）；

（8）进行布点，并进入布点规划。

2．零担运输业务布点注意事项

布点时，一般注重以下几点：

（1）选择的地点应尽可能靠近原有零担市场或零担物流需求相对集中的地点；

（2）规划阶段开展业务预营销；

（3）确立服务水平和服务品质，明确市场战略等。

三、零担运输业务流程管理

零担运输业务流程管理是指对零担运输业务从布点开始至业务运行过程结束的全过程管理。项目及主要管理内容、风险如表 2-14 所示。

表 2-14 零担运输业务流程及管理内容、风险一览表

业务流程	主要工作内容	主要风险	管理要点	项目难点
托运受理	1. 收货 2. 填写托运票 3. 单证审核确认	1. 货物性质与范围、确认不仔细 2. 单证审核手续不全	1. 收货员收货过程培训及经验积累 2. 收货员报价	收送货客户管理，规模效应与效益
验货贴标	1. 按单验货 2. 托运货票编号填写标签及有关标志 3. 收取运杂费 4. 用户确认 5. 分类存放	1. 验货过程粗心大意 2. 漏贴贵重、易碎、危险标签或标签位置不正确或标志不清 3. 运杂费错收、少收或漏收，未提醒客户购买保险 4. 分类不正确 5. 存放不正确，导致风险	1. 细节与创新 2. 信息化管理手段 3. 用户信息弄错	1. 客户管理 2. 企业文化展现

续表

业务流程	主要工作内容	主要风险	管理要点	项目难点
分类入库	1. 货物转入指定库区，由保管员保管 2. 按流量、流向、流速对流体（货物）进行位置处理 3. 按专线配载要求进行配货计算并准备配车	1. 货物交接不清 2. 野蛮作业 3. 重复装卸搬运作业 4. 漏票、漏货	1. 专线运输计划 2. 作业流程的规范性 3. 货物送达先后顺序及装车安排计划周详性	1. 专线运输计划 2. 仓位的优化与管理
配载装车	1. 专线专车配载 2. 按单清点 3. 确认装车完毕	1. 配载技术水平不够 2. 配错货 3. 同一用户的货被分配到不同的车上 4. 满足先进先出 5. 安全措施（如加装网兜等）	1. 熟悉不同车辆的配货配载情况 2. 提前准备好货物 3. 提高配载效率 4. 为卸货做好安全准备工作	1. 满载率与客户所需求时间之间的矛盾解决 2. 卸货安全
起运	1. 检查货物与车辆状态（车辆的平衡性、捆扎等安全性等） 2. 确认运输条件 3. 检查司机与其他跟车人员状态	1. 道路状况查证 2. 气候条件 3. 掌握司机对运送目的地的熟悉情况，以便提供必要指导 4. 防止疲劳驾驶与酒驾	1. 司乘人员管理 2. 道路风险分析 3. 起运前检查	1. 路况信息及时获取 2. 风险发生时的抢救措施
到站卸货	1. 到货状态检查 2. 卸货与点数 3. 责任划分	1. 卸车前的状态 2. 检查安全设施 3. 注意操作流程 4. 卸货后整理货物，保证车辆的平衡	1. 按正确操作流程组织卸货 2. 防止风险发生	1. 卸货时货物损坏车辆、货物砸伤人员及货物损坏 2. 防止卸货后车辆的不平衡
核单入库	同分类入库	同分类入库	同分类入库	同分类入库
交付或中转	1. 通知收货人提货或安排配送上门 2. 办理好相关手续	1. 错送、漏送 2. 货物损坏、变形、异味等	1. 按单送货，并交客户签字 2. 票据保存。	1. 票据错误 2. 票据遗失 3. 票据的统计与管理

阅读理解

请仔细阅读下列操作注意事项，关注它与上表有何异同点。

1. 托运受理操作要点

（1）所收货物的性质及受托运限制等业务规则相符；

（2）货物送达目的地与本公司业务专线相吻合或有相应的合作伙伴；

（3）向用户解说运输规则（新客户）与运输条款；

（4）向用户建议购买保险（针对特种货物）；

（5）认真填写托运货票，并交由托运人审核无误后方可承运。

2. 验货贴标操作要点

（1）在填写好托运货票后，必须马上对单验货，认真点件交接，作好记录；

（2）按托运货票编号填写标签及有关标志；

（3）对笨重货物，贵重货物，易损坏的货物以及其他易出危险货物应打上醒目标志，实施重点移交；

（4）财务人员按规定收取运杂费，再次提醒客户是否需要购买保险；

（5）将货票客户联交由客户并提醒客户再次审核，其余联按规定分类陈放；

（6）收款后通知收货业务员开始整理货物并进行分类后，转入正确的堆放地点，标志朝外或朝上。

3. 分类入库操作要点

（1）负责办理手续的业务员应按规定及时将货交由负责保管的仓库人员；

（2）负责保管的仓库人员应及时填写货物入库大单；

（3）严格按货物种类、急缓要求、运输方向、到达站点实施分类码放；

（4）库内管理要严格按照零担货物的出入库效率和库内存放货位的管理；

（5）货物进出仓库要严格执行照单入库或出货，做到以票对货，票票不漏，货票相符。

4. 配载装车操作要点

（1）按专线、按车辆容载量和货物的形状、性质进行合理配载，依据货票填写好货物装车清单，对不同到达站点要分单填制；

（2）将装车货物货票附于装车清单后面；

（3）按到达站点先后和货物运输实际要求点件装车，按先送后装原则进行；

（4）装卸人员要严格按照装卸作业要求装车；

（5）不相容或有冲突的货物不混装；

（6）重不压轻、大不压小；

（7）充分利用空间，提高满载率。

- 最好利用配装配载软件进行配载配装；
- 装卸过程要注意人员、财产、货物等安全；
- 不能超载等；
- 移交或交接方式要正确。能当面点数或点件的当面点清楚，对不便要求司机点件移交的车辆，装完车后，要按规定打上铅封，但相关货票清单必须交由司机，由司机交由到达站。

5. 起运操作要点

（1）起运前检查货物加固情况与密封情况，特种货物的安全保障（如易碎品、危险品等）；

（2）检查车辆油料及司机的状态，并提醒安全注意事项，包括道路状况、气候条件及当地民俗等；

（3）按时发车，记录车辆出发时间，并估计出到达时间以备查询；

（4）货物送达或中途卸货，须有中途站的值班人员在行车路单上鉴定到发车时间与装卸车后货物的装载状况。

6. 到站卸货

（1）到站后，到达站仓库负责人员应首先查验货物车载外围状况，如无异常方可卸货；

（2）如有异常情况，采取拍照等取证措施，并及时找承运司机查明情况、进行记录，由司机签字确认；

（3）依据规定报告领导进行处理。

7．对单入库

（1）卸货入库前验票、理货；

（2）到达站的仓库负责人员核对随车来的托运货票和清单，按照票、单、货相符的原则验货入库；

（3）发现货票不符、有票无货、有货无票、票单不清、货物破损等情况，立即与发送站核对，超越处理权限的应报请有关负责人协同处理；

（4）入库；

（5）仓库负责人员应根据货物的性质和四流（流程、流量、流向、流速）进行入库处理。

8．交付和中转

货物入库后，仓库负责人员应及时通知收货人提货，对指定送货上门的货物，及时联系客户，按规定给客户送货上门，并办理好相关手续。对中转货物应及时按规定及时通知相关业务人员进行中转，并回收保管好中转单据，做好登记备查。

实践与练习 2-12　零担运输企业调研

学生每 5 人一组，一人为组长，至本市零担物流市场进行调研。调研的主要内容包括以下几点。

1．零担市场整体布局情况（含整体面积、企业数量及各企业的门面的面积大小）。

2．各零担企业经营的专线有无重叠之处？并分析其原因。

3．找到一家规模适度的企业进行详细了解，零担物流业主最大的困难是什么？赢利水平如何？

模块三　特种商品运输管理

一、危险品运输项目管理

1．危险品的概念

危险品运输是特种运输的一种，是指由专门组织或技术人员对非常规物品使用特殊车辆进行的运输。一般只有经过国家相关职能部门严格审核，并且拥有能保证安全运输危险货物的相应设施设备，才能有资格进行危险品运输。

依据 GB13690—2009《常用危险化学品的分类及标志》和 GB6944—2012《危险货物分类和品名编号》两个国家标准将化学品按其危险性分为 8 大类：

① 爆炸品；

② 压缩气体和液化气体；

③ 易燃液体；

④ 易燃固体、自燃物品和遇湿易燃物品；

⑤ 氧化剂和有机过氧化物；

⑥ 毒害品和感染性物品；

⑦ 放射性物品；

⑧ 腐蚀品。

凡是在流通过程中，由于本身具有的燃烧、爆炸、腐蚀、毒害及放射性，或因为摩擦、振动、撞击、曝晒或者温湿度等外界因素的影响，发生危及生命、财产的物品都属于危险品。

> **知识链接**

百度，危险品相关页面（http://baike.baidu.com/view/1747547.htm）并请熟记相关的内容。

2. 危险品运输八项注意

危险品具有特殊的物理、化学性能，运输中如防护不当，极易发生事故，并且事故所造成的后果较一般车辆事故更加严重。因此，为确保安全，在危险品运输中应注意以下8点。

（1）注意包装。危险品在装运前应根据其性质、运送路程、沿途路况等采用安全的方式包装好。包装必须牢固、严密，在包装上做好清晰、规范、易识别的标志。

（2）注意装卸。危险品装卸现场的道路、灯光、标志、消防设施等必须符合安全装卸的条件。装卸危险品时，汽车应在露天停放，装卸工人应注意自身防护，穿戴必需的防护用具。严格遵守操作规程，轻装、轻卸，严禁摔碰、撞击、滚翻、重压和倒置，怕潮湿的货物应用篷布遮盖，货物必须堆放整齐，捆扎牢固。不同性质的危险品不能同车混装，如雷管、炸药等切勿同装一车。

（3）注意用车。装运危险品必须选用合适的车辆，爆炸品、一级氧化剂、有机氧化物不得用全挂汽车列车、三轮机动车、摩托车、人力三轮车和自行车装运；爆炸器、一级氧化剂、有机过氧物、一级易燃品不得用拖拉机装运。除二级固定危险品外，其他危险品不得用自卸汽车装运。

（4）注意防火。危货运输忌火，危险品在装卸时应使用不产生火花的工具，车厢内严禁吸烟，车辆不得靠近明火、高温场所和太阳暴晒的地方。装运石油类的油罐车在停驶、装卸时应安装好地线，行驶时，应使地线触地，以防静电产生火灾。

（5）注意驾驶。装运危险品的车辆，应设置GB13392—2005《道路运输危险货物车辆标志》规定的标志。汽车运行必须严格遵守交通、消防、治安等法规，应控制车速，保持与前车的距离，遇有情况提前减速，避免紧急刹车，严禁违章超车，确保行车安全。

（6）注意漏散。危险品在装运过程中出现漏散现象时，应根据危险品的不同性质，进行妥善处理。爆炸品散落时，应将其移至安全处，修理或更换包装，对漏散的爆炸品及时用水浸湿，请当地公安消防人员处理；储存压缩气体或液化气体的罐体出现泄漏时，应将其移至通风场地，向漏气钢瓶浇水降温；液氨漏气时，可浸入水中。其他剧毒气体应浸入石灰水中。易燃固体物品散落时，应迅速将散落包装移于安全处所，黄磷散落后应立即浸入水中，金属钠、钾等必须浸入盛有煤油或无水液体石腊的铁桶中；易燃液体渗漏时，应及时将渗漏部位朝上，并及时移至安全通风场所修补或更换包装，渗漏物用黄沙、干土盖没后扫净。

（7）注意停放。装载危险品的车辆不得在学校、机关、集市、名胜古迹、风景游览区停放，如必须在上述地区进行装卸作业或临时停车时，应采取安全措施，并征得当地公安部门的同意。停车时要留人看守，闲杂人员不准接近车辆，做到车在人在，确保车辆安全。

（8）注意清厢。危险品卸车后应清扫车上残留物，被危险品污染过的车辆及工具必须洗刷清毒。未经彻底清毒，严禁装运食用、药用物品、饲料及动植物。

3. 危险品运输业务的申报流程

申请危化品经营许可证的单位还应上传承诺书。承诺书应由法人代表或负责人签名并盖单位公章。换证单位承诺书中还应含台账表格，按危险化学品名注明三年经营量。

> 阅读理解

危化品经营许可证申报流程及注意事项：

（一）新申请（甲证剧毒、甲证其他成品油、乙证）：

新申请（甲证剧毒、甲证其他成品油、乙证）的经营单位应提交的材料为6项，为方便企业申报，对材料的内容说明如下：

（1）危险化学品经营许可证申请表。

（2）安全评价报告。

（3）经营和储存场所建筑物消防安全验收文件。

说明：

1）经营场所应有消防验收合格意见书。如无消防验收合格意见书的单位，应有下列文件之一：

① 消防监督检查意见书。

② 消防备案证明。

③ 评价机构出具评价合格结论并经区安监局人员现场确认符合。

2）储存场所如为自有仓库，建于2006年10月1日后的应有危险化学品建设项目验收批复。

3）储存场所如为自有仓库，建于2006年10月1日前的应有避雷检测报告（仓库内如有电气装置还应提交防爆检测报告）以及下列材料之一：

① 消防验收合格意见书。

② 消防监督检查意见书。

③ 消防安全许可证。

4）储存场所如为委托储存，相关协议或合同及储存场所资质证明在"经营和储存场所、设施产权或租赁证明文件"中提交。

（4）经营和储存场所、设施产权或租赁证明文件。

说明：

1）经营场所地址应与营业执照地址一致，经营场所房地产权证上用途应为非居，如为租赁，其证明文件应在有效期内。

2）储存场所如为自有仓库，提供有关证明文件。

3）储存场所如为委托储存，应有相关协议或合同及储存场所资质证明，且储存场所资质应覆盖经营单位的经营范围。

（5）单位主要负责人和主管人员、安全生产管理人员以及业务人员专业培训合格证书。

（6）安全管理制度和岗位安全操作规程。

说明：

1）主要负责人、分管负责人、安全管理人员、职能部门应有任命书及安全生产责任制，业务员岗位应有安全承诺书及安全生产责任制。

2）安全管理制度视企业经营方式和储存方式不同，分别为：

① 批发单位应有危险化学品购销制度、经营手续环节责任管理制度、运输管理制度、安全教育培训制度、安全奖惩制度、消防（防火）管理制度、劳动防护用品的管理制度、设备管理制度、安全检查制度 9 项制度。

② 零售单位除上述 9 项安全管理制度外，还应有废弃物危险化学品管理制度和动火安全管理制度共计 11 项制度。

③ 自有仓库的经营单位除应有上述 9 项安全管理制度外，还应有出入库的管理制度、储存保管制度、废弃物危险化学品管理制度和动火安全管理制度共计 13 项制度。如自有储存构成重大危险源应为 14 项制度。

④ 以上经营剧毒化学品的还应包括剧毒化学品安全管理制度。

3）经营单位委托运输危险化学品的，应提交在有效期内的运输合同和危险化学品运输单位的资质，且运输单位资质应覆盖经营单位的经营范围。

4）自有仓库的经营单位应有岗位安全操作规程。

注

① 申请甲证其他成品油的单位还应提交"成品油批发经营批准证书"或"成品油仓储经营批准证书"（有效期内，正副本）。成品油专项用户内部批发经营单位还应出具商务部发放的经营批准证书。

② 经营属于危险化学品的农药，按照《上海市农药经营使用管理规定》（市政府令第 13 号）执行。

（二）新申请（甲证加油气站）

新申请（甲证加油气站）的经营单位应提交的材料为 6 项。为方便企业申报，对材料的内容说明如下：

1. 危险化学品经营许可证申请表。
2. 安全评价报告。

说明：

1）新建的加油气站安全评价报告可以用危险化学品建设项目竣工验收的安全评价报告替代，并附加油气站安全设施竣工验收批复。

2）评价报告中应附防爆电气检查（评估）合格报告、防雷工程检测报告。

3）加气站还应附可燃气体报警仪测试报告、特种设备使用登记证（有检验合格标记）。

3. 经营和储存场所建筑物消防安全验收文件。

说明：新建加油气站应提交消防验收合格意见书

4. 经营和储存场所、设施产权或租赁证明文件。

说明：新建加油气站应有房产证或规划许可证。

5. 单位主要负责人和主管人员、安全生产管理人员以及业务人员专业培训合格证书。

6. 安全管理制度和岗位安全操作规程。

说明：

1）加油气站应有健全的安全教育培训、劳防用品、安全设施、设备、防火、动火、用火、检修、废弃物处置、安全检查、隐患整改、安全生产奖励 12 项制度。

2）加油气站应有卸油（气）、量油、加油（气）、劳动防护用品的佩戴和防火花工具使用 5 个岗位操作规程。

注1：成品油零售经营单位还应提交成品油零售经营批准证书（有效期内，正副本）。

注2：加气站还应提交燃气供气站点许可证。

二、大件、特大件货物运输管理

大件货物运输亦称为大件物流、大件运输，是指对在体积和重量上超过一般标准货物，对运输条件、运输技术、运输车辆有特定规范与要求的货物运输。超重、超长、超宽、体积不规则、运输全过程需要有特种设备和技术的一种公路货物运输模式。中华人民共和国交通部于2000年颁布了《超限运输车辆行驶公路管理规定》，将此类运输业务称为超限运输。

1．超限运输车辆

是指在公路上行驶的、有下列情形之一的运输车辆：

（1）车货总高度从地面算起4米以上（集装箱车货总高度从地面算起4.2米以上）；

（2）车货总长18米以上；

（3）车货总宽度2.5米以上；

（4）单车、半挂列车、全挂列车车货总质量40吨以上；集装箱半挂列车车货总质量46吨以上；

（5）车辆轴载质量在下列规定值以上：

- 单轴（每侧单轮胎）载重量6吨；
- 单轴（每侧双轮胎）载重量10吨；
- 双联轴（每侧单轮胎）载重量10吨；
- 双联轴（每侧各一单轮胎、双轮胎）载重量14吨；
- 双联轴（每侧双轮胎）载重量18吨；
- 三联轴（每侧单轮胎）载重量12吨；
- 三联轴（每侧双轮胎）载重量22吨。

2．超限运输业务管理

公路运输企业从事超限运输业务须取得相应的营业执照和具备相关技术人员、设施设备。超限运输业务必须按项目实施管理。因此必须有：

（1）构建项目团队，并指定项目经理人和明确项目团队的构成。

（2）制订项目实施方案，在制订项目实施方案前，一定要依照专业技术对以下几个方面进行确认：

- 运输的货物是不可解体的；
- 承运人具备运输能力；
- 经对选定运输线路上的公路、公路桥梁的承载能力进行勘测、计算，确定能够安全通行；
- 经对选定运输线路上的公路、公路桥梁的承载能力进行勘测、计算，认为需要加固、改建的，必须经加固、改建后方得通行；
- 四级公路、等外公路和技术状况低于3类的桥梁不得进行超限运输；
- 采取有效的安全防护措施；
- 按指定的时间、路线、时速行驶。

3．向有关部门提交方案，并附带提交相关资料

承运人向公路管理机构申请超限运输车辆行驶公路时，除提交书面申请外，还应提供下列资料和证件：

（1）货物名称、质量、外廓尺寸及必要的总体轮廓图；

（2）运输车辆的厂牌型号、自载重量、轴载重量、轴距、轮数、轮胎单位压力、载货时总的外廓尺寸等有关资料；

（3）货物运输的起讫点、拟经过的路线和运输时间；

（4）车辆行驶证。

4．提交时间规定

超限运输车辆行驶公路前，其承运人应根据具体情况分别依照下列规定的期限提出申请：

（1）对于车货总重量在 40 吨以下，但其车货总高度、长度及宽度超过第三条（一）、（二）、（三）项规定（即本节中"超限运输车辆"中的 1、2、3 条）的超限运输，承运人应在起运前 15 日提出书面申请；

（2）对于车货总重量在 40 吨以上（不含 40 吨）、集装箱车货总重量在 46 吨以上（含 46 吨），100 吨以下的超限运输，承运人应在起运前 1 个月提出书面申请；

（3）对于车货总重量在 100 吨（不含 100 吨）以上的超限运输，承运人应在起运前 3 个月提出书面申请。

特别说明：

① 公路管理机构在接到承运人的书面申请后，应在 15 日内进行审查并提出书面答复意见。

② 公路管理机构进行的勘测、方案论证、加固、改造、护送等措施及修复损坏部分所需的费用，由承运人承担。

③ 公路管理机构对批准超限运输车辆行驶公路的，应签发超限运输车辆通行证（以下简称通行证）。

5．获取通行证，开始实施运输

获得通行证的企业，必须在货物运输的起讫点、经过的路线和运输时间上严格把关，并安全组织运输。

6．货物送到后，道路设施的修复与恢复

由于超限运输业务的需要，"逢山开路、遇水搭桥"是常有的事情，因此在货物送达目的后，应及时与相关部门配合，完成对该途经各点设施恢复与复位，并承担相应的经济与法律责任。

7．总结

及时总结项目实施的经验与教训，并将其固化为企业的成果，用于企业员工的培训和类似业务的处理。以提升企业的管理水平。

阅读理解

1. 请阅读 2-2 中华人民共和国交通部令 2000 年第 2 号《超限运输车辆行驶公路管理规定》。

2. 请阅读 2-4 关于发布《道路货物运输企业经营资质管理办法（试行）》的通知（2001）。

实践与练习 2-13　制订危险货物汽油运输方案

某公路运输公司想从事汽油的运输，但由于该公司没从事此类运输业务，该公司经理想申报此项目，找到了你，请你写出一份公司申报该项目的策划书及申请报告并报告经理需要做哪些准备工作？

实践与练习 2-14　制订大件货物运输方案

请将学生每 10 人一小组，学习并讨论资源包《2～3 大件运输方案.doc》一文，并模拟制订一个大件运输方案。

项目三

水路运输管理

引导任务三

武汉某企业有一批 10 吨变压器出口到美国洛杉矶，委托小张所在的货运代理公司为该批货物设计运输方案，应选择哪家船公司，选择什么尺寸的袋集箱，在哪个港口进行装运，办理哪些出口手续，请帮小张决策。

知识储备

学习目标

1. 掌握水路运输的概念及现状。
2. 了解我国的通航河流及港口。
3. 了解世界主要航线及港口。
4. 掌握水路运输的组织形式。
5. 掌握水路运输技术装备和设施的构成。

学习任务

1. 能够在地图上指出我国两江三河及主要港口的位置。
2. 能够在地图上指出世界主要航运航线及知名港口的位置。
3. 能够识别集装箱上的标识。
4. 能够正确缮制单证，并正确进行业务流程的处理。

单元一　水路运输概述

一、水路运输的概念

水路运输（Waterways Transport）是以船舶为运输工具，以港口或港站为运输基地，以水域海洋、河、湖为运输活动范围的客货运输方式。它是我国综合运输体系中的重要组成部分，并且正日益显示出它的巨大作用。水路运输具有成本低、能耗省和运量大等与其他几种运输方式相比较明显的优势，但同时受自然气象条件因素影响大，由于季节制约的程度大，因此一年中的中断运输时间较长。

本章中的水路运输主要是指水路货物运输，据统计，我国水运完成的货物周转量约占社会货物周转总量的1/2，其中外贸运输有近九成是通过水运完成的。水路运输正以其巨大优势显示出它在我国综合运输体系中的重大作用。

二、我国内河运输发展概述

根据国务院"关于加快长江等内河水运发展的意见"，我国2020年将建成1.9万公里国家等级航道，全国货运量达到30亿吨。

（一）航道分类

航道是指在内河、湖泊、港湾等水域内供船舶安全航行的通道，由可通航水域、助航设施和水域条件组成。

我国江河湖泊众多，海岸线漫长，航道流经的地质条件和水量补给等因素差异很大，同时，各地经济、技术发展不平衡，航道建设、航道管理的水平和投入程度不一，航道的分类方法主要有以下几种。

1. 按航道的等级划分

根据《内河通航标准》的规定，航道等级按可通航内河船舶的吨级分为Ⅰ、Ⅱ、Ⅲ、Ⅳ、Ⅴ、Ⅵ、Ⅶ级航道，这7级航道均可称为等级航道。通航标准低于Ⅶ级的航道可称为等外级航道，划分标准见表3-1。

表3-1　7级航道的划分标准

航道等级	Ⅰ	Ⅱ	Ⅲ	Ⅳ	Ⅴ	Ⅵ	Ⅶ
船舶吨级（t）	3000	2000	1000	500	300	100	50

注：（1）船舶吨级按船舶设计载重吨确定；
　　（2）通航3000吨级以上的船舶的航道列入Ⅰ级航道。

> 知识链接

2012年年末，全国内河航道通航里程12.50万公里，比上年年末增加383公里。等级航道6.37万公里，占总里程的51.0%，提高0.7个百分点。其中，三级及以上航道9 894公里，五级及以上航道2.64万公里，分别占总里程的7.9%和21.1%，分别提高0.3个百分点。

各等级内河航道通航里程分别为：一级航道1 395公里，二级航道3 014公里，三级航道5 485公里，四级航道8 366公里，五级航道8 160公里，六级航道19 275公里，七级航道18 023公里，如图3-1所示。

各水系内河航道通航里程分别为：长江水系 64 122 公里，珠江水系 16 091 公里，黄河水系 3488 公里，黑龙江水系 8211 公里，京杭运河 1437 公里，闽江水系 1973 公里，淮河水系 17 285 公里（资料来源：2012 年公路水路交通运输行业发展统计公报，交通运输部综合规划司）。

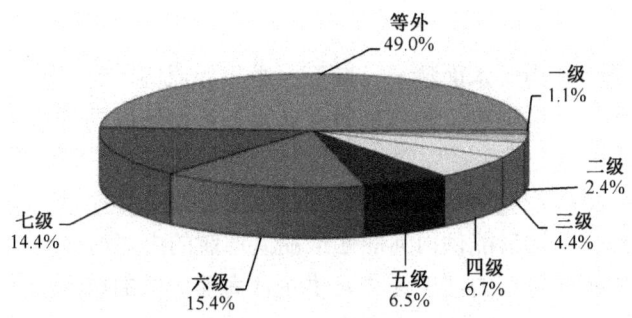

图 3-1　2012 年全国内河航道通航里程构成

2．按航道的管理属性划分

根据《中华人民共和国航道管理条例》，航道可以划分为以下 3 种。

（1）国家航道：构成国家航道网、可通航 500 吨级以上船舶的内河干线航道；跨省、自治区、直辖市可常年通航 300 吨级以上船舶的内河干线航道；可通航 3000 吨级以上海船的沿海干线航道，以及对外开放的海港航道和国家指定的重要航道。

（2）地方航道：可以常年通航 300 吨级以下（含不跨省可通航 300 吨级）船舶的内河航道；可通航 3000 吨级以下海船的沿海航道、地方沿海中小港口间的短程航道；非对外开放的海港航道；其他属于地方航道主管部门管理的航道。

（3）专用航道：由军事、水利电力、林业、水产等部门及其他企事业单位自行建设和使用的航道。

3．按航道所处地域划分

（1）内河航道：是河流、湖泊、水库内的航道及运河和通航渠道的总称。其中天然的内河航道又可分为山区航道、平原航道、潮汐河口航道和湖区航道等。而湖区航道又可进一步分为湖泊航道、河湖两相航道和滨湖航道。

（2）沿海航道：沿海航道原则上是指位于海岸线附近，具有一定边界可供海船航行的航道。

4．按航道形成的因素划分

（1）天然航道：是指自然形成的江、河、湖、海等水域中的航道，包括水网地区在原有较小通道上拓宽加深的那一部分航道，如广东的东平水道、小榄水道等。

（2）人工航道：是指在陆上人工开发的航道，包括人工开辟或开凿的运河和其他通航渠道，如平原地区开挖的运河，山区、丘陵地区开凿的沟通水系的越岭运河，可供船舶航行的排、灌渠道或其他输水渠道等。

（3）渠化航道：位于渠化河段内的航道。

5．按航道的通航条件划分

（1）依通航时间长短可分为常年通航航道和季节通航航道。

● 常年通航航道，即可供船舶全年通航的航道，又可称为常年航道。

● 季节通航航道，即只能在一定季节（如非封冻季节）或水位期（如中洪水期或中枯水期）内通航的航道，又可称为季节性航道。

（2）依通航限制条件可分为单行航道、双行航道和限制性航道。
- 单行航道，即在同一时间内，只能供船舶沿一个方向行驶，不得追越或在行进中会让的航道，又可称为单线航道。
- 双行航道，即在同一时间内，允许船舶对驶、并行或追越的航道，又可称为双线航道或双向航道。
- 限制性航道，即由于水面狭窄、断面系数小等原因，对船舶航行有明显的限制作用的航道，包括运河、通航渠道、狭窄的设闸航道、水网地区的狭窄航道，以及具有上述特征的滩险航道等。

（3）依通航船舶类别可分为内河船航道、海船进江航道、主航道、缓流航道、短捷航道。
- 内河船航道，是指只能供内河船舶或船队通航的内河航道；
- 海船进江航道，是指内河航道中可供进江海船航行的航道，其航线一般通过增设专门的标志辅以必要的"海船进江航行指南"之类的文件加以明确；
- 主航道，是指供多数尺度较大的标准船舶或船队航行的航道；
- 副航道，是指为分流部分尺度较小的船舶或船队而另行增辟的航道；
- 缓流航道，是指为使上行船舶能利用缓流航行而开辟的航道，这种航道一般都靠近凸岸边滩；
- 短捷航道，是指分叉河道上开辟的较主航道航程短的航道，这种航道一般都位于可在中洪水期通航的支叉内。

除上述分类方法外，航道还可按所处特殊部位分别定名，如桥区航道、港区航道、坝区航道、内河进港航道、海港进港航道等。

（二）我国主要的内河航道

我国主要的通航河流有三江两河：长江、珠江、黑龙江、淮河、京杭大运河。由于我国地势西高东低，因此除京杭运河外，淮河等主要内河航道干线均由西向东入海。"三江两河"航线合计 3 万公里，约占全国该类航道总里程的 80%，其中长江水系占 42%。

1．长江水运干线

长江水运干线，上起云南水富，下至上海长江口，全长 2838 公里，为亚洲第一大河，世界第三大河，仅次于非洲的尼罗河与南美洲的亚马逊河，是我国唯一贯穿东、中、西部的交通大通道，自西向东注入东海，是沿江经济快速发展的重要依托，如图 3-2 所示。

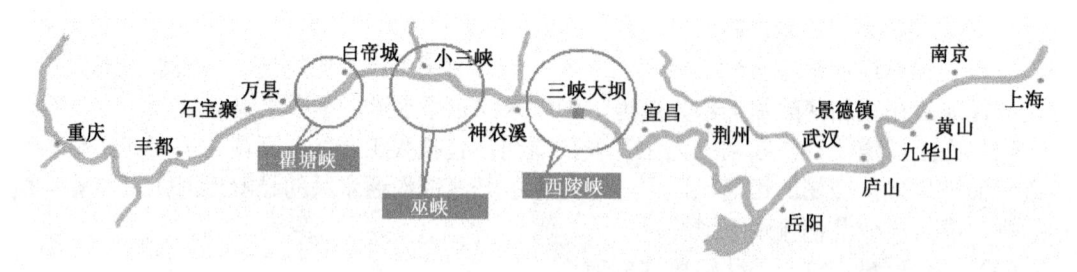

图 3-2 长江流域

2012 年，长江干线年货运量达 18 亿吨，连续 6 年刷新世界内河航运纪录。长江干线自西向东，流经七省二市，以重庆、武汉、上海三大航运中心和沿江各大港口为节点，与公路、铁路、航空、管道等运输方式有机衔接。长江水运承担了沿江 85%的煤炭和铁矿石、83%的石油、87%的外贸货物运输量。长江水系水运货运量和货物周转量分别占流域全货运量和货物周转量的20%和60%，年直接贡献GDP1200多亿元，提供就业200多万人。

2．珠江水运干线

珠江，或叫珠江河，旧称粤江，是中国境内第三长河流，按年流量为中国第二大河流，全长2320公里。珠江原指广州到入海口的一段河道，后来逐渐成为西江、北江、东江和珠江三角洲诸河的总称。作为货运量仅次于长江的第二大通航河流，珠江也是近年内河水运发展的重点。

3．黑龙江

黑龙江跨中国、俄罗斯、蒙古三国，总长度约5498公里，发源于蒙古东部的肯特拉山脉南侧，为世界第十位，在中国境内的流域面积约占全流域面积的48%。共有支流200余条，其中较大的有松花江、乌苏里江、结雅河、布列亚河等。

4．淮河

淮河是中国长江和黄河之间的大河，发源于河南省桐柏县西部桐柏山主峰太白顶西北侧河谷，干流流经河南、湖北、安徽、江苏四省，于江苏省扬州市三江营入长江，全长约为1000公里，总落差200米。淮河流域地跨河南、湖北、安徽、江苏和山东五省，流域面积约为27万平方公里，以废黄河为界，整个流域分成淮河和沂沭泗河两大水系，流域面积分别为19万平方公里和8万平方公里。

5．京杭大运河

京杭大运河古名"邗沟"、"运河"，距今已有2480多年历史，是世界上里程最长、工程最大、最古老的运河，与长城并称为中国古代的两项伟大工程。京杭大运河南起杭州，北到北京，途经今浙江、江苏、山东、河北四省及天津、北京两市，贯通海河、黄河、淮河、长江、钱塘江五大水系，全长约1794公里，如图3-3所示。京杭大运河承担着北煤南运和矿建材料运往长江三角洲地区的运输任务。

（三）我国内河运输的发展

内河运输以传统的大宗散货为主，煤炭、金属矿石、矿建材料、石油及其制品、非金属矿石五大货类的运量占内河货物运输总量的84.8%。改革开放以来，在我国由计划经济逐步向市场经济过渡时期，为了与国民经济和社会发展相适应，为促进内河航运的发展，繁荣内河航运市场，中央和地方政府有关部门实行了"有水大家行船"的政策。这一政策

图3-3 京杭大运河

开放搞活了内河航运市场。个体运输户、集体运输企业所占运输市场份额逐年上升，全国内河运力也持续增长，但我国内河运输的发展形势从客观上来说仍是比较严峻的。由于宏观管理失控，只讲放开，忽视管理，致使船舶运力发展的幅度远远超过经济发展和货源的增长速度，以致带来全国众多航运企业货源不足、运价不到位、经济效益滑坡、亏损面加大等问题，运输市场非常混乱，长期以来属于交通运输业中的短板。

内河水运的快速发展，较好地解决了大宗货物长途运输的瓶颈问题，支撑了沿江经济和产业发展。《"十二五"综合交通运输体系规划》中提到积极发展水路运输，完善港口布局，

提升沿海港口群现代化水平，推进航运中心建设，加快实施长江等内河高等级航道工程。

三、水路运输相关方

（一）航运公司

航运公司，是指船舶所有人、经营人、管理人或光船承租人。中国著名的航运公司巨头有两家——中国远洋运输集团 COSCO 和中国海运集团 CSCL。

> **阅读理解**

深圳商报 2013 年 5 月 29 日讯：目前航运市场运力严重过剩，行业发展形势严峻，2013 年或会迎来缓慢复苏，但复苏压力仍旧很大。

2007 年前是海运行业发展的鼎盛时期，一些企业看到丰厚的利润回报，纷纷投资建造船只，直接导致企业盲目扩张，海运运力过剩。虽然近两年中国经济增速较金融危机时表现出平稳并略有上升的态势，但需求缺口仍然较大，已有不少船只处于半停运状态，一些船公司为了维持船只的良好性能，宁愿把船只以零租金的形式提供给合作伙伴使用。

受市场低迷影响，部分班轮公司继续大幅亏损，其中 A 股最大集装箱班轮公司——中海集运一季度亏损约 6.9 亿元。好在 4 月国际原油价格大幅下跌，一定程度上缓解了航运企业的经营压力。

去年以来，以马士基航运为首的各大班轮公司为了避免更大的亏损，抱团取暖，合力推涨运价，欧洲线运价曾触及 2000 美元，接近历史最高水平。

受全球降息潮影响，热钱汹涌澎湃，人民币汇率节节走升，给我国外贸出口企业带来越来越大的压力。4 月的经济先行指标制造业采购经济指数（PMI）再创新低，其中反映外贸市场的新出口订单已降至荣枯线下方，显示今年下半年集装箱需求的旺季仍不稳定，而运力增长仍在延续。

思考：国际经济的环境对航运业有哪些影响？

> **知识链接**

马士基集团成立于 1904 年，总部设在丹麦哥本哈根，在全球 100 多个国家设有数百间办事机构，雇员 6 万多名，服务遍及世界各地。除航运业外，集团多元化的业务范围广及物流、石油及天然气之勘探和生产、造船业、航空业、工业生产、超级市场零售业和 IT 等范围。马士基海陆，作为集团的集装箱海运分支，是全球最大的集装箱承运人，服务网络遍及六大洲。

马士基航运公司（Maersk Line）是世界上最大的集装箱航运公司，由 Mearsk Sealand 合并铁行渣华 P&O Nedlloyd 后改组而成，占世界集装箱航运市场的 17%。它拥有和经营 500 多艘集装箱船及 150 万个集装箱。

（二）国际货运代理公司

国际海上货运代理人也称远洋货运代理人（Ocean Freight Forwarder），这里指国际海上代理公司，是接受货主的委托，代表货主的利益，为货主办理有关国际海上货物运输相关事宜并依据法律规定设立的提供国际海上货物运输代理服务的企业。

国际海上货运代理人除可以从货主那里获得代理服务报酬外，因其为班轮公司提供货载，所以还可以从班轮公司那里获得奖励，即通常所说的"佣金"。

（三）无船承运人

无船承运人[Non Vessel Operating (Common) Carrier]，也称无船公共承运人，这里指经营无船承运业务的公司，是以承运人身份接受托运人的货载，签发自己的提单或其他运输单证，向托运人收取运费，通过班轮运输公司完成国际海上货物运输，承担承运人责任，并依据法律规定设立的提供国际海上货物运输服务的企业。

根据《中华人民共和国国际海运条例》规定，在中国境内经营无船承运业务，应在中国境内依法设立企业法人；经营无船承运业务，应当办理提单登记，并交纳保证金。无船承运人应有自己的运价本。

无船承运人可以与班轮公司订立协议运价（国外称为服务合同）并从中获得利益。但是无船承运人不能从班轮公司那里获得佣金。国际货运代理企业在满足了市场准入条件后，可以成为无船承运人。

上海航运交易所制定有无船承运人的标准格式提单。

（四）船务代理公司

船舶代理人在这里指船舶代理公司，是接受船舶所有人、船舶经营人或船舶承租人的委托，为船舶所有人、船舶经营人或船舶承租人的船舶及其所载货物或集装箱提供办理船舶进出港口手续、安排港口作业、接受订舱、代签提单、代收运费等服务，并依据法律规定设立的船舶运输辅助性企业。由于国际船舶代理行业具有一定独特的性质，因此各国在国际船舶代理行业大多制定有比较特别的规定。

中国最大的国际船舶代理公司是成立于1953年的中国外轮代理公司。20世纪80年代末，中外运船务代理公司成立，成为第二家从事国际船舶代理业务的国际船舶代理公司。现在，在我国对外开放的港口都有许多家国际船舶代理公司。实践中，国际货运代理人经常会与船舶代理人有业务联系。

（五）托运人

托运人（Shipper）在这里指货主企业，在运输合同中是指本人或委托他人以本人名义或委托他人为本人与承运人订立海上货物运输合同的人；本人或委托他人以本人名义或委托他人为本人将货物交给与海上货物运输合同有关的承运人的人。

托运人可以与承运人订立协议运价，从而获得比较优惠的运价。但是托运人无法从承运人处获得"佣金"。如果承运人给托运人"佣金"，将被视为给托运人"回扣"。

（六）收货人

水路货物运输收货人是指在运输合同中托运人指定提取货物的人，收货人接到达港到货通知后，应在规定时间内到达港办妥货物交接验收手续，将货物提离港区；按规定应由收货人支付的运输费用、托运人少缴的费用及运输途中发生的垫款，应在提取货物时一次付清。

四、航线

航线是指船舶航行起讫点的线路，是船舶航行在海洋中的具体航迹线。各大船公司都有固定的航线图，目前世界上规模最大的三条集装箱航线是远东—北美航线，远东—欧洲地中海航线，北美—欧洲地中海航线。

（一）按船舶营运方式分

（1）定期航线，是指使用固定的船舶，按固定的船期和港口航行，并以相对固定的运价经营客货运输业务的航线。定期航线又称班轮航线，主要装运杂货物。

（2）不定期航线，是临时根据货运的需要而选择的航线。船舶、船期、挂靠港口均不固定，是以经营大宗、低价货物运输业务为主的航线。

（二）按航程的远近分

（1）远洋航线（OCEAN-GOING SHIPPING LINE）指航程距离较远，船舶航行跨越大洋的运输航线，如远东至欧洲和美洲的航线。我国习惯上以亚丁港为界，把去往亚丁港以西，包括红海两岸和欧洲及南北美洲广大地区的航线划为远洋航线。

（2）近洋航线（NEAR-SEA SHIPPING LINE）指本国各港口至邻近国家港口间的海上运输航线的统称。我国习惯上把航线在亚丁港以东地区的亚洲和大洋洲的航线称为近洋航线。

（3）沿海航线（COASTAL SHIPPING LINE）指本国沿海各港之间的海上运输航线，如上海/广州，青岛/大连等。

（三）按航行的范围分

（1）大西洋航线。
（2）太平洋航线。
（3）印度洋航线。
（4）环球航线。

知识链接

马士基航运公司提供的主要航线服务如下。

（一）亚洲—欧洲航线（Asia & Europe Services）

亚洲—欧洲航线如图 3-4 所示。

图 3-4 亚洲—欧洲航线

（二）亚洲—美洲

亚洲—美东（美国东部）航线如图 3-5 所示。

亚洲—美西（美国西部）航线如图 3-6 所示。

亚洲—中美洲航线如图 3-7 所示。

（三）北美洲—欧洲、地中海航线

北美洲—欧洲、地中海航线如图 3-8 所示。

图 3-5　亚洲—美东航线

图 3-6　亚洲—美西航线

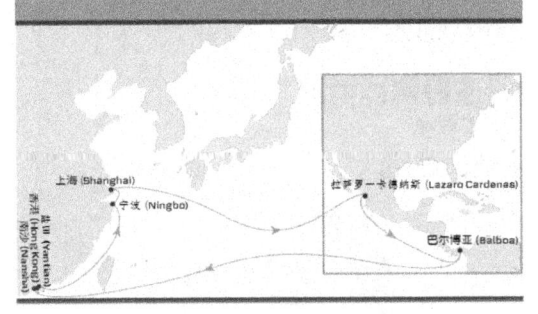

图 3-7　亚洲—中美洲航线

图 3-8　北美洲—欧洲、地中海航线

（四）亚洲内部航线

亚洲内部航线如图 3-9 所示。

图 3-9　亚洲内部航线

（五）亚洲—大洋洲航线

亚洲—大洋洲航线如图 3-10 所示。

图 3-10　亚洲—大洋洲航线

实践与练习 3-1　认识我国主要河流及世界主要海运运河

1. 请写出图 3-11 中绿色部分的我国主要河流的名称。

图 3-11　我国主要河流

2. 查询世界主要国际海运运河，完成表 3-2。

表 3-2　世界主要国际海运运河

运河名称	地理位置	沟通河域	建成年份

实践与练习 3-2　认识全球知名航运公司

1．请查询全球知名航运公司的信息，完成表 3-3。

表 3-3　全球知名航运公司一览表

排　　名	航运公司	总部地址	所属国家	优势航线
1				
2				
.				
.				
.				

2．查询中国远洋集装箱有限公司提供了哪些航线服务。

参考网址：http://www.coscon.com/home.screen。

单元二　水路运输的类型

一、按照航行水运性质分类

按照航行水运性质，水路运输可分为海运和河运两种，它们分别以海洋和河流作为交通线。

1．海运

海运即海洋运输，是使用船舶等水运工具经海上航道运送货物和旅客的一种运输方式。它具有运量大、成本低等优点，但运输速度慢，且受自然条件影响。

2．河运

河运即内河运输，是使用船舶和其他水运工具，在国内的江、河、湖泊、水库等天然或人工水道运送货物和旅客的一种运输方式。它具有成本低、耗能少、投资省、少占或不占农田等优点，但其受自然条件限制较大，速度较慢，连续性差。它需要通航吨位较高的船舶，窄的河道要加宽，浅的要挖深，有时还要开挖沟通河流与河流之间的运河，才能为大型内河船舶提供四通八达的航道网。

二、按照航行区域分类

水路运输按照航行区域大体上可划分为沿海、远洋、内河运输 3 种形式。

（1）沿海运输。沿海运输是指利用船舶在我国沿海区域各地之间的运输。

（2）远洋运输。远洋运输通常是指除沿海运输以外所有的海上运输。

（3）内河运输。内河运输是指利用船舶、排筏和其他浮运工具，在江河、湖泊、水库及人工水道上从事的运输。

三、按照水路运输营运方式分类

海上运输的经营方式主要有班轮运输和租船运输两大类。班轮运输又称定期船运输，租船运输又称不定期船运输。

1．班轮运输

班轮运输指船舶在特定的航线上和既定的港口之间，按照事先规定的船期表进行有规律的、反复的航行，以从事货物运输业务并按照事先公布的费率表收取运费的一种运输方式。其服务对象是非特定的、分散的众多货主，班轮公司具有公共承运人的性质。

2．租船运输

租船是指租船人向船东租赁船舶用于货物运输的一种方式，通常适用于大宗货物运输。有关航线和港口、运输货物的种类及航行的时间等，都按照承租人的要求，由船舶所有人确认。租船人与出租人之间的权利义务由双方签订的租船合同确定。

实践与练习 3-3　查询中远的航线服务属于的海运类型

查询到的中国远洋集装箱有限公司航线服务哪些属于沿海运输，哪些属于远洋运输，哪些属于内河运输？

单元三　水路运输设施设备

一、货物运输船舶

海上货物运输船舶的种类繁多。货物运输船舶按照其用途不同，可分为干货船和油槽船两大类。

（一）干货船（Dry Cargo Ship）

根据所装货物及船舶结构、设备不同，可分为以下 7 种。

1．杂货船（General Cargo Ship）

杂货船一般是指定期航行于货运繁忙的航线，以装运零星杂货为主的船舶。这种船的航行速度较快，船上配有足够的起吊设备，船舶构造中有多层甲板把船舱分隔成多层货柜，以适应装载不同货物的需要。

2．干散货船（Bulk Cargo Ship）

干散货船是用以装载无包装的大宗货物的船舶。依所装货物的种类不同，它又可分为粮谷船（Grain Ship）、煤船（Collier）和矿砂船（Ore Ship）。这种船大都为单甲板，舱内不设支柱，但设有隔板，用以防止在风浪中运行的舱内货物错位。

3．冷藏船（Refrigerated Ship）

冷藏船是专门用于装载冷冻易腐货物的船舶。船上设有冷藏系统，能调节多种温度以适应各舱货物对不同温度的需要。

4．木材船（Timber Ship）

木材船是专门用以装载木材或原木的船舶。这种船舱口大，舱内无梁柱及其他妨碍装卸的设备。船舱及甲板上均可装载木材。为防甲板上的木材被海浪冲出舷外，在船舷两侧一般设置不低于 1m 的舷墙。

5．集装箱船（Container Ship）

集装箱船可分为部分集装箱船、全集装箱船和可变换集装箱船 3 种。

(1) 部分集装箱船（Partial Container Ship）：仅以船的中央部位作为集装箱的专用舱位，其他舱位仍装普通杂货。

(2) 全集装箱船（Full Container Ship）：指专门用以装运集装箱的船舶。它与一般杂货船不同，其货舱内有格栅式货架，装有垂直导轨，便于集装箱沿导轨放下，四角有格栅制约，可防倾倒。集装箱船的舱内可堆放 3~9 层集装箱，甲板上还可堆放 3~4 层集装箱。

(3) 可变换集装箱船（Convertible Container Ship）：其货舱内装载集装箱的结构为可拆装式的。因此，它既可装运集装箱，必要时也可装运普通杂货。

集装箱船的航速较快，大多数船舶本身没有起吊设备，需要依靠码头上的起吊设备进行装卸。这种集装箱船也称为吊上吊下船。

6．滚装船，又称滚上滚下船（Roll on/Roll off Ship）

滚装船主要用来运送汽车和集装箱。这种船本身无须装卸设备，一般在船侧或船的首、尾有开口斜坡连接码头，装卸货物时，或者是汽车，或者是集装箱（装在拖车上的）直接开进或开出船舱。这种船的优点是不依赖码头上的装卸设备，装卸速度快，可加速船舶周转。

7．载驳船（Barge Carrier）

载驳船又称子母船，是指在大船上搭载驳船，驳船内装载货物的船舶。载驳船的主要优点是不受港口水深限制，不需要占用码头泊位，装卸货物均在锚地进行，装卸效率高。目前较常用的载驳船主要有"拉希"型（Lighter Aboard Ship, LASH）和"西比"型（Seabee）两种。

（二）油槽船

油槽船是主要用来装运液体货物的船舶。油槽船根据所装货物种类不同，又可分为油轮和液化天然气船。

1．油轮

油轮主要装运液态石油类货物。它的特点是机舱都设在船尾，船壳衣身被分隔成数个储油舱，有油管贯通各油舱。油舱大多采用纵向式结构，并设有纵向舱壁，在未装满货时也能保持船舶的平稳性。为取得较大的经济效益，第二次世界大战以后油轮的载重吨位不断增加，目前世界上最大的油轮载重吨位已达到 60 多万吨。

2．液化天然气船

液化天然气船专门用来装运经过液化的天然气。

货物运输船舶按照其宽度不同，可分为巴拿马型船、超巴拿马型船、灵便型船。

(1) 巴拿马型船。满载可通过巴拿马运河的最大型船，油轮和散装船为 7 万吨，集装箱为 4000 标准箱（船宽为 32.32m，长度通常为 280~290m）。

(2) 超巴拿马型船。船宽超过 32.3m 的大型集装箱船，因不适于通过巴拿马运河，常被称为超巴拿马型船。当前国际航运市场正呈现船舶日趋大型化、集装箱港口枢纽化、运输干线网络化的趋势。

在亚洲/欧洲、亚洲/北美、欧洲/北美 3 大东西向航运主干线上，6000 标准箱以上、吃水 13~15 米的超巴拿马型集装箱船已成为主流船型，航运公司使用 8000 甚至 1 万标准箱以上的重量级集装箱船也越来越多。

(3) 好望角型船。"好望角型散货船"指载重量在 15 万吨以上的散货船，它以运输铁矿石、煤炭为主。由于尺度限制，不可能通过巴拿马运河和苏伊士运河，需绕行好望角海峡，所以，称为好望角型。好望角型船是我国目前建造的最大吨位散货船。

（4）灵便型船。这类船的载重量为3万～5万吨，可作为沿海、近洋和远洋运输谷物、煤炭、化肥及金属原料等散装货物的船。

二、港口

港口是具有水陆联运设备和条件，供船舶安全进出和停泊的运输枢纽，是水陆交通的集结点和枢纽，工农业产品和外贸进出口物资的集散地，船舶停泊、装卸货物、上下旅客、补充给养的场所。港口是联系内陆腹地和海洋运输的一个天然界面。

沿海港口建设重点围绕煤炭、集装箱、进口铁矿石、粮食、陆岛滚装、深水出海航道等运输系统进行，特别加强了集装箱运输系统的建设。煤炭运输系统建设进一步加强，新建成一批煤炭装卸船码头。同时，改建、扩建了一批进口原油、铁矿石码头。一些大港口的年总吞吐量超过亿吨，上海港、深圳港、青岛港、天津港、广州港、厦门港、宁波港、大连港八个港口已进入集装箱港口世界50强。2012年我国集装箱吞吐量排名如表3-4所示。

表3-4 2012年我国集装箱吞吐量排名

排 名	港 口 名	2012年集装箱吞吐量	同 比 增 长
1	上海港	3252.9万TEU	2.49%
2	深圳港	2294.13万TEU	1.64%
3	宁波—舟山港	1683万TEU	14.34%
4	广州港	1474.36万TEU	2.24%
5	青岛港	1450万TEU	11.36%
6	天津港	1230万TEU	6.15%
7	大连港	806.4万TEU	25.9%
8	厦门港	720.17万TEU	11.4%
9	连云港港	502万TEU	3.46%
10	营口港	485.1万TEU	20.28%

资料来源：中国物流与采购网http://www.chinawuliu.com.cn/。

> **知识链接**
>
> TEU是英文Twenty-foot Equivalent Unit的缩写，指以长度为20英尺的集装箱为国际计量单位，也称国际标准箱单位。它通常用来表示船舶装载集装箱的能力，也是集装箱和港口吞吐量的重要统计、换算单位。

（一）港口的组成

由于性质、功能和历史条件等多种因素，造成港口的组成部分既有共同之处，也有各自的特点。港口的组成一般包括以下几部分。

1. 水域

水域包括锚地、航道、港池及未标明水域范围的航行标志。

2. 码头及其他水工建筑物

码头是船舶靠岸和进行装卸作业的必要设施。除此之外，由于各港自然条件的不同，有些港口尚需建设防波堤、导流堤、防沙堤及护岸等水工建筑物。

3. 陆域设施

根据港口功能的不同，陆域设施的配置也有较大差别。商港通常应配备仓库、堆场、道路、铁路，以及为港口作业所必需的各种设施及建筑物。

作为现代化的海港，应配备各种通信、导航及为外轮服务的涉交部门（如海关、商检、卫检、外轮代理、外轮供应等），应在港口总体布置中加以综合考虑，使之与港口构成有机的整体。

（二）港口的分类

港口按所在位置可分为海岸港、河口港和内河港，海岸港和河口港统称为海港。

1. 河口港

河口港位于河流入海口或受潮汐影响的河口段内，可兼为海船和河船服务。它一般有大城市作依托，水陆交通便利，内河水道往往深入内地广阔的经济腹地，承担大量的货流量，因此世界上的许多大港都建在河口附近，如鹿特丹港、伦敦港、纽约港、列宁格勒港、上海港等。河口港的特点是码头设施沿河岸布置，离海不远而又不需建防波堤，如果岸线长度不够，可增设挖入式港池。

2. 海港

海港位于海岸、海湾或泻湖内，也有离开海岸建在深水海面上的。位于开敞海面岸边或天然掩护不足的海湾内的港口，通常需修建相当规模的防波堤，如大连港、青岛港、连云港、基隆港、意大利的热那亚港等。供巨型油轮或矿石船靠泊的单点或多点系泊码头和岛式码头属于无掩护的外海海港，如利比亚的卜拉加港、黎巴嫩的西顿港等。泻湖被天然沙嘴完全或部分隔开，开挖运河或拓宽、浚深航道后，可在泻湖岸边建港，如广西北海港。也有完全靠天然掩护的大型海港，如东京港、香港港、澳大利亚的悉尼港等。

3. 河港

河港位于天然河流或人工运河上的港口，包括湖泊港和水库港。湖泊港和水库港水面宽阔，有时风浪较大，因此与海港有许多相似之处，如往往需修建防波堤等。前苏联古比雪夫、齐姆良斯克等大型水库上的港口和中国洪泽湖上的小型港口均属此类。

长江流域的主要港口如图 3-12 所示。

图 3-12 长江流域的主要港口

三、集装箱

（一）集装箱的概念

集装箱的原意是一种容器，是专供使用并便于机械操作和运输的大型货物容器。因其外形像一个箱子，又可以集装成组进行运输，故称为"集装箱"。

集装箱是用钢、铝、胶合板、玻璃钢、不锈钢或这些材料混合制成的，具有一定的强度和刚度，密封性能好。

国际标准化组织对集装箱的定义：

- 能长期反复使用，具有足够的强度；
- 途中转运不用移动箱内货物可以直接换装；
- 可进行快速装卸，并可从一种运输工具直接换装到另一种运输工具；
- 便于货物的装满和卸空；
- 具有1立方米以上的内容积。

目前，中国、日本、美国、法国等世界有关国家，都全面地引进了国际标准化组织的定义。除了ISO的定义外，还有《集装箱海关公约》(CCC)、《国际集装箱安全公约》(CSC)、英国国家标准和北美太平洋班轮公会等对集装箱下的定义，内容基本上大同小异。我国国家标准GB1992—1985《集装箱名称术语》中引用了上述定义。

（二）集装箱的标准

为了有效地开展国际集装箱多式联运，必须强化集装箱标准化，并进一步做好集装箱标准化工作。集装箱标准按使用范围分，有国际标准、国家标准、地区标准和公司标准四种。

1．国际标准集装箱

国际标准集装箱是指根据国际标准化组织（ISO）/TC 104技术委员会制定的国际标准来建造和使用的国际通用的标准集装箱。

集装箱标准化历经了一个发展过程。国际标准化组织ISO/TC104技术委员会自1961年成立以来，对集装箱国际标准做过多次补充、增减和修改，现行的国际标准为第1系列共13种，其宽度均一样(2438mm)、长度有四种(12 192mm、9125mm、6058mm、2991mm)、高度有四种（2896mm、2591mm、2438mm、2438mm）。

2．国家标准集装箱

国家标准集装箱是由各国政府参照国际标准并考虑本国的具体情况制定的本国的集装箱标准。

3．地区标准集装箱

此类集装箱标准是由地区组织根据该地区的特殊情况制定的，此类集装箱仅适用于该地区，如根据欧洲国际铁路联盟（VIC）所制定的集装箱标准而建造的集装箱。

4．公司标准集装箱

某些大型集装箱船公司根据本公司的具体情况和条件而制定集装箱船公司标准，这类集装箱主要在该公司运输范围内使用，如美国海陆公司的35ft集装箱。

此外，目前世界上还有不少非标准集装箱，如非标准长度集装箱有美国海陆公司的35ft集装箱、总统轮船公司的45ft及48ft集装箱；非标准高度集装箱，主要有9ft和9.5ft两种高度集装箱；非标准宽度集装箱有8.2ft宽度集装箱等。由于经济效益的驱动，目前世界上

20ft 集装箱总重达 24ft 的越来越多，而且普遍受到欢迎。

随着集装箱运输的发展，为适应装载不同种类货物的需要，出现了不同种类的集装箱。这些集装箱不仅外观不同，而且结构、强度、尺寸等也不相同。

（三）集装箱的种类

1．干货集装箱（Dry Cargo Container）

干货集装箱也称杂货集装箱，是一种通用集装箱，用以装载除液体货物、需要调节温度货物及特种货物以外的一般性杂货。这种集装箱的使用范围极广，常用的有 20ft 和 40ft 两种，其结构特点是常为封闭式，一般在一端或侧面设有箱门。

2．开顶集装箱（Open Top Container）

开顶集装箱也称敞顶集装箱，是一种没有刚性箱顶的集装箱，但有可折式顶梁支撑的帆布、塑料布或涂塑布制成的顶篷，其他构件与干货集装箱类似。开顶集装箱适于装载较高的大型货物和需吊装的重货。

3．台架式及平台式集装箱（Platform Based COntainer）

台架式集装箱是没有箱顶和侧壁，甚至有的连端壁也去掉而只有底板和四个角柱的集装箱。

台架式集装箱有很多类型。它们的主要特点是：为了保持其纵向强度，箱底较厚；箱底的强度比普通集装箱大，而其内部高度则比一般集装箱低；在下侧梁和角柱上设有系环，可把装载的货物系紧。台架式集装箱没有水密性，不能装运怕水湿的货物，适合装载形状不一的货物。

台架式集装箱可分为敞侧台架式、全骨架台架式、有完整固定端壁的台架式、无端仅有固定角柱和底板的台架式集装箱等。

平台式集装箱是仅有底板而无上部结构的一种集装箱。该集装箱装卸作业方便，适于装载长、重大件。

4．通风集装箱（Ventilated Container）

通风集装箱一般在侧壁或端壁上设有通风孔，适于装载不需要冷冻而需通风、防止汗湿的货物，如水果、蔬菜等。如果将通风孔关闭，它可作为杂货集装箱使用。

5．冷藏集装箱（Reefer Container）

这是专为运输要求保持一定温度的冷冻货或低温货而设计的集装箱。它分为带有冷冻机的内藏式机械冷藏集装箱和没有冷冻机的外置式机械冷藏集装箱，适合装载肉类、水果等货物。冷藏集装箱造价较高，营运费用较高，在使用中应注意冷冻装置的技术状态及箱内货物所需的温度。温度可在 $-28 \sim 26$℃ 调整。内置式集装箱在运输过程中可随意启动冷冻机，使集装箱保持指定温度；而外置式集装箱则必须依靠集装箱专用车、船和专用堆场、车站上配备的冷冻机来制冷。

6．散货集装箱（Bulk Container）

散货集装箱除了有箱门外，在箱顶部还设有 $2 \sim 3$ 个装货口，适用于装载粉状或粒状货物。使用时要注意保持箱内清洁干净，两侧保持光滑，便于货物从箱门卸货。

7．动物集装箱（Pen Container）

这是一种专供装运牲畜的集装箱。为了实现良好的通风，箱壁用金属丝网制造，侧壁下方设有清扫口和排水口,并设有喂食装置。

8. 罐式集装箱(Tank Container)

这是一种专供装运液体货而设置的集装箱,如酒类、油类及液状化工品等货物。它由罐体和箱体框架两部分组成。装货时,货物由罐顶部装货孔进入,卸货时,则由排货孔流出或从顶部装货孔吸出。

9. 汽车集装箱(Car Container)

这是专为装运小型轿车而设计制造的集装箱。其结构特点是无侧壁,仅设有框架和箱底,可装载一层或两层小轿车。

(四)集装箱主体材料

由于集装箱在运输途中常受各种力的作用和环境的影响,因此集装箱的制造材料要有足够的刚度和强度,应尽量采用质量轻、强度高、耐用、维修保养费用低的材料,并且材料既要价格低廉,又要便于取得。

目前,世界上广泛使用的集装箱按其主体材料分为以下几种。

1. 钢制集装箱

其框架和箱壁板皆用钢材制成。其最大优点是强度高、结构牢、焊接性和水密性好、价格低、易修理、不易损坏,主要缺点是自重大、抗腐蚀性差。

2. 铝制集装箱

铝制集装箱有两种:一种为钢架铝板;另一种仅框架两端用钢材,其余用铝材。其主要优点是自重轻、不生锈、外表美观、弹性好、不易变形,主要缺点是造价高,受碰撞时易损坏。

3. 不锈钢制集装箱

一般多用不锈钢制作罐式集装箱。不锈钢制集装箱的主要优点是强度高、不生锈、耐腐性好,缺点是投资大。

4. 玻璃钢制集装箱

玻璃钢制集装箱是在钢制框架上装上玻璃钢复合板构成的。其主要优点是隔热性、防腐性和耐化学性均较好,强度大,耐用性好,能承受较大应力,易清扫,修理简便,集装箱内容积较大等,主要缺点是自重较大,造价较高。

(五)集装箱标志

为了方便集装箱运输管理,国际标准化组织ISO拟定了集装箱标志方案。集装箱应在规定的位置上标出以下内容。

第一组标记:箱主代码 + 顺序号 + 核对数。

第二组标记:国籍代号、尺寸代码和类型代号。

第三组标记:最大总重和自重。

集装箱标志如图3-13所示。

MGW = Max Gross Weight,最大允许箱货总重,对于此栏,有的柜标为MAX GROSS、G. WT、Max Weight。

TARE:箱子自重。

NET:净重。

CU CAP:Cube Capacity,内容积。

5CUM = CBM:Cubic Meters,立方米。

CUFT = CBFT：Cubic feet，立方英尺。

图 3-13　集装箱标志

实践与练习 3-4　上海港区分析

有 2 个 20 英尺的集装箱从上海出口到美国的洛杉矶，货运代理的小张在洋山、外高桥、吴淞三大港区中选择，那么上海港主要有哪些港区呢，各自有什么特点？请将查询结果填入表 3-5 中。

表 3-5　上海港区分析表

码头	码头类型	位　　置	特　　点

实践与练习 3-5　集装箱类型分析

搜索集装箱资料，完成表 3-6。

表 3-6　集装箱类型一览表

集装箱分类 类型 序号	按尺寸分	按所装货物类型分	按材质分
1			
2			
3			

实践与练习 3-6　海运常用集装箱参数分析

请查询目前海运中常用的集装箱类型，完成表 3-7。

表 3-7 海运中常用的集装箱类型

常用集装箱 \ 参数	内 容 积	配货毛重

实践操作

→ 学习目标

1．掌握班轮运输的组织流程。
2．掌握海运险的类型。

→ 学习任务

1．能够运用运输六要素制订运输方案。
2．能够根据货物选择集装箱。
3．能够安排货物装箱。
4．能够计算海运运费。

集装箱班轮运输的组织流程如图 3-14 所示：

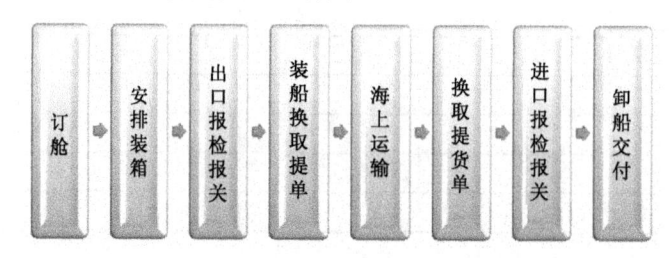

订舱 → 安排装箱 → 出口报检报关 → 装船换取提单 → 海上运输 → 换取提货单 → 进口报检报关 → 卸船交付

图 3-14 集装箱班轮运输的组织流程

操作一 选择船公司并进行订舱

海运任务 3-1：广州 HF 贸易公司和美国客户达成清洁球交易的贸易，本批出口商品系采用集装箱班轮运输，具体贸易细节如下。

（1）外贸公司

GUANGZHOU HF Trading CO.，LTD.

Room 502，No.838，Dongfengdong Road，Guangzhou，China

TEL: 020-87656751   FAX: 020-87656772

（2）国外客户

AL QADAH TRADING COMPANY L.L.C

202 W. 1st St. LOS ANGELES，CA 90012

PHONE（877） 554-4000 Fax（213） 237-3535

（3）交易商品

PRODUCT: CLEANING BALL，如表3-8所示。

堆码极限为20层，可以倒放。

SALES CONDITIONS: FOB LOS ANGELES

SALES CONTRACT NO. F01LCB05127

表3-8　交易商品表

唛头 Shipping Mark	品名 Descriptions	件数 CASE	体积 (CMB)	毛重 (KGS)	净重 (KGS)	总价 (USD)
AL　DAH	CLEANING BALL	3500	53m×21cm×15cm 0.0167m^3	15kg/箱	14kg/箱	1000

（4）TERM OF PAYMENT（付款方式）：不可撤销信用证（Irrevocable L/C）。

（5）TIME OF SHIPMENT（最后装船期）：2013年6月1日。

（6）FREIGHT（运费）：PREPAID。

（7）PORT OF LOADING（装货港）：YANTIAN。

（8）PORT OF DISCHARGE（卸货港）：LOS ANGELES。

请您根据广州HF贸易公司的需求，设计合理的运输方案。

对海运任务1进行分析，分析结果如表3-9所示。

表3-9　任务分析表

产品 PRODUCT	数量 QUANTITY	包装 PACKING	总体积 MEASURMENT	装货港 PORT OF LOADING	卸货港 PORT OF DISCHARGE	最后装船期 TIME OF SHIPMENT	运输要求
清洁球 CLEANING BALL	3500件 52500kg	纸箱 CARTON	58.43 m^3	盐田 YANTIAN	洛杉矶 LOS ANGELES	2013年8月1日	无特殊要求

海运进出口货物运输组织中，国际货运代理公司接受进出口货物发货人或收货人的委托，以委托人的名义帮其办理订航、货物保险、货物拼箱、结算运费、提货等相关业务，因此，货运代理接受委托后，首先为客户选择合适的船公司，确定集装箱类型和数量后向船公司进行订舱。

一、查阅各船公司的船期

班轮船期表（Liner Schedule）是班轮承运人营运组织工作的一项重要内容。船期表的作用是多方面的：首先是为了招揽航线途经港口的货载，既满足揽货的需要，又体现货物运输服务质量；其次是有利于船舶、港口和货物的及时衔接，以便船舶在挂靠港口的短时间内取得尽可能高的工作效率；最后是有利于提高船公司航线经营的计划质量。

以前船期表登在一些地方报纸上，现在最重要的载体是船务期刊与因特网。表3-10是中远船公司的一份中东航线班轮船期表，从中可以看到船期表的主要内容：航线、船名、航次号、截关日、始发港、中途港、终点港、离港时间、到港时间；收货地点和截货时间。有时一些船期表还会附带如业务、客服联系电话、传真、公司网址、地址等内容。

表 3-10　中远船公司中东航线班轮船期表

盐田—中东航线，直航							
Vsl Name 船名	Comn Voy	Iris-2 Voy	Vsl Code	ETD	ETA		操作时间
				YANTIAN 盐田	HONGKONG 香港	DUBAI 迪拜	船期：周一 挂靠码头：盐田 码头截箱时间：周六 09：00 海关截单时间：周六 11：30 海关放行时间：周六 18：30
ETD/ETA（开航日期/到港日期）				MON 1400	FRI 1900	SAT 2200	
TOTAL DAY（航程天数）				0	1	14	
GEORGE	045W	147W	S16	4-Jul	5-Jul	18-Jul	
YM MOBILITY	002W	002W	RTP	11-Jul	12-Jul	25-Jul	
YM MANDATE	008W	008W	RNY	18-Jul	19-Jul	1-Aug	
SEATTLE BRIDGE	008W	008W	ROJ	25-Jul	26-Jul	8-Aug	
SAN DIEGO BRIDGE	007W	007W	RPD	1-Aug	2-Aug	15-Aug	

（1）船名（Vessl Name）与航次号（Voyage Number）。船名是指用来识别某航线一个特定航次的标识资料。

（2）运输时间（Transit Time，T/T or T.T.）。运输时间是指港口间的航行时间：

- ETD（Estimated Time of Departure）指预计或期望从起始港起运的时间，简称离港时间；
- ETA（Estimated Time of Arrival）指预计或期望的目的港到达时间，简称到港时间。

（3）码头截箱时间。码头截箱时间是指箱子最晚进港时间。

（4）海关截单时间。海关截单时间是指报关资料截止报关的时间。

二、收集船期表并分析

根据表 3-9，在网上进行船期表的查询并汇总。

中远集装箱有限公司（http://www.coscon.com/）的船期查询结果如图 3-15 所示。

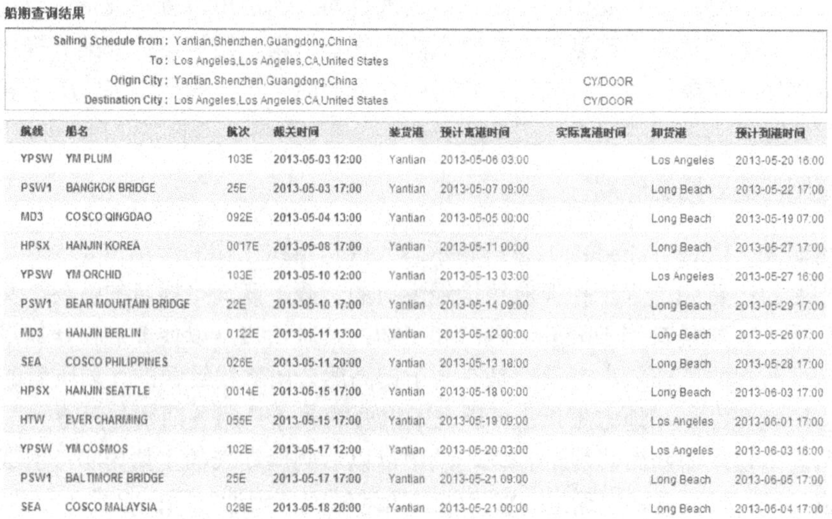
船期查询结果

Sailing Schedule from：Yantian,Shenzhen,Guangdong,China
To：Los Angeles,Los Angeles,CA,United States
Origin City：Yantian,Shenzhen,Guangdong,China　　CY/DOOR
Destination City：Los Angeles,Los Angeles,CA,United States　　CY/DOOR

航线	船名	航次	截关时间	装货港	预计离港时间	实际离港时间	卸货港	预计到港时间
YPSW	YM PLUM	103E	2013-05-03 12:00	Yantian	2013-05-06 03:00		Los Angeles	2013-05-20 16:00
PSW1	BANGKOK BRIDGE	25E	2013-05-03 17:00	Yantian	2013-05-07 09:00		Long Beach	2013-05-22 17:00
MD3	COSCO QINGDAO	092E	2013-05-04 13:00	Yantian	2013-05-05 00:00		Long Beach	2013-05-19 07:00
HPSX	HANJIN KOREA	0017E	2013-05-08 17:00	Yantian	2013-05-11 00:00		Long Beach	2013-05-27 17:00
YPSW	YM ORCHID	103E	2013-05-10 12:00	Yantian	2013-05-13 03:00		Los Angeles	2013-05-27 16:00
PSW1	BEAR MOUNTAIN BRIDGE	22E	2013-05-10 17:00	Yantian	2013-05-14 09:00		Long Beach	2013-05-29 17:00
MD3	HANJIN BERLIN	0122E	2013-05-11 13:00	Yantian	2013-05-12 00:00		Long Beach	2013-05-26 07:00
SEA	COSCO PHILIPPINES	026E	2013-05-11 20:00	Yantian	2013-05-13 18:00		Long Beach	2013-05-28 17:00
HPSX	HANJIN SEATTLE	0014E	2013-05-15 17:00	Yantian	2013-05-18 00:00		Long Beach	2013-06-03 17:00
HTW	EVER CHARMING	055E	2013-05-15 17:00	Yantian	2013-05-19 09:00		Los Angeles	2013-06-01 17:00
YPSW	YM COSMOS	102E	2013-05-17 12:00	Yantian	2013-05-20 03:00		Los Angeles	2013-06-03 16:00
PSW1	BALTIMORE BRIDGE	25E	2013-05-17 17:00	Yantian	2013-05-21 09:00		Long Beach	2013-06-05 17:00
SEA	COSCO MALAYSIA	028E	2013-05-18 20:00	Yantian	2013-05-21 00:00		Long Beach	2013-06-04 17:00

图 3-15　中远集装箱有限公司的船期查询结果

中海集装箱运输股份有限公司（http://www.cscl.com.cn/）的船期查询结果如图 3-16 所示。

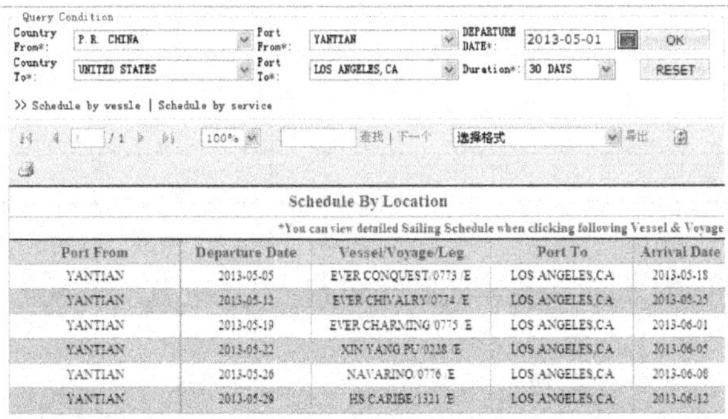

Port From	Departure Date	Vessel/Voyage/Leg	Port To	Arrival Date
YANTIAN	2013-05-05	EVER CONQUEST 0773 E	LOS ANGELES,CA	2013-05-18
YANTIAN	2013-05-12	EVER CHIVALRY 0774 E	LOS ANGELES,CA	2013-05-25
YANTIAN	2013-05-19	EVER CHARMING 0775 E	LOS ANGELES,CA	2013-06-01
YANTIAN	2013-05-22	XIN YANG PU 0228 E	LOS ANGELES,CA	2013-06-05
YANTIAN	2013-05-26	NAVARINO 0776 E	LOS ANGELES,CA	2013-06-08
YANTIAN	2013-05-29	HS CARIBE 1321 E	LOS ANGELES,CA	2013-06-12

图 3-16　中海集装箱运输股份有限公司的船期查询结果

长荣海运股份有限公司（http://www.evergreen-marine.com/）的船期查询结果如图 3-17 所示。

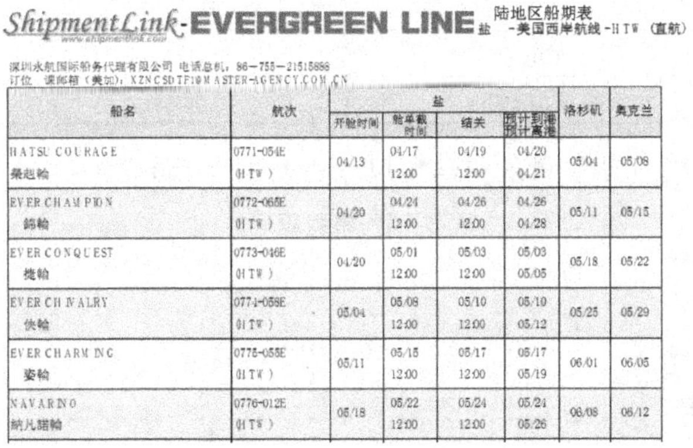

船名	航次	盐 开舱时间	盐 舱单截时间	盐 结关	盐 预计到港 预计离港	洛杉矶	奥克兰
HATSU COURAGE 榮起輪	0771-054E (HTW)	04/13	04/17 12:00	04/19 12:00	04/20 04/21	05/04	05/08
EVER CHAMPION 錦輪	0772-065E (HTW)	04/20	04/24 12:00	04/26 12:00	04/26 04/28	05/11	05/15
EVER CONQUEST 捷輪	0773-046E (HTW)	04/20	05/01 12:00	05/03 12:00	05/03 05/05	05/18	05/22
EVER CHIVALRY 俠輪	0774-058E (HTW)	05/04	05/08 12:00	05/10 12:00	05/10 05/12	05/25	05/29
EVER CHARMING 姿輪	0775-055E (HTW)	05/11	05/15 12:00	05/17 12:00	05/17 05/19	06/01	06/05
NAVARINO 納凡諾輪	0776-012E (HTW)	05/18	05/22 12:00	05/24 12:00	05/24 05/26	06/08	06/12

图 3-17　长荣海运股份有限公司的船期查询结果

根据以上查询，汇总为表 3-11。

表 3-11　船期表与航程汇总表

Carrier 船公司	Ocean line 航线	Frequency 发船频次	Total Days 航程
中远集运	American west line	1～2	14～15
中集	American west line	7	14～15
长荣	American west line	7	14
马士基	American west line	7	19

通过表 3-11 可以得知，从盐田到洛杉矶的船期大都在 14 天左右，只有中远集运的发船频率最高，1～2 天一班。选择船公司的一般结合船公司的海运价、航期（到港时间）和船公司服务（如会不会经常甩箱、延迟等）考虑。

实践与练习 3-7　查询船期

假设海运任务 3-1 是从上海港到鹿特丹港，请查询船期完成表 3-12。

表 3-12 船公司船期比较表

carrier 船公司	Ocean line 航线	Frequency 发船频次	Total Days 航程
中远集运			
中集			
⋮			

操作二 确定集装箱的类型和数量

根据货物的不同种类、性质、形状、包装、体积、质量及运输要求，选用合适的集装箱。首先考虑货物是否装得下，其次考虑在经济上是否合理，与货物所要求的运输条件是否符合。

对海运任务 3-1 中的货物相关信息进行分析，如表 3-13 所示。

表 3-13 产品情况分析表

产品	数量	总体积	运输要求
清洁球	3500 件 52 500kg	58.43 m³	无特殊要求

中远集装箱有限公司所提供的集装箱尺寸如表 3-14 所示。

表 3-14 集装箱尺寸

干货箱

	箱体内部尺寸			箱体内容积及载重量		箱门开度尺寸	
	L	W	H	Cu	P	W	H
20'	5898	2352	2393	33.2	21740/28230#	2340	2280
40'	12032	2352	2393	67.7	26630	2340	2280
HC	12032	2352	2698	76.3	26520	2340	2585

冷藏箱

	箱体内部尺寸			箱体内容积及载重量	
	L	W	H	Cu	P
20'	5444	2284	2267	28.5	21135/27160#
40'	11583	2284	2250	58.7	26580
HC	11583	2286	2556	67.9	26380

开顶箱

	箱体内部尺寸			箱体内容积及载重量	
	L	W	P	Cu	P
20'	5900	2330	2337	32.6	21740
40'	12025	2330	2337	65.8	26410

框架箱

	箱体内部尺寸			箱体内容积及载重量	
	L	W	H	Cu	P
20'	5628	2178	2159	/	27800
40'	11762	2178	1966	/	40250

资料来源：中远集装箱有限公司官网   http://www.coscon.com/ourservice/。

干货集装箱占集装箱总数的 70%~80%，以装运件杂货为主，通常用来装运文化用品、日用百货、医药、纺织品、工艺品、化工制品、五金交电、电子机械、仪器及机器零件等。这种集装箱的使用范围极广，其结构特点是常为封闭式，一般在一端或侧面设有箱门。

目前实践中有些公司利用装箱软件制定集装箱装箱方案，装箱软件可解决具有规则形状的货物在货柜集装箱的装箱问题，工作人员再结合实践经验制订集装箱装箱方案，达到对集装箱空间和载重能力的更高利用，从而提高企业的理货能力、通关效率及对市场的反应速度。

一、确定集装箱的类型和尺寸

因为所运输货物——清洁球属于日用百货，无特殊运输要求，所以选择干货集装箱。

根据 20 英尺和 40 英尺干货箱的内容积和载重量，如果选用 40 英尺或 40 英尺高柜，则集装箱的容积不能充分利用，会亏方，而 2 个 20 英尺超重柜的内容积为 33×2=66m^3，载重量为 28230×2=56 460，货物的总体积 58.43m^3 及总重量 52 500kg 均小于 2 个 20 英尺超重柜的内容积和载重量，但 2 个 20 英尺的集装箱能否装得下任务中的 3500 件货物呢？具体的计算分析如下。

因为此货物允许倒放，所以一共有 6 种装箱方法，如表 3-15 所示。

表 3-15　集装箱装箱方法比较

集装箱尺寸	5898mm	2352mm	2398mm	装箱数
第一种装箱方法	530 mm	210 mm	150 mm	11×11×15=
	11 件余 68mm	11 件余 42mm	15 件余 148mm	1815（件）
第二种装箱方法	530 mm	150 mm	210 mm	11×11×15=
	11 件余 68mm	15 件余 102mm	11 件余 88mm	1815（件）
第三种装箱方法	210 mm	530 mm	150 mm	28×4×15+165=1845（件）
	28 件余 18mm	4 件余 232mm	15 件余 148mm	
第四种装箱方法	150 mm	530 mm	210 mm	39×4×11+165=1881（件）
	39 件余 48mm	4 件余 232mm	11 件余 88mm	
第五种装箱方法	150 mm	210 mm	530 mm	39×4×11+165=1881（件）
	39 件余 48mm	11 件余 42mm	4 件余 278mm	
第六种装箱方法	210 mm	150 mm	530 mm	28×15×4+165=1845（件）
	28 件余 18mm	15 件余 102mm	4 件余 278mm	

通过比较，第四种和第五种装箱方法装的货物件数最多，为 1881 件，因此任务中的 3500 件货物可以装在 2 个 20 英尺的集装箱中。但在实践中应注意计算集装箱的冗余度及每种集装箱的运价，实际上货物不可能紧贴在一起，有一定的缝隙，应预留一定的冗余度，有时根据实际情况，需给货物做额外的支撑、加固等辅助措施，应考虑全面，准确了解货物属性，提前做出周密的装载方案。

从运价比来看，从高到低依次为 40HQ、40GP、30GP、开顶箱、框架箱。部分港口和航线有 45、53 英尺集装箱，效费比也比较不错。因此，在 2.5m 以下高度的货物，应尽可能选择使用高箱而不是开顶箱，且应选择合适的箱型。

集装箱在装载货物之前，必须经过严格检查。有缺陷的集装箱，轻则导致货损，重则会在运输、装卸过程中造成箱毁人亡。

若集装箱内装的纸箱货尺寸较小，而且规格统一，则可进行无空隙堆装。

（1）要确保货物外箱尺寸及集装箱内尺寸的准确性。

（2）装箱时要从箱里往外装或从两侧往中间装。

（3）如果所装的纸箱很重，在集装箱的中间层就需要适当地加以衬垫。

（4）当箱门端留有较大的空隙时，需要利用方形木条来固定货物。

二、订舱单缮制规范

（1）托运人（SHIPPER）：填写托运人的全称、街名、城市、国家名称、联系电话号码、传真号码。托运人可以是货主、货主的贸易代理人或货主的货运代理人。

（2）收货人（CONSIGNEE）：填写收货人的全称、街名、城市、国家名称、联系电话号码、传真号码。要根据货物买卖合同或信用证的要求填写。

① 本栏填写"TO ORDER"或"TO ORDER OF SHIPPER"等字样，表示提单可以转让。

② 如果有两个或两个以上收货人，收货人栏内填写第一收货人，通知栏填写第二收货人。

（3）通知人（NOTIFY PARTY）：填写通知人的全称、街名、城市、国家名称、联系电话号码、传真号码，要根据货物买卖合同或信用证的要求填写，可为实际收货人或收货人委托的代理人。

（4）装运港（PORT OF LOADING）：填写实际货物被装船所在的港口全称。在信用证项下，必须按照信用证规定的发运港填制。

（5）卸货港（PORT OF DISCHARGE）：填写实际货物被最后卸离船舶的所在港口全称。对于信用证方式结算的交易，要按信用证中规定的卸货港填制。对于有中间商加入的交易第三方，一般货物直接运到最终收货人所在国家或地区的港口。

（6）目的地（FINAL DESTINATION）：填写货物最终的交货地的城市名称或地区名称。

（7）货物名称与包装种类（KIND OF PACKAGES AND DESCRIPTION' OF GOODS）：填写必须符合信用证或合同的要求，要严格做到品名、包装、数量等"单单一致、单证一致、单货一致"。

（8）箱数与件数（No of CTNS or PKGS）：填写制装人集装箱内货物的外包装件数或集装箱个数。

（9）箱号、铅封号（CONTAINER NO./ SEAL NO.）：在托运订舱时，由于货物尚未装箱，因此，此两栏可先空着不填，等货物装箱完毕后，再根据装箱门点所报的箱号和铅封号补充在有关单据中。

（11）毛重（Gross Weight）：填报实际货物的毛重，以公斤为计量单位。

（11）体积（Measurement）：填报实际货物的体积，一般以立方米为计量单位。

（12）运费支付（Payment of Freight）："FREIGHT PREPAID"为装运港托运人支付；"FREIGHT COLLECT"为目的港收货人支付。

（13）要求签发的提单份数（Number of Original B/Ls）：提单的份数按信用证的要求填写。

① 每份提运单具有同等效力。

② 收货人持凭其中的任一份提取货物后，其他份提运单自动失效。

（14）要求签发的提单日期和地点（Place and Date of Issue）：提单的签发日应是提单上所列货物实际装船完毕的日期，与大副所签的日期一致。提运单签发的地点应为实际装货港口。

（15）托运人签字、盖章：托运人在完成上述内容的填写后，必须盖章、签字以生效。订舱单的具体式样如表 3-16 所示。

表 3-16 订舱单

SHIPPER				D/R NO.		抬头	
CONSIGNEE				订舱单			
NOTIFY PARTY							
PRE-CARRIAGE BY XXXX PLACE OF RECEIPT							
OCEAN VESSEL VOY.NO. PORT OF LOADING							
PORT OF DISCHARGE PLACE OF DELIVERY					FINAL DESTINATION FOR THE MERCHANT'S RETER-ENCE		
CONTAINER NO.	SEAL NO.	NO.OF CONTA-INERS OR PKGS	KIND OF PACKAGES. DESCRIPTION OF GOODS		GROSS WEIGHT	MEASUREMENT	
TOTAL NUMBER OF CON-TAINERS OR PACKAGES（IN WORDS）)							
FREIGHT &CHARGES		REVENUE TONS		RATE	PRE	PREPAID	COLLECT
EX.RATE	PREPAID AT		PAYABLE AT			PLACE OF ISSUE	
	TOTAL PREPAID		NO. OF ORIGINAL B/L THREE				
SERVICE TYPE ON RECEIVE	SERVICE TYPE ON DELIVERY		REETER TEMPERATURE REQUIRED			F	C
TYPE OF GOODS	ORDINARY，REETER，DANGEROUS，AUTO		危险品			CLASS: PROPERTY: IMDG CODE PAGE: UN NO.	
	LIQUID, LIVE ANIMAL, BULK						
可否转船	可否分批						
装期	效期						
金额：							
制单日期：							

实践与练习 3-8 确定集装箱类型和数量

现有 660 箱产品出口到德国汉堡，包装为纸箱，尺寸为 58cm×38cm×42cm，毛重为每箱 35kg，堆码极限为 20 层，不可以倒放，请问需几个什么类型的集装箱？

确定航次、集装箱类型和数量后,就可以向船公司订舱了,订舱单是货运代理在接受货主委托后,根据船公司已制定的格式以纸质或电子形式向承运人申请货物托运,船代确认订舱后签发的凭证。在集装箱出口运输中,最常见的做法是由承运人或其代理签发场站收据副本作为接受装运申请的凭证。

操作三 提取空箱、安排货物装箱

订舱成功后,货运代理公司即可安排提取空集装箱,货物装箱,重箱送至港口等作业了,其中注意船公司注明的提箱(柜)时间、免箱(柜)期、截关时间、进仓时间等,以便合理安排货物装箱作业。

一、检查集装箱

在提取空箱时,应该进行必要的检查,具体检查内容如表 3-17 所示。

所选择的集装箱应符合以下条件:符合 ISO 标准;四柱、六面、八角完好无损;箱子各焊接部位牢固;箱子内部清洁、干燥、无味、无尘;不漏水、漏光;具有合格检验证书。

表 3-17 集装箱检查表

检查部分	检查内容
外部检查	对箱子进行六面查看,看外部是否有损伤、变形、破口等异样情况
内部检查	对箱子的内侧进行六面查看,看是否漏水、漏光,有无污点、水迹等
箱门检查	检查箱门是否完好,门的四周是否水密,门锁是否完整,箱门能否重复开启
清洁检查	检查箱子内有无残留物、污染物、锈蚀异味、水湿,如果不符合要求,应予以清扫,甚至更换
附属件的检查	指对集装箱的加固环接状态,如板架式集装箱的支柱,平板集装箱和敞棚集装箱上部延伸结构的检查

二、货物装箱

随着集装箱运输的不断发展,不同种类、不同性质、不同包装的货物都有可能装入集装箱内进行运输。同时,从事集装箱运输的管理人员及操作人员不断增多,为确保货运质量的安全,做好箱内货物的积载工作是很重要的。许多货损事故的发生都是由装箱不当造成的。

(一)货物装箱的方式

集装箱出口装箱方式有两种——场装和拖装。场装又称场站装箱,是指用车将货物从工厂运输至集装箱场地,由堆场的工作人员将货物装入集装箱(会产生一个场装费),通常需要工厂派人监装。拖装又称工厂装箱,是指将集装箱从场地用集装箱拖车拖到工厂装箱后,拖回场地或港口。

(二)货物装箱

货物在装入集装箱内时的注意事项。

(1)当不同件杂货混装在同一箱内时,应根据货物的性质、质量、外包装的强度、货物的特性等情况,将货区分开。将包装牢固的、重件货装在箱子底部,包装不牢的、轻件货则装在箱子上部。

（2）货物在箱子内的质量分布应均衡。如果箱子某一部位装载的负荷过重，则有可能使箱子底部结构发生弯曲或脱开的危险。在吊机和其他机械作业时，箱子会发生倾斜致使作业不能进行。此外，在陆上运输时，如果存在上述情况，拖车前后轮的负荷因差异过大，也会在行驶中发生故障。

（3）在进行货物堆码时，应根据货物的包装强度决定货物的堆码层数。另外，为使箱内下层货物不致被压坏，应在货物堆码之间垫入缓冲材料。

（4）货物与货物之间，也应加隔板或隔垫材料，避免货物相互擦伤、沾湿、污损。

（5）货物的装载要严密整齐，货物之间不应留有空隙，这样不仅可充分利用箱内容积，也可防止货物因相互碰撞而造成损坏。

（6）在目的地掏箱时，由于对靠箱口附近的货物没有采取系固措施，曾发生过货物倒塌事件，造成货物损坏和人员伤亡。因此，在装箱完毕，关箱前应采取措施，防止箱口附近货物的倒塌。

（7）应使用清洁、干燥的垫料（胶合板、草席、缓冲器材、隔垫板），如果使用潮湿的垫料，就容易发生货损事故。

（8）应根据货物的不同种类、性质、包装，选用不同规格的集装箱，选用的箱子应符合国际标准，经过严格的检查，并具有检验部门发给的合格证书。

阅读理解

1. 货主做场地装箱时的注意事项

（1）数量较少的干货箱、尺寸较小的特种柜，或者公路运输里程较近的，不适合场地装箱。因为场地装箱加固费用并不低，这样会增加客户成本。

（2）确定做场地装箱前，应将准确的规格、数量等信息书面告知代理公司，最好附图片；如果有必要，应要求代理公司派技术人员到工厂考察研究货物。应要求代理公司提供详细的装载方案（应附图），由工厂根据货物属性进行审核；场地装箱时，应要求代理公司全程派专业技术人员监装，并拍照片。

（3）提供给代理公司的规格数据，应向上浮动5～10cm，质量向上浮动10%左右，防止部分代理公司借口尺寸变化加收费用。

（4）做场地装箱时，当货物尺寸，尤其是宽度、包装形式等发生变化时，应及时通知代理公司。很多时候，即使只有1cm的误差，也可能导致货物装不下或出现其他问题。

（5）许多代理公司会以"装箱加固费用无法确定，实报实销"的方式报价，除非双方是有足够信任的合作单位，否则不应该接受这样的报价。有详细的货物规格尺寸及货物照片，尤其是到工厂看过货物以后，能够确定装箱、加固的费用。代理公司不报价的，要么是不够专业无法确定，要么是想加收费用。

2. 代理企业做场地装箱时的注意事项

（1）尺寸、质量要在不同箱型之间做合理搭配。装箱时，尺寸、质量要综合考量、合理搭配，充分考虑容积、重心平衡、包装或货物承载、包装或货物重心、包装或货物受力点等所有因素，将每件货物安排到最合理的位置。

（2）在必要的情况下，可以给货物做额外的支撑、加固等辅助措施，以有效利用容积；

可以有效利用叠放（前提是承载足够）、嵌套等方式来缩小货物的总体积。当然，如果集装箱容积足够，就没有这个必要了。

（3）要明确货物的叉取点、起吊点、承重点、受力点等因素，起吊或叉取前一定要确认受力点是否正常。外包装如果有破损，一定要确认破损原因，防止造成货物的二次损坏。

（4）特种柜装箱时，一定要尽力减小单个箱子的最小尺寸。例如，尽力将尺寸最小的货物集中装到一个箱子里，这样既有利于安全，又能适当减少海运费——特种柜的尺寸是按外部最大尺寸计算的，而海运费是按照超尺寸情况计算的。

（5）装箱时，应要求尽可能使用叉车操作，必要时可以采取两台或两台以上叉车共同作业的方式。这是因为场站的叉车装箱是免费（含在装箱费里）的，而吊车费用是很高的。当然，节省费用的前提是做好安全评估，确保安全。

（6）要准确了解货物属性，提前做出周密的装载方案；操作时，一定要复核每件货物的尺寸，提前做好预案。如果把货物装到箱子里之后才发现有部分货物装不下，再重新装箱会产生扒箱费、装箱费，因此要选择合适的箱型。

请思考：还有哪些注意事项？

3. 超尺度和超重货的装箱

所谓超尺度和超重货，是指货物的尺度超过了国际标准集装箱的尺寸而装载不下的货物，以及单件货物质量超过了国际标准集装箱的最大载货质量而不能装载的货物。

集装箱船的箱格结构和装卸集装箱的机械设备是根据集装箱标准来设计的。因此，如果货物的尺寸、质量超过了这一标准规格，则无论对于集装箱船的装载还是集装箱的装卸作业而言都会造成一定的困难。但从另一方面来说，由于集装箱运输的不断发展，货主方面不断提出使用非标准集装箱的要求，这就迫使有关方面积极研究如何运输这些超尺度和超重货的方法，以满足货主的要求。

超高货：通常，干货集装箱箱门的有效高度，20ft型箱为2135～2154mm，40ft型箱为2265～2284mm。如果货物超过了这一高度，则属于超高货。超高货的运输必须使用开顶集装箱，或用板架集装箱装载。

超长货：在箱格结构的集装箱船上，船舱内是无法装载超长货的。因为每一个箱格都有横向构件，所以如果必须装运时，也只能装载甲板运输。从集装箱本身的条件看，只有板架集装箱才能装载超长货，因为板架集装箱可将两端插板取下，装货时，把插板铺在货物下面就可以了。

超重货：集装箱装载货物的质量和箱子质量的总和是有限制的，所装货物超过集装箱的质量限制则为超重货，所有的与其有关的运输工具和装卸机械也都是根据这一总和来设计的。因此，应注意在装箱完毕后，其总质量不能超出上述规定的数值。一旦在装箱完毕后发现已超出所规定的最大允许质量，应取出一部分货物，因为箱子超重是绝对不允许的。

三、集装箱货物交接地点与方式

（一）集装箱货物的交接地点

远洋运输中的交接地点是指根据运输合同，承运人与货方交接货物、划分责任风险和费用的地点。在集装箱运输中，根据实际需要，货物的交接地点并不固定。目前，集装箱运输中货物的常用交接地点有集装箱堆场（Container Yard，CY）、集装箱货运站（Container Freight Station，CFS）和门（Door，双方约定的地点），如表3-18所示。

表3-18 集装箱货物的交接地点

集装箱交接地点	具 体 内 容
门 （DOOR）	指收发货人的工厂、仓库或双方约定收、交集装箱的地点。在多式联运中经常使用
集装箱堆场（CY）	是交接和保管空箱和重箱的场所，也是集装箱换装运输工具的场所；是集装箱运输"场到场"交接方式的整箱货办理交接的场所（实际上是在集装箱卸区"大门口"进行交接的） 在集装箱码头堆场交接的货物，不论是发货港集装箱堆场还是卸货港集装箱堆场，都是整箱（FCL）交接的
集装箱货运站（CFS）	是拼箱货交接和保管的场所，也是拼箱货装箱和拆箱的场所，一般包括集装箱装卸港的市区货运站，内陆城市、内河港口的内陆货运站和中转站 在集装箱货运站交接的货物，不论是在起运地集装箱货运站交接还是在到达地集装箱货运站交接都是拼箱交接。集装箱货运站是处理拼箱货的场所。办理拼箱货的文接、配积载后，将集装箱送往集装箱堆场及集装箱堆场交来拼箱货进行拆箱。集装箱堆场和集装箱货运站也可以同处于一处

> **知识链接**

整箱（Full Container Load，FCL）：整个集装箱的货都是同一家发货人的，既可以安排拖车直接到发货人工厂去装货然后进港，也可以让发货人把货送到指定仓库，让车队安排集卡到港区提箱，直接在仓库装箱进港。因为只有一个发货人，所以报关也就只有一份（如果客人有特殊要求，也可以多票报关）。

拼箱（Less than Container Load，LCL）：一个集装箱里有2个或2个以上的发货人的货，一般都是让客人直接送货到仓库，在仓库装箱进港。因为有多个发货人，所以报关资料也是 N 票一起报关。需要注意的是，拼箱操作时需要考虑到多票货的立方数，合理安排集装箱空间，装箱时还需要考虑到货物的特性（易碎、防压、重货），尽量不让集装箱空出多余的空间（例如，小箱可以装22立方米左右的，只装了15个立方米，则还有7个立方米就浪费了）。

整箱和拼箱的操作区别在于：①整箱是1票报关，拼箱是 N 票报关；②整箱不用太考虑体积问题，而自拼箱需要考虑货物体积，合理安排，必要时还需要绘制装箱图。

（二）集装箱货物的交接方式

根据集装箱货物的交接地点不同，集装箱货物的交接方式有9种。

1．门到门（Door to Door）交接方式

门到门交接方式是指运输经营人在发货人的工厂或仓库接收货物，负责将货物运至收货人的工厂或仓库交付。在这种交付方式下，货物的交接形态都是整箱交接。

2．门到场（Door to CY）交接方式

门到场交接方式是指运输经营人在发货人的工厂或仓库接收货物，并负责将货物运至卸货港码头堆场或其内陆堆场，在 CY 处向收货人交付。在这种交接方式下，货物也都是

整箱交接。

3．门到站（Door to CFS）交接方式

门到站交接方式是指运输经营人在发货人的工厂或仓库接收货物，并负责将货物运至卸货港码头的集装箱货运站或其在内陆地区的货运站，经拆箱后向各收货人交付。在这种交接方式下，运输经营人一般以整箱形态接收货物，以拼箱形态交付货物。

4．场到门（CY to Door）交接方式

场到门交接方式是指运输经营人在码头堆场或其内陆堆场接收发货人的货物（整箱货），并负责把货物运至收货人的工厂或仓库向收货人交付（整箱货）。

5．场到场（CY to CY）交接方式

场到场交接方式是指运输经营人在装货港的码头堆场或其内陆堆场接收货物（整箱货），并负责运至卸货码头堆场或其内陆堆场，在堆场向收货人交付。

6．场到站（CY to CFS）交接方式

场到站交接方式是指运输经营人在装货港的码头堆场或其内陆堆场接收货物（整箱），负责运至卸货港码头集装箱货运站或其在内陆地区的集装箱货运站，一般经拆箱后向收货人交付。

7．站到门（CFS to Door）交接方式

站到门交接方式是指运输经营人在装货港码头的集装箱货运站及其内陆的集装箱货运站接收货物（经拼箱后），负责运至收货人的工厂或仓库交付。在这种交接方式下，运输经营人一般以拼箱形态接收货物，以整箱形态交付货物。

8．站到场（CFS to CY）交接方式

站到场的交接方式是指运输经营人在装货港码头或其内陆的集装箱货运站接收货物（经拼箱后），负责运至卸货港码头或其内陆地区的货场交付。在这种方式下，货物的交接形态一般也是以拼箱形态接收货物，以整箱形态交付货物。

9．站到站（CFS to CFS）交接方式

站到站的交接方式是指运输经营人在装货码头或内陆地区的集装箱货运站接收货物（经拼箱后），负责运至卸货港码头或其内陆地区的集装箱货运站，（经拆箱后）向收货人交付。在这种方式下，货物的交接方式一般都是拼箱交接。

实践与练习 3-9　提柜纸、设备交接单、装箱单的流转

在提取空箱、安排货物装箱这个环节会用到 3 个单证——提柜纸、设备交接单、装箱单，查阅资料，完成表 3-19。

表 3-19　单证一览表

单　证	作　用	一式几联	流转过程
提柜纸			
设备交接单			
装箱单			

操作四　出口报关报检

《中华人民共和国海关法》规定："进出口货物收发货人、进出境运输工具负责人、进出境物品所有人或者他们的代理人需向海关办理货物、物品或运输工具进出境手续及相关海关事务，包括向海关申报、交验单据证件，并接受海关的监管和检查等。"中华人民共和国海关是国家的进出关监督管理机关。一般进出口货物都需向海关办理报关手续。

出入境检验检疫工作是国家出入境检验检疫部门依照国家检验检疫法律法规规定，对进出境的商品（包括动植物产品），以及运载这些商品、动植物和旅客的交通工具、运输设备，分别实施检验、检疫、鉴定、监督管理和对出入境人员实施卫生检疫及口岸卫生监督的统称。

报关和报检都是办理进出口通关的过程之一，但报关的对象是海关，报检的对象是进出口商品检验检疫部门。报检先于报关，只有在商检部门检验完毕后，海关才接受报关申请，凭出入境检验检疫签发的"入境货物通关单"和"出境货物通关单"办理进出口手续。并不是所有的进出口商品都需要报检，只有国家规定的商品才需要报检，而所有进出口商品（除自带，绿色通道外）都需要报关。

一、报检

所谓报检，是指对外贸易关系人（包括出口商品的生产、经营部门和进口商品的收货、用货部门或代理接运部门）按照法律、行政法规的规定或根据需要向商检机构申请检验、鉴定工作的手续。

1. 报检时限和地点

（1）报检时限：出境货物最迟应于报关或装运前 7 天在产地进行报检，对于个别检验检疫周期较长的货物，应留有相应的检验检疫时间；如果在产地检验后，需要异地在报关地检验检疫局出具通关单的，还应考虑查验换单的时间。

（2）报检地点：法定检验检疫货物，除活动物需由口岸检验检疫机构检验检疫外，原则上应坚持产地检验检疫。

2. 出境货物报检时应随附的单证

必须提供的单证包括报检单、合同、信用证、商业发票、装箱单等。

3. 报检程序

（1）发货人或货运代理人凭出口报检单，随附发票、装箱单、合同、厂检单于规定期限向产地出入境检验检疫机构报检（也可进行电子报检）。

（2）产地检验检疫局对所申请的商品进行检验和查验，报检完毕，按客户要求出品质检验证或食品卫生证等，如法定检验商品，签发出境货物换证凭单或凭条。

对包装作检：主要是针对木质包装，如果出口的货物包装是天然的木质包装，要根据出口的目的国家加标识 IPPC。

（3）货物出境时，经口岸检验检疫机关查验合格，凭换证凭单或凭条换出境通关单。

二、报关

所谓报关，是指进出境运输工具负责人、进出境货物收发货人、进出境物品的所有人或他们的代理人向海关办理运输工具、货物、物品进出境手续及相关手续的全过程。如表3-20所示，出口货物的报关可分为四个基本环节，即申报、配合查验、缴纳税费及放行。

表3-20 报送范围与报送人员表

报关范围（三种物）	报关人员（三种人）
运输工具	进出境运输工具的负责人或代理人
货物（贸易性）	进出境货物的收发货人或代理人
物品（非贸易性、个人所有）	进出境物品的所有人或代理人

1．申报

（1）出口货物的发货人在根据出口合同的规定，按时、按质、按量备齐出口货物后，应向运输公司办理租船订舱手续，准备向海关办理报关手续，或委托专业（代理）报关公司办理报关手续。

（2）准备好报关用的单证是保证出口货物顺利通关的基础。一般情况下，报关应备单证除出口货物报关单外，主要包括托运单（即下货纸）、发票（一份）、贸易合同（一份）、出口收汇核销单及海关监管条件所涉及的各类证件。

申报应注意的问题如下。

（1）报关时限：报关时限是指货物运到口岸后，法律规定发货人或其代理人向海关报关的时间限制。出口货物的报关时限为装货的24小时以前。

（2）不需要征税费、查验的货物，自接受申报起1日内办结通关手续。

2．查验

查验是指海关在接受报关单位的申报并以已经审核的申报单位为依据，通过对出口货物进行实际的核查，以确定其报关单证申报的内容是否与实际进出口的货物相符的一种监管方式。

3．征税

根据《中华人民共和国海关法》的有关规定，进出口的货物除国家另有规定外，均应征收关税。关税由海关依照海关进出口税则征收。需要征税费的货物，自接受申报1日内开出税单，并于缴、核税单2小时内办结通关手续。

4．放行

（1）对于一般出口货物，在发货人或其代理人如实向海关申报，并如数缴纳应缴税款和有关税费后，海关在出口装货单上盖"海关放行章"，出口货物的发货人凭此装船起运出境。

（2）出口货物的退关：申请退关货物发货人应当在退关之日起3天内向海关申报退关，经海关核准后方能将货物运出海关监管场所。

（3）签发出口退税报关单：海关放行后，在浅黄色的出口退税专用报关单上加盖"验讫章"和已向税务机关备案的海关审核出口退税负责人的签章，退还报关单位。在我国每天大约出口价值1.5亿美元的货物，出口核销退税每延迟1天，就要给广大客户造成很大损失。报关单的有关内容必须与船公司传送给海关的舱单内容一致，才能顺利地核销退税。

操作五　结算运费换取提单

货物装船发运后，托运人就可到船公司进行运费的结算及换取提单。

一、结算运费

远洋班轮运费包括基本运费和附加运费两部分。基本运费是对任何一种托运货物计收的运费；附加运费则是根据货物种类或不同的服务内容，视不同情况而加收的运费，可以说是由于在特殊情况下或临时发生某些事件的情况下加收的运费。附加运费既可以按每一计费吨（或计费单位）加收，也可以按基本运费（或其他规定）的一定比例计收。

1. 基本运费（Basic Freight）

基本运费指对运输每批货物所应收取的最基本的运费，是整个运费的主要构成部分。

2. 附加运费（Surcharge or Additional）

基本运费构成全程运费中应收运费的主要部分，是根据航线上的各基本港之间进行运输的平均费用水平向普通货物收取的费用。而实际上，经常有一些需要特殊处理的货物、需要加靠非基本港或转船接运的货物需要运输；即使是基本港之间的运输，也因为基本港的自然条件、管理规定、经营方式等情况的不同而导致货物运输成本的差异。这些都会使班轮公司在运营中支付相应的费用。为了使这些增加开支得到一定的补偿，需要在基本运费的基础上，在计算全程运费时计收一定的追加额。这一追加额就是构成班轮运费的另一组成部分——附加运费。常见的附加运费有燃油附加费（Bunker Surcharge or Bunker Adjustment Factor，BAF）、货币贬值附加费（Devaluation Surcharge or Currency Adjustment Factor，CAF）、苏伊士运河附加费（Suez Canal Surcharge）、港口附加费（Port Surcharge）、港口拥挤附加费（Port Congestion Surcharge）等。

班轮运费分为散杂货班轮运费及集装箱班轮运费，计费方式如下。

1）散杂货及拼箱货海运运费的计算

按所托运货物的实际运费吨（CMB 或 t）计费，即尺码大的按尺码吨计费，质量大的按重量吨计费；另外，在拼箱货海运运费中还要加收与集装箱有关的费用，如拼箱服务费等。因为拼箱货涉及不同的收货人，所以拼箱货不能接受货主提出的有关选港或变更目的港的要求。

2）整箱货海运运费的计算

对于整箱托运的集装箱货物运费的计收：一种方法是与拼箱货一样，按实际运费·吨计费；另一种方法，也是目前采用较为普遍的方法，是根据集装箱的类型按箱计收运费。上海到洛杉矶海运费如图 3-18 所示。

上海到洛杉矶海运费

1600	2000	2050	-
20'	40'	40HQ	45'

图 3-18　上海到洛杉矶海运费

运费·吨是计算运费的一种特定的计费单位。通常，取质量和体积中相对值较大的为计费标准,以便对船舶载重量和舱容的利用给予合理的费用支付。例如,一批货物,质量为 40 吨,体积为 50 立方米,它的运费·吨则按 50 运费·吨计算;而一批货物,质量为 60 吨,体积为 58 立方米,它的运费·吨则计为 60 吨。

在班轮运输中,主要使用的计费标准是按容积和质量计算运费的;但对于贵重商品,则按货物价格的某一百分比计算运费;对于某些特定的商品,也可能按其某种包装状态的件数计算运费。某些商品则按实体个数或件数计算运费,如活牲畜按"每头(Per Head)"计算。

在集装箱运输中,有按每一个集装箱计算收取运费的规定,此时,根据集装箱的箱型、尺寸规定不同的费率(Box Rate)。

在承运人制定的运价表中具体规定了各种不同商品的计算运费标准。航运界通用的符号有:

(1)"W(Weight)"表示该种货物按其毛重计算运费;

(2)"M(Measurement)"表示该种货物按其尺码或体积计算运费;

(3)"W/M"表示该货物应分别按其毛重和体积计算运费,并选择其中的运费较高者;

(4)"Ad.Val."表示该种货物应按其 FOB 价格的某一百分比计算运费;

(5)"Ad.Val.or W/M"表示该种货物应分别按其 FOB 价的某一百分比和毛重、体积计算运费,并取高者;

(6)"W/M plus Ad.Val"表示这种货物除应分别按其毛重和体积计算运费,并选择其中的运费较高者外,还要加收按货物 FOB 价格的某一百分比计算的运费。

在运价表中,计算单位为运费·吨,既有重量·吨,也有尺码·吨。不同国家或地区采用不同的单位制。但目前各国都趋向采用国际单位制,以吨和立方米为计费单位。我国法定计量单位采用"米制"。在运费计算中,质量单位用"吨",体积单位用"立方米"。以一吨或一立方米为一计费吨。

例 1:出口箱装货物共 100 箱,报价为每箱 4000 美元 FOB 上海,基本费率为每运费吨 26 美元或从价费率 1.5%,以 W/M or Ad Val 选择法计算,每箱体积为 1.4 米×1.3 米×1.1 米,毛重为每箱 2 吨,并加收 BAF10%,GRI20%,PTF40%,求总运费。

3)杂货班轮运费的计算

(1)运费计算公式。杂货班轮运费是由基本运费和各项附加运费组成的,其计算公式为 $F=F_b+\sum S$,其中 F 为运费总额,F_b 为基本运费,S 为某一项附加费。基本运费为所运货物的计费吨与基本运价的乘积。附加运费是各项附加费的总和。各项附加费均按基本运费的一定百分比计算时,附加费的总额应为 $\sum S=(s_1+s_2+\cdots+s_n)F_b$,其中 $s_1, s_2, \cdots, s_n$ 为某一项附加费率。

因此,运费总额为 $F=F_b+\sum S=F_b+(s_1+s_2+\cdots+s_n)F_b=(1+s_1+s_2+\cdots+s_n)F_b$。

(2)从价运费计算中的货物价格换算。从上述的定义可知,从价运费是按货物的 FOB 价格的某一百分比计算的。因此,例 1 的案例计算如下。

解:①基本运费

按"W"计算为:26×2×100=5200(美元)。

按"M"计算为:26×(1.4×1.3×1.1)×100=5205.2(美元)。

按"Ad.val."计算为:4000×1.5%×100=6000(美元)。

三者比较,按"Ad.val"计算的运费最高,因此实收基本运费 6000 美元。

② 总运费

$F=F_b+S=6000（1+10\%+20\%+40\%）=10\ 200$（美元）

答：总运费为 10 200 美元。

例 2：中国远洋运输公司从香港发往一些港口航线的报价表如表 3-21 所示。

表 3-21 海运报价表

PORT	20'	40'	40'HQ	BAF	CAF	SCF	航程
PORT SAID	$1500	$2900	$3150	$317/614	15%	10%	23
LE HAVRE							25
ROTTERDAM							27
HAMBURG							29
ANTWERP	$1550	$3000	$3250				31
SOUTHAMPTON							31

有一批两个 40'HQ 集装箱的汽车配件从香港运往 SOUTHAMPTON，请计算运费。

二、换取提单

一般在开船前，船公司就会通过货代跟客户确认提单。

船公司出提单确认件给货代，货代传真给客户确认。如果一样就基本可以确认了。确认好后，便可签正本提单。

1．海运提单的定义

我国《海商法》第七十一条规定："提单是指用以证明海上货物运输合同和货物已经由承运人接收或者装船，以及承运人保证据以交付货物的单证。提单中载明的向记名人交付货物，或者按照指示人的指示交付货物，或者向提单持有人交付货物的条款，构成承运人据以交付货物的保证。"

提单只适用于海洋运输及与海洋运输相结合的多式联运单证，不适用于陆运、空运等运输单证。

2．海运提单的作用

提单具有以下 3 个作用：

（1）提单是承运人或其代理人签发的货物收据（Receipt for the Goods）；

（2）提单是一种货物所有权的凭证（Documents of Title）；

（3）提单是托运人与承运人之间所订立运输契约的证明（Evidence of Contract of Carrier）。

3．海运提单的种类

1）根据货物是否装船分类

（1）已装船提单（On Board B/L or Shipping B/L）：是指承运人已将货物装上指定的船舶后签发的提单。这种提单的特点是提单上面必须以文字表明载货船舶名称和装货日期。

（2）备运提单（Received for Shipment B/L）：又称收货待运提单，是指承运人收到托运人的货物待装船期间，应托运人的要求而向其签发的提单。这种提单上没有装船日期，也无载货的具体船名。

随着集装箱运输的发展，如果信用证未规定提供已装船提单，银行也可接受货物在承运人监管下出具的备运提单或联合运输提单。

2）根据货物表面状况有无不良批注分类

（1）清洁提单（Clean B/L）：是指货物装船时，表面状况良好，承运人在签发提单时未加上任何货损、包装不良或其他有碍结汇批注的提单。

（2）不清洁提单（Unclean B/L or Foul B/L）：是指承运人收到货物之后，在提单上加注了货物外表状况不良或货物存在缺陷或包装破损的提单。

3）根据收货人抬头分类

（1）记名提单（Straight B/L）：指在提单的收货人栏内，具体写明了收货人的名称。这种提单只能由提单内指定的收货人提货，不能转让。

（2）不记名提单（Open B/L）：指在提单收货人栏内不填明具体的收货人或指示人的名称而留空的提单。不记名提单的转让不需要经任何背书手续，提单持有人仅凭提单交付即可提货。

（3）指示提单（Order B/L）：指在提单收货人栏中填"凭指示"（To order）字样。有的信用证要求填"凭某某人的指示"或"凭发货人指示"字样。这类提单经背书人背书后可以转让。

4）按运输过程中是否转船（或不同运输方式）分类

（1）直达提单（Direct B/L）：货物从装运港装船后，中途不经换船而直接运抵目的港卸货，按照这种条件所签发的提单，称为直达提单、直运提单或港对港提单。

（2）转船提单（Transshipment B/L）：船舶从装运港装货后，不直接驶往目的港，而在中途的港口换船把货物转往目的港，凡按此条件签发的包括运输全程的提单，称为转船提单。

（3）联运提单：需经两种或两种以上的运输方式（如海陆、海河、海空等）联合运输的货物。

5）按提单内容的繁简分类

（1）全式提单或称繁式提单（Long Form B/L）：指最常用的，既有正面内容又在提单背面印有承运人和托运人的权利、义务等详细条款的提单。

（2）简式提单或称略式提单（Short Form B/L）：指仅保留全式提单正面的必要项目，如船名、航次、货名、标志、件数、质量或体积、装运港、目的港、托运人名称等记载，而略去提单背面全部条款的提单。

6）按提单签发日与交单日之间的关系分类

（1）过期提单（Stale B/L）：根据《跟单信用证统一惯例》规定，在提单签发日期后21天才向银行提交的提单属于过期提单。

（2）倒签提单（Anti-date B/L）：指承运人或其代理人应托运人的要求，在货物装船后，以早于该票货物实际装船完毕的日期作为提单签发日期，以符合信用证或合同中关于装运期规定所签发的一种提单。

（3）预借提单：指因信用证规定装运日期和议付日期已到，货物因故而未能及时装船，但已被承运人接管，或已经开装而未装毕，由托运人出具保函，要求承运人签发的已装船提单。

（4）顺签提单（Post-Date B/L）：顺签提单是指货物装船完毕后，承运人或其代理人应托运人的要求，以晚于该票货物实际装船完毕的日期作为提单签发日期的提单。

实践与练习 3-10 缮制海运提单及计算运费

根据海运任务 3-1 的内容完成表 3-22 所示提单的填写。

表 3-22 提单

1. Shipper Insert Name, Address and Phone		B/L No. ××××××	
2. Consignee Insert Name, Address and Phone		Carrier:	
3. Notify Party Insert Name, Address and Phone (It is agreed that no responsibility shall attsch to the Carrier or his agents for failure to notify)		Port-to-Port or Combined Transport BILL OF LADING RECEIVED in external apparent good order and condition except as other-Wise noted. The total number of packages or unites stuffed in the container, The description of the goods and the weights shown in this Bill of Lading are furnished by the Merchants, and which the carrier has no reasonable means of checking and is not a part of this Bill of Lading contract. The carrier has issued the number of Bills of Lading stated below, all of this tenor and date, One of the original Bills of Lading must be surrendered and endorsed or signed against the delivery of the shipment and whereupon any other original bills of Lading shall be void. The Merchants agree to be bound by the terms and conditions of this Bill of Lading as if each had personally signed this Bill of Lading. SEE clause 4 on the back of this Bill of Lading (Terms continued on the back hereof, please read carefully).*Applicable Only When Document Used as a Combined Transport Bill of Lading.	
4. Combined Transport * Pre - carriage by	5. Combined Transport* Place of Receipt		
6. Ocean Vessel Voy. No.	7. Port of Loading		
8. Port of Discharge	9. Combined Transport * Place of Delivery		
Marks & Nos. Container / Seal No.	No. ofContainers Or Packages	Description of Goods (If Dangerous Goods, See Clause 20)	Gross Weight Kgs	Measurement
		Description of Contents for Shipper's Use Only (Not part of This B/L Contract)		
10. Total Number of containers and/or packages (in words) .				
Subject to Clause 7 Limitation				
11. Freight & Charges	Revenue Tons	Rate	Per	Prepaid	Collect
Declared Value Charge					
Ex. Rate:	Prepaid at	Payable at		Place and date of issue	
	Total Prepaid	No. of Original B (s) /L		Signed for the Carrier, COSCO CONTAINER LINES	
LADEN ON BOARD THE VESSEL,					

查询中远集运从深圳盐田港到洛杉矶的运价,计算海运任务 1 的货物的运费是多少?

操作六 运输及风险的防范

因为船舶海上航行受自然气候和季节性影响较大，海洋环境复杂，气象多变，随时都有遇上狂风、巨浪、暴风、雷电、海啸等人力难以抗拒的海洋自然灾害袭击的可能，遇险的可能性比陆地、沿海要大，同时，海洋运输还存在社会风险，如战争、罢工、贸易禁运、海盗等因素的影响，所以国际货物运输承担着很大的风险。因此，需要做好防范工作。

一、海上风险的类型

海运货物保险承保的风险类型如图 3-19 所示，每种风险所包含的内容如表 3-23 所示。

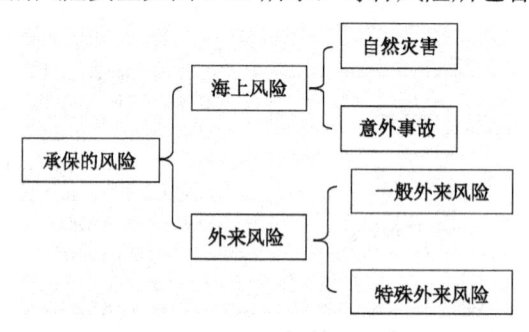

图 3-19 海运货物保险承保的风险类型

表 3-23 海运货物保险承保的风险类型

风险类型	风险名称	风险内容
海上风险	自然灾害	（Natural Calamity）仅指恶劣气候、雷电、洪水、流冰、地震、海啸及其他人力不可抗拒的灾害，而不是指一般自然力所造成的灾害
	意外事故	（Fortuitous Accident）主要包括船舶搁浅、触礁、沉没、碰撞、失火、爆炸及失踪等具有明显海洋特征的重大意外事故
外来风险	一般外来风险	指偷窃、破碎、渗漏、玷污、受潮受热、串味儿、生锈、钩损、短量、淡水雨淋等
	特殊外来风险	主要指由于军事、政治及行政法令等原因引起的货物损失，如战争、罢工、交货不到、拒收等

二、海运货物保险承保的损失类型

保障的损失是指保险人承保哪些性质的损失。因为是海上货物运输保险，所以保险公司承保的损失属于海损（Average）。海损一般是指海运保险货物在海洋运输中由于海上风险所造成的损失和灭失。根据各国海运保险业务的习惯，海损通常也包括与海陆连接的陆运过程中所发生的损坏或灭失。海损按照损失的程度不同，可分为全部损失与部分损失；按照损失的性质不同，又可分为共同海损和单独海损。

（一）全部损失

全部损失（Total Loss）简称全损，指运输中的整批货物或不可分割的一批货物的全部损失。全损又有实际全损（Actual Total Loss）和推定全损（Constructive Total Loss）两种。

1. 实际全损

实际全损是指被保险货物完全灭失或完全变质，或者货物实际上已不可能归还被保险人的损失。构成被保险货物"实际全损"的情况有下列几种：①保险标的物完全灭失，如船只遭遇海难后沉没，货物同时沉入海底；②保险标的物丧失已无法挽回，如船只被海盗劫走，货物被敌方扣押等，虽然船、货本身并未遭到损失，但被保险人已失去了这些财产，无法复得；③保险标的物已丧失商业价值或失去原有用途，如茶叶经水泡后，虽没有灭失，仍旧是茶叶，但已不能饮用，失去商业价值；④船舶失踪，达到一定时期，如半年仍无音讯，则可视为全部灭失。

2. 推定全损

推定全损指货物发生保险事故后，认为实际全损已经不可避免，或者为避免发生实际全损所需支付的费用与继续将货物运抵目的地的费用之和超过保险价值的损失。在推定全损的情况下，被保险人获得的损失赔偿有两种情况：一种是被保险人获得全损的赔偿；另一种是被保险人获得部分损失的赔偿。若想获得全损的赔偿，被保险人必须无条件地把保险货物委付给保险人。所谓委付（Abandonment），是指被保险人在保险标的处于推定全损状态时，向保险人声明愿意将保险标的的一切权益，包括财产权及一切由此而产生的权利与义务转给保险人，而要求保险人按全损给予赔偿的一种行为。若被保险人不办理委付而保留对残余货物的所有权，则保险人将按部分损失予以赔偿。

（二）部分损失

部分损失（Partial Loss）是指运输中的整批货物或不可分割的一批货物没有达到全损程度的损失。部分损失按照损失的程度又可以分为共同海损（General Average）和单独海损（Particular Average）。

1. 共同海损

共同海损是指载货的船舶在海上遇到灾害或者意外事故，威胁到船、货等各方的共同安全，为了解除这种威胁，维护船货安全，或者使航程得以继续完成，由船方有意识地、合理地采取措施，所做出的某些特殊牺牲或支出某些额外费用，这些损失和费用叫共同海损。例如，某一货船在途中遭遇暴风雨，船身严重倾斜，即将倾覆，船长为了避免船只覆没，命令船员抛弃船舱内的一部分货物以保持船身平衡，这种抛弃就是为了避免船、货的全部损失而采取的措施，被抛弃的货物属于特殊牺牲，即为共同海损牺牲。又例如，船舶搁浅时，为了使船舶脱险，雇用拖驳强行脱浅的费用，即为共同海损费用。

构成共同海损须具备以下条件：①共同海损的危险必须是实际存在的，或者是不可避免地产生的，而不是主观臆测的；②必须是自动有意采取的行为；③必须是为船货共同安全而采取的谨慎的合理的措施；④必须是属非常性质的损失。

共同海损牺牲和费用都是为了使船舶、货物和运费方免于遭受损失而支出的，因而应该由船舶、货物或运费方按最后获救价值共同按比例分摊，这种分摊叫共同海损的分摊。

2. 单独海损

单独海损是指除共同海损以外的意外损失，即由承保范围内的风险所直接导致的船舶或货物的部分损失。该损失仅由各受损者单独负担。例如，某公司出口大米 1 万吨，在海洋运输途中遭受暴风雨，海水浸入舱内，大米受海水泡其中有 3000 吨变质，这种损失只是使该公司一家的利益遭受影响，跟同船所装的其他货物的货主和船东利益并没有什么关系，因而就属于单独海损。

以上表明，共同海损和单独海损是有区别的，这主要表现在以下两个方面。

① 造成海损的原因有别。单独海损是承保风险所直接导致的船货损失；共同海损则不是承保风险所直接导致的损失，而是为了解除船、货共同危险有意采取合理措施而造成的损失。②损失的承担责任有别。单独海损由受损方自行承担；而共同海损，则应由各受损方按照受损大小的比例共同分摊。

三、海运货物的投保险种

保险险别是保险人对风险和损失的承保责任范围，它是保险人和被保险人履行权利和义务的基础，也是确认保险人承保责任大小和被保险人缴付保险费多少的依据。按《中国人民保险公司海洋运输货物保险条款》的规定，我国海运货物保险的险别包括基本险与附加险。

（一）基本险别

在基本险别中，包括平安险（Free from Particular Average，FPA）、水渍险（with Particular Average，WPA 或 WA）和一切险（All Risks）3 种。

1．平安险

平安险是 3 个基本险别中承保责任范围最小的一个，承保的具体责任范围如下。

（1）在运输过程中，由于自然灾害和运输工具发生意外事故，造成被保险货物的实际全损或推定全损。

（2）由于运输工具遭遇搁浅、触礁、沉没、互撞，与流冰或其他物体碰撞以及失火、爆炸等意外事故造成被保险货物的全部或部分损失。

（3）在运输工具已经发生搁浅、触礁、沉没、焚毁等意外事故的情况下，货物在此前或此后又在海上遭受恶劣气候、雷电、海啸等自然灾害所造成的部分损失。

（4）在装卸转船过程中，被保险货物一件或数件落海所造成的全部损失或部分损失。

（5）被保险人对遭受承保责任内危险的货物采取抢救，防止或减少货损措施而支付的合理费用，但以不超过该批被救货物的保险金额为限。

（6）运输工具遭遇自然灾害或意外事故，需要在中途的港口或者在避难港口停靠，因而引起的卸货、装货、存仓以及运送货物所产生的特别费用。

（7）发生共同海损所引起的牺牲、分摊和救助费用。

（8）运输契约中有"船舶互撞条款"，按该条款规定应由货方偿还船方的损失。

2．水渍险

水渍险的责任范围，除包括上列平安险的各项责任外，还负责被保险货物由于恶劣气候、雷电、海啸、地震、洪水等自然灾害所造成的部分损失。

由此可见，水渍险承保的责任范围较大，它并不只是承保由于水渍引起的损失，同时，它也不是承保所有由于水渍引起的损失，例如，淡水所导致的损失不赔偿。

3．一切险

一切险的责任范围，除包括平安险和水渍险的所有责任外，还包括货物在运输过程中的一般外来原因所造成的被保险货物的全损或部分损失。

投保了一切险，并不是指保险公司承保了一切的风险，海运中的特殊外来原因引起的损失并不含在内。此外，投保了一切险后不必再投保一般附加险，因为已包含在内，以免增加支付不必要的保险费。由于一切险承保责任范围大，其保险费在 3 种基本险中也最高。

（二）附加险

1．一般附加险

也称为普通附加险，包括于一切险之中。若投保了一切险，则无需另行投保，若投保了平安险或水渍险，则由被保险人根据货物的特性和运输条件选择一种或几种附加险。经与保险人协议加保。

险别包括偷窃、提货不着险，淡水雨淋险，渗漏险，短量险，混杂、沾污险，碰损、破碎险，串味险，受潮受热险，包装破损险，钩损险。

2．特殊外来风险

（1）战争险（能单独投保）

对敌对行为中使用原子或热核制造的武器所导致的损失和费用，是不负责任的。海运战争险的负责期限，从货物装上海轮时开始，到卸离海轮时终止；或从该海轮到达目的港的当日午夜起算满15天为限。

（2）罢工险

罢工险是承保因罢工、被迫停工、参加工潮、暴动和民众斗争的人员，采取行动造成保险货物的损失。对于因任何人的恶意行为造成的损失也予以负责。

四、承保责任的起讫期限

承保责任的起讫期限又称保险期限，是指保险人承担责任的起讫时限。我国海运货物保险条款对基本险和战争险分别做出了规定。

（一）基本险的责任起讫期限

根据中国海洋运输货物保险条款规定，基本险承保责任的起讫，均采用国际保险业中惯用的"仓至仓条款"（Warehouse to Warehouse，W/W）规定的办法处理。

仓至仓条款规定保险公司所承担的保险责任，是从被保险货物运离保险单所载明的起运港（地）发货人仓库开始，一直到货物到在保险单所载明的目的港（地）收货人的仓库时为止。当货物一进入收货人仓库，保险责任即行终止。但是，当货物从目的港卸离海轮时起满60天，不论保险货物有没有进入收货人的仓库，保险责任均告终止。例如，100台计算机从上海出口被运往吉隆坡，海轮于9月11日抵达吉隆坡港并开始卸货，9月13日全部卸在码头货棚而未运往收货人仓库，那么该保险责任到11月2日即告终止。当然，如果在11月2日前这批计算机运进了收货人仓库，则不论在哪一天进入该仓库，保险责任也告终止。如果上述保险期限内保险货物需转运到非保险单所载明的目的地时，则以该项货物开始转运时终止。另外，被保险货物在运至保险单所载明的目的港或目的地以前的某一仓库而发生分配、分派的情况，则该仓库就作为被保险人的最后仓库，保险责任也从货物运抵该仓库时终止。

（二）战争险的责任起讫期限

战争险的责任起讫与基本险的责任起讫不同，它不采用仓至仓条款。战争险的承保期限仅限于水上危险或运输工具上的危险。例如，海运战争险规定自保险单所载明的起运港装上海轮或驳船时开始，直到保险单所载明的目的港卸离海轮或驳船时为止。如果货物不卸离海轮或驳船，则保险责任最长延至货物到目的港之当日午夜起算15天为止。如在中途港转船，则不论货物在当地卸载与否，保险责任以海轮到达该港或卸货地点的当日午夜起算满 15 天为止，待再装上续运的海轮时，保险人仍继续负责。

五、除外责任

除外责任是保险人不负赔偿责任的范围。规定主要包括下列内容：
（1）被保险人的故意行为或过失所造成的损失；
（2）属于发货人责任所引起的损失；
（3）在保险责任开始前，被保险货物已存在的品质不良或数量短差所造成的损失；
（4）被保险货物的自然损耗、本质和特性缺陷以及市价跌落、运输延迟所造成的损失或费用；
（5）战争险和罢工险条款规定的责任范围和除外责任。

实践与练习 3-11　选择海运险种

1．判断下列各题若投平安险是否赔偿？
（1）运输货物的船舶在运输途中触礁，海水涌进船舱，将甲商人的 5000 吨货物浸泡 2000 吨。
（2）货物在运输途中遭遇恶劣天气，海水涌进船舱，将乙商人 6000 吨货物浸泡 3000 吨。
（3）货物运输途中遭遇恶劣天气，海水涌进船舱，将丙商人 6000 吨货物全部浸泡。
（4）货物运输途中遭遇恶劣天气，海水涌进船舱，将丁商人的 6000 吨货物，浸泡 3000 吨之后又触礁，海水涌进船舱，货物又被浸泡 1000 吨。
（5）货物运输途中，自来水管破裂，将戊商人的 8000 吨货物浸泡 3000 吨。

2．某公司以 CIF 对外发盘，如以下列保险条款投保，是否妥当？
（1）一切险、淡水雨淋险、受潮受热险；
（2）平安险、一切险、战争险；
（3）水渍险、偷窃险、战争险；
（4）偷窃险、罢工险、战争险。

操作七　换取提货单

货物到达目的港以后，船公司通知收货人用提单获取提货单，办理进口报关报检提货业务。

提货单（DELIVERY ORDER，D/O）又称小提单。

收货人凭正本提单或副本提单随同有效的担保向承运人或其代理人换取的，可向港口装卸部门提取货物的凭证。发放小提单时应做到以下几点。
（1）正本提单为合法持有人所持有。
（2）提单上的非清洁批注应转上小提单。
（3）当发生溢短残情况时，收货人有权向承运人或其代理获得相应的签证。
（4）运费未付的，应在收货人付清运费及有关费用后，方可放小提单。

取得提货单以后，进行报关报检，海关放行后就可以把货物提走了。

操作八 进口报关报检

一、报检

根据国家检验检疫局公布的法定商品"商品编码"中的监管条件，确认此票货是否要做商检。如需在口岸做法检，则要在报关前，拿进口报检单（带公章）、合同、装箱单等单证办理登记手续，取得入境货物通关单。验货手续在最终目的地办理。

二、报关

用换来的提货单并附上报关单据前去报关。

报关单据：正本箱单、正本发票、合同、进口报关单、海关监管条件所涉及的各类证件。提货单海关放行后，在白联上加盖放行章，发还给进口方作为提货的凭证。

操作九 提货

凭小提单和拖车公司的"提箱申请书"到箱管部办理进口集装箱超期使用费、卸箱费、进口单证费等费用的押款手续。

押款完毕经船代箱管部授权后到进口放箱岗办理提箱手续，领取集装箱设备交接单，并核对其内容是否正确。

收货人拆空进口货物后，将空箱返回指定的回箱地点。

空箱返回指定堆场后，收货人要及时凭押款凭证，到箱管部办理集装箱费用的结算手续。

实践与练习 3-12 远洋运输业务操作

海运任务 3-2：

上海 HF 贸易公司和欧洲客户达成交易的贸易，本批出口商品系采用集装箱班轮运输，具体贸易细节如下。

1. 外贸公司

ShangHai HF Trading CO., LTD.

Room 910 ，JiaHe International Edificen HuaYuan Road，ShangHai，China

TEL: 86-21-61813420   FAX: 86-21-86-21-61813420

2. 国外客户

TTH TRADING COMPANY LTD.

Blk 15，North Bridge Road Blk 15，North Bridge Road

Phone（0034） -91-5194242 Fax（0034） -91-5192035

3. 交易商品

PRODUCT: Shirts

堆码极限为 20 层，可以倒放

SALES CONDITIONS: FOB LOS ANGELES

SALES CONTRACT NO. F01LCB05127

唛头 Shipping Mark	品名 Discriptions	件数 CASE	体积 (CMB)	毛重 (KGS)	净重 (KGS)	总价 (USD)
TTH	Shirts	500	60m×60cm×50cm	20千克/箱	19千克/箱	2000

4. TERM OF PAYMENT（付款方式）：不可撤销信用证（Irrevocable L/C）
5. TIME OF SHIPMENT（最后装船期）：2013年7月1日
6. FREIGHT（运费）：PREPAID
7. PORT OF LOADING（装货港）：SHANGHAI
8. PORT OF DISCHARGE（卸货港）：BARCELONA

请您根据上海HF贸易公司的需求，设计合理运输方案。

能力拓展

学习目标

1. 掌握海运出口运输业务管理事项。
2. 掌握海运进口运输业务管理事项。

学习任务

1. 能够进行海运出口运输业务管理。
2. 能够进行海运进口运输业务管理。

模块一　海运出口运输业务管理

　　海运出口货物运输业务根据贸易合同有关运输条件，把售予国外客户的出口货物加以组织和安排，通过海运方式运到国外目的港。凡以CIF、CFR条件成交的出口货物，要由卖方安排运输，其各个环节和程序的注意事项如下。

　　1. 选择船公司并进行订舱

　　在选择船公司和船期前，一定要审核信用证中的装运条款：如装运期，结汇期，装运港，目的港，是否能转运或分批装运以及是否指定船公司，船名，船籍和船级等，以免无法顺利结汇。当船公司或其代理签出装货单，订舱工作即告完成，需注意订舱单确认单上的开船日期、截关日期等，做好货物的安排。

　　2. 保险

　　货物订妥舱位后，属卖方保险的，即可办理货物运输险的投保手续。保险金额通常是以发票的CIF价加成投保（加成数根据买卖双方约定，如未约定，则一般加10%投保）。

　　3. 货物装箱集港

　　对危险品、重大件、冷冻货或鲜活商品、散油等需特殊运输工具、起重设备和舱位的，应事先联系安排好调运、接卸、装船作业。发货前要按票核对货物品名、数量、标记、配载船名、装货单号等项，做到单、货相符和船、货相符。要注意发货质量，发现有包装破损或残损时,应由发货单位负责修理或调换。

4．报关和交接工作

经海关官员检查单证和货物,确认单货相符和手续齐备后,即在装货单上加盖放行章。经海关查验放行的出口货物,方能开始装船。

发货单位现场工作人员要严格按照港口规章,及时与港方仓库、货场办妥交换手续,做好现场记录,划清船、港、货3方面的责任。

5．装船工作

海关放行后,发货单位凭海关加盖放行章的装货单与港务部门和理货人员联系,查看现场货物并做好装船准备,理货人员负责点清货物,逐票装船。港口装卸作业区负责装货,并按照安全积载的要求,做好货物在舱内的堆码、隔垫和加固等工作。

在装船过程中,要派人进行监装,随时掌握装船情况和处理工作中所发生的问题。监装人员对一级危险品、重大件、贵重品、特种商品和驳船来货的船边接卸直装工作,要随时掌握情况,防止接卸和装船脱节。

装船完毕,应将大副签发的收货单交原发货单位,凭此调换已装船提单。

6．装船通知

对合同规定需在装船时发出装船通知的,应及时发出,特别是由买方自办保险的,如因卖方延迟或没有发出装船通知的,致使买方不能及时或没有投保而造成的损失,卖方应承担责任。

7．支付运费

凡需预付运费的出口货物,船公司或其代理人必须在收取运费后发给托运人运费预付的提单。如属到付运费货物,则在提单上注明运费到付,由船公司卸港代理在收货人提货前向收货人收取。

模块二　海运进口业务运输管理

海运进口业务,指根据贸易合同中有关运输条件,把向国外的订货加以组织,通过海运方式运进国内的一种业务。这种业务的运输必须取决于价格条件。如果是CIF或CFR条件,则由国外卖方办理租船订舱工作;如果是FOB条件,则由买方办理租船订舱工作,船舶在国外港口接运。海运进口货物运输工作各环节和程序的注意事项如下。

1．委托运输

进口方可向代办人(对外贸易运输公司)提出代办海运进口货物国内港口交接和国内运输业务,双方签订《海运进口货物国内代运委托协议书》作为交接、代运工作中双方责任划分的依据。

进口方收到国外发货人发出的货物装船通知后,立即转告代办人。同时,国外发货人按贸易合同确定的交货地向货运目的港我港口所在地的对外贸易运输公司发送货物装船通知及提单。

2．换取提货单

进口方通过结汇银行对外付汇、赎单后,在货物到港之前,按代办人的要求,将代运协议中提及的一切有关单证送交目的港的对外贸易运输公司。进口方凭正本提单向承运人或承运人的代理换取提货单（Delivery Order）。

3．报检报关

代办人收到进口方提交的单据、证件，于货物抵港后，按海关、商检，动植物检疫等有关部门的规定，办理进口报关、报验手续，办理报关的进口货物，经海关查验放行，交纳进口关税后，方可提运。

凡不在港口查验放行的贸易货物的货主，需填制"国外货物转运准单"，向港口海关申报，经海关同意并监管运至目的地，由目的地海关查验放行。

凡列入"商检机构实施检验的商品种类表"（以下简称"种类表"）的进口商品，需接受法定检验。但表内所列商品如属援助物资、礼品、样品及其他非贸易物品，一般可免于检验。

4．提货

代运货物到达最终目的地时，进口方应查验铅封是否完好，外观有无异状，件数是否相符，是否发生残、短。如发现残、短，须及时向船公司取得商务记录，于货到10日内，交代办人向船公司、保险公司或责任方办理索赔。如发现国外错装或代办人错发、错运、溢发，进口方须立即采取措施，妥善保管货物，并及时通知代办人。

5．保险

如以FOB、CFR条件成交的进口货物，在收到发货人装船通知后应立即办理投保手续。目前为简化手续和防止发生漏保现象，也可采用预约保险办法，由负责进口的单位与中国人民保险公司签订进口货物预约保险。

实践与练习3-13　模拟海运进出口的组织流程

查阅资料，完成表3-24海运相关方的职责，并分角色模拟海运进出口的组织流程。

表3-24　海运相关方职责

相关方及部门	主　要　职　责	所签发的单证
托运人		
国际货运代理人		
船公司订舱部		
船公司箱管部		
场站（堆场和货运站）		
船舶代理人		
海关		
检验检疫局		
收货人		

项目四

铁路运输管理

引导任务四

鸿迪运输物流公司接受了从山西大同煤矿运输 60 万吨燃煤到长沙的任务,运输部门经理将此项工作任务交给运输物流员小张来组织完成。小张接到任务后,根据运输任务量、运输地点、运输距离等,选择了铁路运输。

知识储备

学习目标

1. 掌握铁路运输的概念及现状。
2. 了解铁路运输的分类和方式。
3. 熟悉铁路运输设施设备。
4. 掌握铁路运输的费用计算方式。
5. 熟悉铁路运输相关管理机构及法律法规。

学习任务

1. 能够计算铁路运输的运费。
2. 能够识别铁路运输设施设备。
3. 能够正确进行铁路货物运输业务组织。

单元一　铁路运输概述

铁路运输是现代化运输业的主要运输方式之一，是国民经济的大动脉。它是利用铁路设施、设备把旅客和货物从一个地点输送到另一个地点的一种运输方式，在国际货运中的地位仅次于海洋运输。在本章节中，铁路运输主要指的是铁路货物运输。

一、铁路运输特点

铁路运输与其他运输方式相比较，具有以下主要特点：

1．铁路运输的准确性和连续性强。铁路运输几乎不受气候影响，一年四季可以不分昼夜地进行定期的、有规律的、准确的运转。

2．铁路运输速度比较快。铁路货运速度每昼夜可达几百公里，一般货车可达100公里/小时左右，远远高于海上运输。

3．运输量比较大。铁路一列货物列车一般能运送3000~5000吨货物，远远高于航空运输和汽车运输。

4．铁路运输成本较低。铁路运输费用仅为汽车运输费用的几分之一到十几分之一；运输耗油约是汽车运输的 $\frac{1}{20}$。

5．铁路运输安全可靠，风险远比海上运输小。

6．初期投资大。铁路运输需要铺设轨道、建造桥梁和隧道，建路工程艰巨复杂；需要消耗大量钢材、木材；占用土地，其初期投资大大超过其他运输方式。

另外，铁路运输由运输、机务、车辆、工务、电务等业务部门组成，要具备较强的准确性和连贯性，各业务部门之间必须协调一致，这就要求在运输指挥方面实行统筹安排，统一领导。

二、铁路运输优缺点

1．优点：巨大的运送能力；廉价的大宗运输；全天候（较少受天气、季节等自然条件的影响），能保证运行的经常性和持续性；计划性强，安全，准时；运输总成本中固定费用所占的比重大（一般占60%），收益随运输业务量的增加而增长；办理铁路货运手续比海洋运输简单，而且发货人和收货人可以在就近的始发站（装运站）和目的站办理托运和提货手续。

2．缺点：始建投资大，建设时间长；始发站与终到站作业时间长，不利于运距较短的运输业务；受轨道限制，灵活性较差。

三、铁路运输种类

首先在学习铁路运输不同种类前，需要了解铁路运输单位"一批"的概念。"一批"是铁路运输货物的计数单位，铁路承运货物和计算运输费用等均以批为单位。"一批"是指使用一张货物运单和一份货票，按照同一运输条件运送的货物。按一批托运的货物，其托运人、收货人、始发站、终到站和装卸地点必须相同（整车分卸货物除外）。

> **知识链接**
>
> 不得按一批托运的货物：

1. 易腐货物和非易腐货物。
2. 危险货物与非危险货物。
3. 根据货物的性质不能混装运输的货物，如液体货物和怕湿货物；食品与有异味的货物；其他配装条件不同的货物等。
4. 按保价运输的货物与不按保价运输的货物。
5. 投保运输险的货物与未投保运输险的货物。
6. 运输条件不同的货物，如冷藏温度要求不同的易腐货物；按件数和重量承运的货物与散堆装货物等。

铁路货物运输按照一批货物的重量、体积、性质或形状等因素，可以分为整车运输、零担运输和集装箱运输以及各种专列。

（一）整车运输

一批货物的重量、体积或形状需要以一辆以上的铁路货车运输的（用集装箱装运除外），即属于整车运输。

《铁路货物运输规程》规定，下列货物限按整车办理：

（1）需要冷藏、保温或加温运输的货物；
（2）规定限按整车办理的危险货物；
（3）易于污染其他货物的污秽品（如未经消毒处理或未使用密封不漏包装的牲骨、湿毛皮、粪便、炭黑等）；
（4）不易计算件数的货物；
（5）蜂蜜；
（6）未装容器的活动物（铁路局定有管内按零担运输的办法者除外）；
（7）一批货物重量超过 2 吨、体积超过 3 立方米或长度超过 9 米的货物（经发站确认不致影响中转站和到站装卸车作业的货物除外）。

（二）零担运输

一批货物的重量、体积、性质或形状不需要一辆铁路货车装运（用集装箱装运除外）即属于零担运输，简称为零担。

1. 零担运输的条件

为了便于装卸、交接和保管，有利于提高作业效率和货物安全，除应按整车办理的货物外，一件体积最小不得小于 0.02 立方米（一件重量在 10 千克以上的除外），每批件数不超过 300 件的货物，均可按零担运输办理。

2. 零担货物的分类

根据零担货物的性质和作业特点，零担货物分为普通零担货物、危险零担货物、笨重零担货物和零担易腐货物。

> **知识链接**
>
> 装运零担货物的车辆称为零担货物车，简称零担车。零担车的到站必须是两个（普零）或 3 个（危零或笨零）以内的零担车，称为整装零担车，简称为整零车。整零车按车内所装货物是否需要中转，分为直达整零车和中转整零车两种；按其到站个数，分为一站整零车、两站整零车 3 种。其中要注意的是危零货物只能直接运至到站，不得经中转站中转。
>
> 整零车的分类级组织条件如表 4-1 所示。

表 4-1　整零车的分类

分类标准	类型名称	整零车组织条件
按其到站个数分	直达整零车 中转整零车	—
按车内所装货物是否需要中转分	一站整零车	车内所装货物不得少于货车标重的50%或容积的90%
	两站整零车	第一到站的货物不得少于货车标重的20%或容积的30%； 第二到站的货物不得少于货车标重的40%或容积的60%； 两个到站必须在同一径路上且距离不得超过250公里，但符合下列条件之一可以不受距离限制
	三站整零车	危零、笨零货物不够条件组织一站或两站整零车时可以组织同一径路上3个到站的整零车，但第一到站与第三到站的距离不得超过500公里
由上述两种方法的组合，则有一站（两站或三站）直达整零车和一站（两站或三站）中转整零车六种		

（三）集装箱运输

使用集装箱装运货物或运输空集装箱，称为集装箱运输（简称为集装箱）。集装箱运输不会损坏箱体，货物能装入箱内，适用于运输精密、贵重、易损的货物。凡适合集装箱运输的货物，都应按集装箱运输。集装箱运输作为一种先进的运输方式，因其本身具有其他交通运输方式不可替代的优势和特点，其发展前景极其广阔，是交通运输业的发展方向。

1．铁路集装箱货物运输要求

集装箱货物运输要求如下：

（1）应在铁路集装箱办理站办理运输业务。

（2）必须是适合集装箱装载运输的货物。

（3）必须符合一批办理的条件。

（4）由发货人、收货人负责装拆箱。

（5）必须由收货人确定重量。

2．铁路集装箱分类

（1）按箱型分类。铁路集装箱按箱型可分为：1吨箱、5吨箱、6吨箱、10吨箱、20英尺箱、40英尺箱，20英尺以上的称为大型集装箱。

（2）按箱主分类。铁路集装箱按箱主可分为：铁路集装箱、自备集装箱。

（3）按类型分类。铁路集装箱按类型可分为：通用集装箱、专用集装箱。

知识链接

除去整车、零担和集装箱运输以外，铁路货物运输还有各种专列：

（一）"五定班列"

1．"五定班列"是铁路运输按照管理规范化、运行客车化、服务承诺化、价格公开化的原则，迎合市场需求推出的新产品。"五定班列"具体的内容包括如下：

（1）定点：装车站和卸车站固定；

（2）定线：运输线固定；

（3）定车次：班列车次固定；

（4）定时间：货物发到时间固定；

（5）定运价：全程运输价格固定。

2．"五定班列"办理整车、集装箱和零担（仅限一站直达）货物，但不办理水陆联运、军运后付、超限限速运行货物和运输途中需加水或装运途中需加冰、加油的冷藏车的货物。与整车、集装箱和零担货物运输相比,"五定"班列有下述特点:

(1) 运行快速:日行 800 公里(单线 600 公里);
(2) 手续简便:一个窗口一次办理承运手续;
(3) 一次收费:明码标价,价格合理;
(4) 安全优质:保证运到时间,安全系数高。

(二)行邮专列、行包专列

1. 行邮专列(参见图 4-1)

行邮专列是铁道部和国家邮政局贯彻十六届三中全会精神,满足行业和社会物流发展需求,实施双方战略合作,于 2004 年 5 月 18 日共同推出的中国铁路有史以来最快的货运专列。2004 年 5 月 18 日随着中国铁路第五次大提速,全国铁路京哈、京沪、京广三大运输干线首度开行了北京—上海、北京—广州、北京—哈尔滨三对特快行邮专列。目前,利用行邮专列运输邮件和物流货物的战略合作伙伴主要有国家邮政局、北京中铁快运、远成集团、哈尔滨广滨快运有限公司。其满载率由开通时的 42%上升到目前的 90%以上,被越来越多的客户选择,创造了很好的经济效益和社会效益。

图 4-1 行邮专列

2. 行包专列(参见图 4-2)

行包专列是指按照旅客列车运输方式组织,使用专用货车编组,利用行包基地和客、货运站场、设备、整列装载包裹等小件货物的列车。行包专列分为跨铁路局和局管内的行包专列,当前共开行 14 对。2006 年 4 月 1 日前为单位的分散管理,2006 年 4 月 1 日起,由中铁快运集中统一管理。

图 4-2 行包基地

（四）铁路特种货物运输技术

铁路运输的货物中，有一部分具有危险、长大笨重、易腐、贵重等特点，它们对于装卸、运送和保管等作业有特殊要求，这类货物统称为特种货物。铁路特种货物一般可分为三大类，即危险货物、鲜活货物和阔大货物。

1．铁路危险货物运输技术

铁路运输中，把具有爆炸、易燃、毒害、腐蚀、放射性等物质，在运输装卸和储存保管过程中，容易造成人身伤亡和财产毁损而需要特别防护的货物，均称为危险货物。

1）危险货物的分类

我国《铁路危险货物运输管理规则》规定：具有燃烧、爆炸、腐蚀、毒害、放射线等性质，在运输过程中容易引起人身伤害和财产毁损而需要特殊防护的物品称为危险货物。《危规》把铁路运输的危险货物共分为9类。

（1）第一类：爆炸品。
- 有整体爆炸危险的物质和物品；
- 有迸射危险，但无整体爆炸危险的物质和物品；
- 有燃烧危险并有局部爆炸危险或局部迸射危险或两种危险都有，但无整体爆炸危险的物质和物品；
- 不呈现重大危险的物质和物品；
- 有整体爆炸危险的非常不敏感物质；
- 无整体爆炸危险的极端不敏感物品，属于这类物品的如爆破用电雷管、爆破用非电雷管、弹药用雷管、传爆管、点火引线、导爆索、行业用控制器等。

（2）第二类：易燃液体。属于这类危险品的货物有氯酸钾、高锰酸钾、漂粉精及硝酸铵化肥等。它们在不同条件下，受潮、强热、摩擦、冲击或者与酸类、还原剂、易燃有机物等接触，能引起燃烧和爆炸。

（3）第三类：压缩气体和液化气体。
- 易燃气体；
- 非易燃无毒气体；
- 毒性气体。

（4）第四类：易燃固体、自燃物品和遇湿易燃物品。属于这类危险品的货物如硫磺、黄磷、硝化纤维胶片、油布、油纸及其制品等。

（5）第五类：氧化剂和有机过氧化物。这类物品遇水或者潮湿空气能产生可燃烧气体和热量，引起燃烧。

（6）第六类：毒害品和感染性物品。

（7）第七类：放射性物品。

（8）第八类：腐蚀品。
- 酸性腐蚀性物质；
- 碱性腐蚀性物质；
- 其他腐蚀性物质。

（9）第九类：杂项危险物质和物品，指不包括第一至第八类危险性的物品。

- 危害环境的物质；
- 高温物质；
- 经过基因修改的微生物或组织，不属感染性物质，但可以非正常的自然繁殖结果的方式改变动物、植物或微生物物质。

以上危险品的分类是根据物品的主要性质划分的，有不少危险品同时具有多种危险性，既易燃，又有毒害性，更是不能忽视。

2）危险货物安全运输措施

铁路管理部门制定了承运方和托运方均必须遵循的条例。其范围涉及整个危险货物运输过程中各个方面，包括：危险货物包装和标志、危险货物托运和承运、装卸和运输、危险货物车辆调车、危险货物车辆编组和挂运等。

2. 铁路鲜活货物运输技术

鲜活货物是指在铁路运输过程中，需要采取制冷、加温、保温、通风、上水等特殊措施，以防止腐烂变质或病残死亡的货物。鲜活货物分为易腐货物和活动物两大类。易腐货物的运输设备包括冷藏车、冷藏集装箱、加冰所、制冰厂和机械冷藏车保温段等。

根据《鲜规》，鲜活货物分为以下两类。

（1）第一类，易腐货物：肉、鱼、蛋、奶、鲜水果、鲜蔬菜、冰、鲜活植物等，按其热状态又分为：

- 冻结货物；
- 冷却货物；
- 未冷却货物。

（2）第二类，活动物：禽、畜、兽、蜜蜂、活鱼以及鱼苗等。为了适应鲜活易腐货物对运输的特殊要求，防止该类货物在贮存、运输过程中腐烂、变质或病残死亡，铁路管理部门制定了《铁路鲜活货物运输规则》。该规则确定了易腐货物运输的基本条件，并对易腐货物装车与卸车、易腐货物车辆运行组织、加冰冷藏车的加冰作业以及一般活动物运输和蜜蜂运输等做出了具体详细的规定。

3. 阔大货物运输技术

在铁路运输中，一般把超限货物、超长货物和集重货物统称为阔大货物。阔大货物外形复杂、体积庞大、价格昂贵、对运送条件要求高，经由铁路运送时，不仅在车辆使用上要严格挑选，而且必须遵守《铁路货物装载加固规则》和《铁路超限货物运输规则》所规定的装载加固技术条件和其他各项规定。由于货物装载受到车辆的技术规格、铁路限界和运行条件等因素的影响，因此货物装载必须满足一定的基本要求，即装载货物的重量，不得超过货车容许载重量，并应合理地分布在车地板上，不得偏重；货物装载的宽度与高度，除超限货物外不得超过机车车辆限界和特定区段装载限制。

以超限货物为例，根据《超规》，装车后，在直线线路上停留时，货物的任何部位，在高度或宽度超过铁路机车、车厢的限界或经由特定区段超过装载限制时称为超限货物。在直线线路停留时虽不超限，但运行中通过半径为 300 米的曲线线路上计算内侧或外侧宽度仍然超限的亦称为超限货物。根据超限程度，分为一级、二级和超级超限。

货物装载限界图如图 4-3 所示。

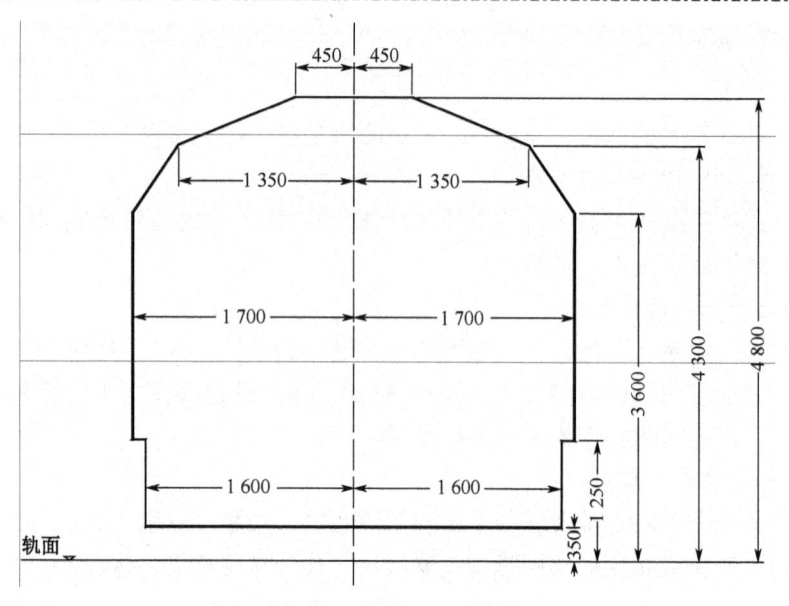

图 4-3 货物装载限界图

实践与练习 4-1　判断货物能否一批托运

判断下列货物能否按一批托运，并简要说明理由。

1．大米和土豆。
2．鞭炮和西药。
3．啤酒和书籍。
4．重 2.5 吨机床工件和电视机 5 台。
5．香料与茶叶。
6．长 16 米，重 42 吨箱装货物和土豆 10 袋。
7．白糖和煤油。
8．洗衣机 5 台（保价）和方便面 10 箱。

实践与练习 4-2　熟悉铁路干线

你知道有哪些主要的铁路交通路线吗？通过搜索和查阅资料，完成表 4-2 练习。

表 4-2　主要铁路交通线

铁路线名称	起始点	终点	跨越哪些省份

单元二　熟悉铁路运输设施设备

一、铁路运输基础设施

1．铁路线路设施

铁路线路是列车运行的基础。铁路线路是由路基、桥隧建筑物（包括桥梁、涵洞、隧道等）和轨道（包括钢轨、轨枕、联结零件、道床、防爬设备和道岔等）组成的一个整体工程结构，如图 4-4 所示。

图 4-4　铁路线路

（1）铁路等级。根据轨距，铁路分为 3 个等级，Ⅰ级、Ⅱ级、Ⅲ级，即宽轨、标准轨和窄轨三类。

（2）铁路线路的平面。包括直线和曲线，曲线又包括圆曲线和缓和曲线。

（3）铁路线路的纵断面。包括平道和坡道。

（4）路基与道碴。路基包括路堤和路堑。路堤（图 4-5）是路基设计标高高于地面标高，用土、石填筑而成的路基。路堑（图 4-6）是路基设计标高低于地面标高，通过挖掘而形成的路基。道碴是指铺设于路基上的碎石。

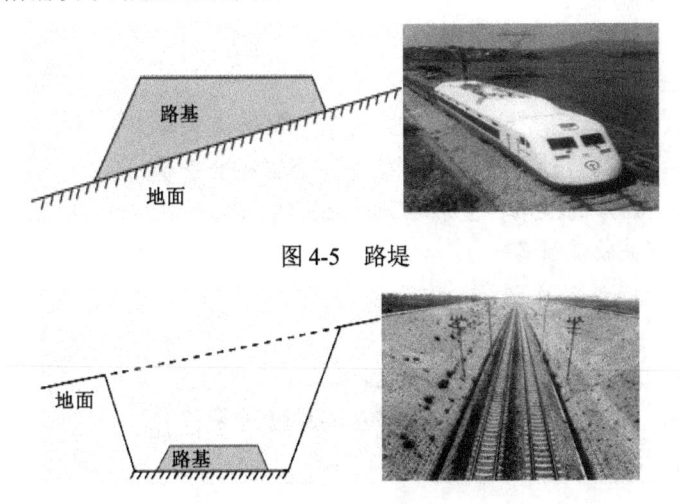

图 4-5　路堤

图 4-6　路堑

（5）钢轨与轨枕。钢轨分为 3 个等级：质量为 31～40 千克的轻型钢轨；质量为 45～57.5

千克的中型钢轨；质量为50～69千克的重型钢轨；轨枕分为木枕、钢枕及混凝土枕3种。

（6）道岔。通过道岔列车可驶向其他路线。

（7）限界。限界主要包括机车车辆限界和建筑接近限界。

2. 铁路车站设施

车站是铁路运输的基层生产单位。车站除了办理旅客、货物运输作业外，还要办理列车运行作业。

（1）根据车站所担负的任务量和在国家政治上、经济上的地位，共分为6个等级，即特等站、一、二、三、四、五等站。

（2）按技术作业性质的不同，车站可分为中间站、区段站和编组站。编组站和区段站统称为技术站。

（3）按业务性质，车站分为货运站、客运站和客货运站。

知识链接

1. 中间站

① 中间站的物流作业

a. 行李、包裹的承运、保管、装卸与交付；

b. 货物的承运、保管、装卸与交付；

c. 接发列车作业（包括接车、发车和通过列车）；

d. 摘挂列车的车辆摘挂作业，以及向货物线、专用线取送车辆的调车作业。

② 中间站的物流设备

a. 行包房；

b. 货运设备，包括场库设备、装卸机具和货运室等；

c. 站内线路，包括到发线、牵出线和货物线等；

d. 信号及通信设备。

2. 区段站

① 区段站的物流作业

a. 行李、包裹的承运、保管、装卸与交付；

b. 货物的承运、保管、装卸与交付；

c. 运转作业，包括接发、解体、编组列车，取送调车等；

d. 机车业务，包括换挂机车，机车整备、修理和检查等；

e. 车辆业务，列车的技术检查和车辆的检修。

② 区段站的有关物流设备

a. 货运设备。

b. 运转设备。

c. 机务设备，包括机务段或机务折返段。

d. 车辆设备，包括车辆段、列车检修所和站修所等。

e. 信号及通信设备。

3. 编组站

其任务有：解编各类货物列车，组织和取送本地区车流，供应列车动力、整备检修机车，货车的日常技术保养等。

4. 货运站与货场

① 货运站

货运站办理的主要作业有运转作业和货运作业。有的货运站还办理机车整备作业、车辆洗刷消毒作业、冷藏车的加冰作业与客运作业。货运站按其办理的货物种类与服务对象可分为综合性货运站和专业性货运站。

② 货场

铁路货场是办理货物承运、装卸、保管和交付作业的场所，也是铁路与地方短途运输相衔接的地方。

铁路货场按办理的货物种类可分为综合性货场和专业性货场；按办理的货运量可分为大型货场、中型货场和小型货场；按办理的货运作业可分为整车货场、零担货场、集装箱货场和兼办整车、零担与集装箱作业的货场；按线路配置图型又可分为尽头式货场、通过式货场和混合式货场。

货场设备主要包括：

a. 货场配线；
b. 场库设备；
c. 装卸机械设备；
d. 制冰、储冰和加冰、加盐设备；
e. 货车洗刷、除污设备；
f. 牲畜装卸及饮水设备。

二、铁路运输基础设备

1. 通信信号设备

（1）信号设备。铁路信号设备是铁路信号、联锁、闭塞等设备的总称。铁路信号有红、黄、绿 3 种基本颜色，其代表意义如下：

- 红色——停车；
- 黄色——注意或减速行驶；
- 绿色——按规定速度行驶。

（2）通信设备。通信设备是指挥列车运行、组织运输生产及进行公务联络等的重要工具。

2. 铁路机车车辆设备

（1）机车。机车通常分为 3 类，如表 4-3 所示。

表 4-3　3 类机车比较表

项目/形式	构造与造价	运行速度	马力	热能效率	空气污染度	维护难易度
蒸汽机车	简单、低廉	最小	最小	最低	最严重	容易
内燃机车	复杂、较高	较高	较大	较高	轻微	困难
电力机车	复杂、较高	最高	最大	最高	没有	容易

（2）车辆。铁路车辆可分为行李车、客车、货车及特种用途车，如表 4-4 所示。其中货车包括通用货车、专用货车和长大货物车等。通用货车指能装运多种货物的车辆，如棚车、敞车、平车等。专用货车指专供装运某些种类货物的车辆，如家畜车、罐车、保温车、水泥车、集装箱车等。长大货物车指专供运送特大、特重、特长货物的车辆，如长大平车、

落下孔车、凹底平车、钳夹车等；按载重量分，长大货车有50吨、60吨、75吨、90吨等多种，我国目前是以60吨车为主。特种用途车，如检衡车、发电车、救援车、扫雪车等。

表4-4 铁路货车的车种、用途与特点

车辆类型		基本型号	用途
通用货车	冷藏车（保温车）	B	用于装运鱼、肉、水果、蔬菜等鲜活易腐货物
	敞车	C	用于运送煤炭、矿石、钢材等不怕湿的货物（必要时，在顶部加盖防水篷布，可装运怕湿货物）
	罐车	G	用于装运油、酸、水等各种液体、液化气体及粉状货物
	平车	N	用于运送钢材、木材、汽车、机器等体积较大或重量较大的货物，也可借助集装箱装运其他货物；有的平车装有活动墙板也可用来装运矿石等散粒货物
	棚车	P	用于运送日用品、仪器等贵重和怕晒、怕湿的货物
专用货车	专用敞车	C	用于装运块粒状货物且采用机械化方式装卸
	家畜车	J	用于运送活家畜、家禽等的专用车
	漏斗车	K	用于装运块粒状散装货物，如矿石、粮食、煤炭等
	水泥车	U	用来运送散装水泥的专用车
	专用平车	SQ，X	运送小汽车（型号为SQ）与集装箱（型号为X）的平车

实践与练习 4-3　选择合适的铁路车辆

请为下列货物选择合适的铁路车辆类型及铁路运输种类：

1．长沙泉塘农化资料有限公司预备2012年12月12号经长沙北站托运尿素（化肥）960件，60吨，发往郑州西站，价值7.5万元，收货人：郑州宁明股份有限公司。保价运输。

2．长沙泉塘金属材料有限公司预备于2012年12月22号经长沙北站托运钢坯，每次48件，120吨，发往太原东站，价值25万元，收货人：太原金属材料有限公司，保价运输。

3．2013年2月3日，济南中迪服饰实业有限公司在青岛购得一批针织内衣，价值10万元，交由青岛火车站运抵济南火车站。货物用袋装，共2000件，每件约重27.5千克，报价运输。

4．2012年9月16日，四川宜宾果品供销社组织了一批香梨，共260件，重36吨，价值62000元，交由宜宾火车站发往重庆火车站，收货人是南乐批发市场。

单元三　铁路货物运输费用计算

一、铁路货物运到期限的计算

铁路承运货物的期限从承运货物的次日起按下列规定计算：货物运到期限按日计算。起码日数为3天，即计算出的运到期限不足3天时，按3天计算。运到期限由下述3部分组成：

1．货物发送期间（$T_发$）为1天。

2．货物运输期间（$T_运$）：普通货物运输以每250运价公里或其未满按1天计算；按快运办理的整车货物以每500运价公里或其未满按1天计算。

3. 特殊作业时间（$T_{特}$）是为某些特殊货物在运输途中进行作业所规定的时间：

① 需要中途加冰的货物，每加冰 1 次，另加 1 天。

② 零担货物和 1 吨、5 吨、6 吨集装箱货物运价里程超过 250 公里的另加 2 天，超过 1000 公里的按另加 3 天计算。

③ 单件质量超过 2 吨、体积超过 3 立方米或长度超过 9 米的零担货物另加 2 天。

④ 整车分卸货物，每增加 1 个分卸站，另加 1 天。

⑤ 准、米轨间直通运输的整车货物，另加 1 天。

需要注意的是：五项特殊作业时间应分别计算，当一批货物同时具备几项时，应累计相加计算，即

货物运到期限（T）的计算公式为：$T=T_{发}+T_{运}+T_{特}$

铁路货物运到逾期是指铁路运输货物的实际运到天数超过规定的运到期限。

若铁路运输货物运到逾期，不论收货人是否因此受到损害，铁路部门均应向收货人支付违约金。违约金的支付根据逾期天数按承运人所收运费的百分比进行支付违约金。

超限货物、限速运行的货物、免费运输的货物以及货物全部灭失时，若运到逾期，承运人不支付违约金。

从承运人发出催领通知的次日起（不能实行催领通知或会同收货人卸车的货物为卸车的次日起），如收货人于 2 天内未将货物搬出，即失去要求承运人支付违约金的权利。

货物在运输过程中，由于不可抗力（如风灾、水灾、雹灾、地震等）、托运人的责任致使货物在途中发生换装或整理、托运人或收货人要求运输变更以及其他非承运人的责任之一造成的滞留时间，应从实际运到天数中扣除。

二、铁路货物运输费用计算

铁路货物运输费用是铁路运输企业所提供的各项生产服务消耗的补偿。其运价和杂费由原铁道部拟定后，经国务院批准后执行。

1. 铁路货物运输费用核收依据

计算铁路货物运输费用依据的基本规章是《铁路货物运价规则》（简称《价规》）及其附件，它规定了计算货物运输费用的基本条件，各种货物运输使用的运价号、运价率，各种杂费的核收办法、费率及运价里程的计算方法等。铁路货物运输的承运人、托运人、收货人必须遵守《铁路货物运价规则》，铁路营业线的货物运输，除军事运输、水陆联运、国际铁路联运过境运输及其他另有规定者外，均要按照该运价规则计算货物的运输费用。

《铁路货物运价规则》包含"铁路货物运输品名分类与代码表"、"铁路货物运输品名检查表"、"铁路货物运价率表"及"货物运价里程表"4 个附件。

另外，该运价规则包含 3 个附录：附录一为《铁路电气化附加费核收办法》；附录二为《新路新价均摊运费核收办法》；附录三为《铁路建设基金计算核收办法》。3 种费用的计算公式为：

$$\left.\begin{array}{r}电气化附加费\\均摊运费\\建设基金\end{array}\right\}=费率\times 运价里程\times 计费质量（或轴数、箱数）$$

2. 铁路货物运输费用的计算程序

（1）按《货物运价里程表》计算出发站至到站的运价里程。

（2）整车、零担货物根据运单上填写的货物名称查找《铁路货物运输品名分类与代码表》和《铁路货物运输品名检查表》确定出适用的运价号。

（3）整车、零担货物按货物适用的运价号，集装箱货物根据箱型，冷藏车货物根据车种分别在《铁路货物运价率表》中查出适用的发到基价和运行基价。

（4）根据货物名称、运输种别、货物质量与体积在《价规》中确定计费质量。

（5）货物适用的发到基价加上运行基价与货物的运价里程相乘后，其积再与确定的计费重量（集装箱为箱数）相乘计算运费，公式如下：

整车货物运费=（发到基价+运行基价×运价里程）×计费质量
零担货物运费=（发到基价+运行基价×运价里程）×计费质量/10
集装箱货物运费=（发到基价+运行基价×运价里程）×箱数

（6）计算杂费和其他费用。铁路货物运输杂费是指铁路运输企业向托运人、收货人提供的辅助作业、劳务以及托运人或收货人额外占用铁路设备、使用用具、备品所发生的各项费用，分为货运营运杂费，延期使用运输设备、违约及委托服务杂费，租占用运输设备杂费三类。三大类杂费按从杂费率表中查出的各自项目的费率与规定的计算单位相乘来计算。凡不满一个计算单位的各项杂费，均按一个计算单位计算（另有规定者除外）。

铁路货物运输可能发生的其他费用包括铁路建设基金、电气化附加费、新路新价均摊运费、加价运费、保价运输和代收款（印花税）等费用。

知识链接

有时候我们会看到集装箱运输一口价这个专有名词。集装箱运输一口价是指集装箱自进发站货场至出到站货场铁路运输全过程各项价格的总和，除了包含铁路基本运价、建设基金、新路新价均摊运费、电气化附加费、特殊运价、杂费等所有符合国家规定的运价和收费以外，还包括门到门运输取空箱、还空箱的站内装卸作业，专用线取送车作业，港站作业的费用和经铁道部确认的集资货场、转场货场费用。集装箱运输一口价中不包括下列费用：①要求保价运输的保价费用；②快运费；③委托铁路装掏箱的装掏箱综合作业费；④专用线装卸作业的费用；⑤集装箱在到站超过免费暂存期间产生的费用；⑥托运人或收货人责任发生的费用。

下列运输不适用集装箱一口价，仍按一般计费规定计费：

（1）集装箱国际铁路联运；

（2）集装箱危险品运输（可按普通货物条件运输的除外）；

（3）冷藏、罐式、板架等专用集装箱运输。

知识链接

为促进铁路持续健康发展，中华人民共和国国家发展和改革委员会和原铁道部（现中国铁路运输总公司）决定自2012年5月20日起，适当调整国铁货物统一运价，取消新疆、青海、西藏地区货物运输特殊运价和临管运价，进一步规范铁路货运收费秩序。现将部分调整事项及附表公布如下（表4-5和表4-6）：

一、国家铁路货物统一运价平均每吨·公里提高0.01元，即由现行平均每吨·公里0.1051元提高到0.1151元。其中，运营价格由平均每吨·公里0.0721元提高到0.0821元，铁路建设基金维持现行标准不变。

二、兰新铁路西段（乌西—阿拉山口）、青藏铁路格拉段（格尔木—拉萨）以及南疆铁路（吐鲁番—喀什）货物运输执行国铁货物统一运价。对经兰新铁路由内地运往新疆的玻璃、钢材、铝材，以及由新疆运往内地的纺织品，在红柳河至乌鲁木齐段免收铁路建设基金。

三、取消铁路货物运输延伸服务中的"发送综合服务"和"到达综合服务"两项收费。铁路多种经营企业（含其参股企业）不得对化肥、农药、磷矿石、粮食、棉花等货物从事铁路运输代理服务，不得对以上货物收取代理服务费。

四、铁路运输企业和多种经营企业要严格执行铁路运输价格和收费政策，不得以任何理由、任何名义继续收取或变相收取国家明令取消的各项收费，不得擅自设立收费项目，提高收费标准。提供相关服务时，必须坚持货主自愿原则，不得强制服务，强行收费。不得违反合同约定内容减少服务内容，降低服务标准。

表4-5 铁路货物运输品类与代码表（部分）

货物品名	运价号 整车	运价号 零担
磷矿石、磷精矿、磷矿粉	1	21
矿渣、钼矾土、砂、石料、砖、水渣、铁矿石、石棉、石膏、草片、石灰石、耐火黏土、金属矿石	2	21
粮食、稻谷、大米、大豆、粮食种子、食用盐、非食用盐、小麦粉、拖拉机、盐卤	4	21
麻袋片、化学农药、籽棉、石棉制品	2	22
活（禽、猪、羊、狗、牛、马）蜜蜂、养蜂器具	4	22
棉胎、絮棉、旧棉、木棉	4	22
煤炭、焦炭、生铁	4	21
氧化铝、氢氧化铝、酱腌菜	4	22
鲜冻肉、鲜冻水产品、鲜蔬菜、树苗、烟叶、干蔬菜、电极糊、放射性矿石	4	22
钢锭、钢坯、钢材、钢轨、有色金属、水泥、水泥制品、金属结构及构件	5	21
石制品、玻璃、装饰加工板、胶合板、树蜡、塑料、食糖、鲜冻蛋、鲜冻奶、死禽、死兽、鲜瓜果、奶制品、肉制品、蛋制品、罐头、花卉、油漆、颜料、涂料、橡胶轮胎、调味品、酒、膨化食品、卷烟、纸及纸板、中成药	5	22
金属工具、塑料薄膜、洗衣粉、牙膏、搪瓷制品、肥皂、化妆品	5	22
洗衣机	6	21
电冰箱、电子计算机及其外部设备	6	22
工业机械、医疗器械、自行车、汽车、仪器、仪表、电力设备、灯泡、灯管、电线、电缆、电子管、显像管、磁带、电视机、钟、表、定时器、衡器	6	22
原油、汽油、煤油、柴油、润滑油、润滑脂	6	22
挂运与自行的铁道机车、车辆及轨道机械	6	22

表4-6 铁路货物运价率表

办理类别	运价号	基价1 单位	基价1 标准	基价2 单位	基价2 标准
整车	1	元/吨	8.50	元/吨·公里	0.071
整车	2	元/吨	9.10	元/吨·公里	0.080
整车	3	元/吨	11.80	元/吨·公里	0.084

续表

办理类别	运价号	基价 1		基价 2	
		单位	标准	单位	标准
	4	元/吨	15.50	元/吨·公里	0.089
	5	元/吨	17.30	元/吨·公里	0.096
	6	元/吨	24.20	元/吨·公里	0.129
	7			元/轴·公里	0.483
	机械冷藏车	元/吨	18.70	元/吨·公里	0.131
零担	21	元/10千克	0.188	元/10千克·公里	0.0010
	22	元/10千克	0.263	元/10千克·公里	0.0014
集装箱	20英尺箱	元/箱	449.00	元/箱·公里	1.98
	40英尺箱	元/箱	610.00	元/箱·公里	2.70

以上铁路货物运输运价率 2014 年 2 月 14 日起执行

资料来源：铁路客户服务中心 12306.cn/mormhweb/nyfw/

实践与练习 4-4　计算货物运到期限

1．牡丹江站承运到乌鲁木齐站零担货物一件，重 5000 千克，已知运价里程为 5055 公里，请计算该件货物运到期限。

2．北京广安门车站到石家庄车站运价里程是 274 公里，现有零担货物一件，重 2300 千克，计算运到期限。

3．某托运人欲从甲站托运一批易腐货物到乙站（运价里程为 1293 公里，途中不加冰），托运人在运单"托运人记载事项"栏目中注明"允许运输期限 4 天"。甲站可否承运？为什么？

实践与练习 4-5　计算铁路运输费用

计算以下铁路货物运输的运费。

1．某托运人从安阳托运 1 台机器，重 26 吨，使用 60 吨货车一辆装运至徐州北，计算其运费。

2．2013 年 2 月 20 日，托运人福建省平和县果品食杂公司给收货人商贸公司从上海铁路局萧山站发运柑橘 1 车，到站是乌鲁木齐站，件数 5100 件，货物重量 50 吨，货主自行装卸。计算这批柑橘的运费。

3．2012 年 6 月 19 日，托运人广东省物资储运公司在广州东站托运甘油，收货人是上海宏隆实业有限公司。货物运单记载，货物是甘油，共 240 件，铁桶包装。货物装入 P632697 号 60 吨篷车，由托运人自装自锁，施封号码 0276 号，托运人确定重量 60 吨。计算这批货物的运费。

4．宋某 2012 年 9 月 16 日由哈尔滨站托运零担货物，货物品名为豆饼，250 件，18 吨，货物实际价值 17 万元，均用麻袋包装，收货人为石家庄红星饲料试验厂，用篷车装运。计算这批零担货物的运费。

5．托运人李某与济南铁路局于 2012 年 8 月 31 日签订运输合同一份。货物是 1500 箱苹果，纸箱包装，承运人运输期限6天，到达站为南京西站，收货人为李某本人。济南铁路局配给李某篷车1辆，货车标记载重量45吨。李某自行装车，装苹果2700箱，货物标明"鲜活易腐"，9月1日18时挂有该篷车的111次列车从济南车站出发。计算这批货物的运费。

单元四　熟悉铁路运输相关管理机构及法律法规

一、铁路运输相关管理机构

原中华人民共和国铁道部是中华人民共和国铁路事务的最高主管机关，是中华人民共和国国务院的组成部门之一。2013年3月，根据第十二届全国人民代表大会第一次会议审议的《国务院关于提请审议国务院机构改革和智能转变方案》的议案，铁道部拆分实行铁路政企分开。

根据国务院机构改革和职能转变方案，国务院组建国家铁路局和中国铁路总公司，隶属国家交通部。

1．中国铁路总公司——铁路运输管理

中国铁路总公司统一调度指挥铁路运输，实行全路集中统一管理，确保铁路运营秩序和安全，确保重要运输任务完成，不断提高管理水平，为人民群众提供安全、便捷、优质的服务。

中国铁路总公司下属（广州铁路集团公司为直属）的铁路局和铁路公司共有18个，按中国铁路系统的传统排序，如表4-7所示。

表4-7　中国铁路总公司下属铁路局

序　号	铁路局名称	所　在　地
1	哈尔滨铁路局	黑龙江省哈尔滨市
2	沈阳铁路局	辽宁省沈阳市
3	北京铁路局	北京市海淀区
4	太原铁路局	山西省太原市
5	呼和浩特铁路局	内蒙古呼和浩特市
6	郑州铁路局	河南省郑州市
7	武汉铁路局	湖北省武汉市
8	济南铁路局	山东省济南市
9	上海铁路局	上海市闸北区
10	南昌铁路局	江西省南昌市
11	柳州铁路局	广西省柳州市
12	昆明铁路局	云南省昆明市
13	成都铁路局	四川省成都市
14	西安铁路局	陕西省西安市
15	兰州铁路局	甘肃省兰州市
16	乌鲁木齐铁路局	新疆自治区乌鲁木齐市
17	青藏铁路局	青海省西宁市
18	广州铁路（集团）公司	广东省广州市

2. 国家铁路局

国家铁路局，由交通运输部管理，承担铁道部的其他行政职责，负责拟订铁路技术标准，监督管理铁路安全生产、运输服务质量和铁路工程质量等。

> **知识链接**

中国铁路总公司成立后首项改革——铁路货运改革正式启动

2013年6月15日，中国铁路货运改革正式启动。这是中国铁路总公司成立后推出的首项改革，旨在实现铁路运输组织由内部生产型向市场导向型转变，并以此为突破口，推动铁路运输整体改革，加快建立符合市场经济要求的铁路运输管理体制和运行机制，提高铁路运输质量和效益。

据介绍，这次铁路货运组织改革，是对以往货运组织工作的全面改造，内容主要包括4大方面：

一是改革货运受理方式。通过简化手续、拓宽渠道、敞开收货，为广大客户提供最直接、最简便、最快捷的服务。

所谓简化手续，就是取消货运计划申报、请求车、承认车等繁杂手续，客户只要提出运输需求，铁路客服人员就会直接帮助客户办理完成货运手续，客户无需再联系其他部门和人员。

拓宽渠道是指客户可以选择电话、网络等多种方式联系发货。铁路改革从方便客户出发，推出了五种方式办理发货，一是拨打12306铁路客服电话，二是直接登录中国铁路客服中心（www.12306.cn）网站，三是直接拨打所在地的铁路货运站受理电话，四是到货运站场营业厅直接办理发货，五是直接由铁路营销人员上门服务，帮助办理发货。客户可以自由选择，足不出户就可以办理发货，再也不用为提前提订单而烦恼。

敞开收货是指铁路对煤炭、石油等大宗稳定货物，通过协议运输方式给予运力保障；对工业机械、电子电器、日用百货等其他货物，客户随时提出需求，铁路随时受理，做到随到随办。

二是改革运输组织方式。根据客户的运输需求编制运输计划，及时安排装运，提高运输效率。

三是清理规范货运收费。对所有收费实行"一口报价、一张货票核收"，做到所有收费严格执行国家的运价政策，坚持依法合规、公开透明收费，靠铁路的运价优势赢得市场。

四是大力发展铁路"门到门"全程物流服务。构建"门到门"接取送达网络，实现"门到门"全程"一口价"收费，推动铁路货运加快向现代物流转变。（以上资料来源：人民网http://politics.people.com.cn/n/2013/0616/c1001-21851529.html）

二、铁路运输相关法律法规

1. 国内法律法规

铁路运输方面的国内法律法规主要有：

- 《中华人民共和国铁路法》
- 《铁路货运事故处理规则》

- 《铁路货物运输杂费管理办法》
- 《铁路货物运输管理规则》

2．国际公约

国际公约主要有：
- 《国际铁路货物联运协议》
- 《铁路货物运输国际公约》

在货物办理运输手续前，承运人和收货人或托运人要按照相关法律法规制定铁路运输合同。铁路货物运输合同是指铁路承运人根据托运人的要求，按期将托运人的货物运至目的地，交与收货人的合同。可分为整车货物运输合同和零担货物运输合同。

合同中应规定迟延交货的责任。如果迟延交付货物造成收货人或托运人经济损失，承运人应当赔偿所造成的经济损失。承运人逾期 30 日仍未将货物交付收货人的，托运人、收货人有权按货物灭失向承运人要求赔偿。

知识链接

我国与俄罗斯、蒙古、朝鲜、越南等邻国的通商货物，相当大一部分是通过国际铁路运输的。由于我国是《国际铁路货物联运协定》的缔约国，在办理国际铁路货物运输时要遵守该公约的规定。由于跨越国境的原因，物流企业经常作为托运人与铁路承运人签订货物运输合同，由后者去完成运输。

阅读理解

甲托运人将 2 万吨优质煤炭交乙铁路承运人运输 2000 公里。运输至 1000 公里时，因突发未有预报的罕见的洪水冲击铁路，使该 2 万吨煤炭灭失。承运人已经运输了 1000 公里，能否要求甲方承担 1000 公里的运费？

答：货物在运输过程中因不可抗力灭失，损失由双方当事人分担，托运人承担货物的损失，承运人承担运费的损失，因此承运人不能要求甲方承担 1000 公里的运费。

实践与练习 4-6　解决铁路运输纠纷

甲公司委托乙厂加工了一台×型设备，双方约定：由乙方办理托运，交某铁路分局承运，运费由乙厂先行支付，待甲公司收到设备后支付货款时一并结清。乙厂按合同约定将设备交某铁路分局承运，但一直未付运费。后甲公司的一批电脑由该铁路分局承运，甲公司职员去取该批货物时，某铁路分局扣住不给，要甲公司付清运费再运走。甲公司职员出示了运费付讫的单据，某铁路分局管理员说，不是这笔钱，上次托运×型设备，货拿走好几个月，运费至今未付清，我们要行使留置权。

（1）本文中涉及哪几种民事法律关系？
（2）在货运合同中，托运人不履行债务，承运人能否行使留置权？
（3）本文中的某铁路分局能否行使留置权？为什么？
（4）本文中×型设备运费的支付人是谁？

实践操作

> 学习目标

1．掌握铁路货物运输的业务组织流程。
2．掌握货物保险的类型和索赔处理。
3．了解铁路特殊货物运输的流程。

> 学习任务

1．能够运用铁路运输六要素制定运输方案。
2．能够根据货物选择承运人。
3．能够根据货物填写运单。
4．能够办理托运手续。
5．能够合理办理保险索赔。

铁路货物运输的组织流程如图 4-7 所示。

托运人发送作业 → 提出货物运输服务订单 → 填写货物运单 → 办理托运交货装车 → 交付运输费用 → 将领货凭证递交收货人

图 4-7　铁路货物运输的组织流程

操作一　托运人发送作业

铁路运输任务 4-1：王小成的烦心事

王小成到一家物流公司应聘，公司老板来面试，出了一道题，王小成傻眼了……

物流公司需要通过铁路发运的物资如表 4-8 所示，问题是该找铁路哪家公司或车站？

表 4-8　需要通过铁路发运的物资

种　　类	重　量　体　积	目　的　地
线材（图 4-8）	60t	长沙到成都
四十英尺（毛巾）集装箱	1 个	长沙到深圳
计算机零配件纸箱	50cm×36cm×50cm（5 个）	长沙到上海
速冻水饺	20t	长沙到郑州

你能替他回答吗？

图4-8 线材

一、分清货物性质——铁路货物的分类

(1) 按品类分：28个品类。
(2) 按货物的外部条件分：成件货物、大件货物与散堆装货物。
(3) 按运输条件分：按普通条件运输的货物；按特殊条件运输的货物有危险货物、鲜活货物、超限货物。

二、选择铁路承运人

承担我国境内铁路货物运输的公司如图4-9所示。

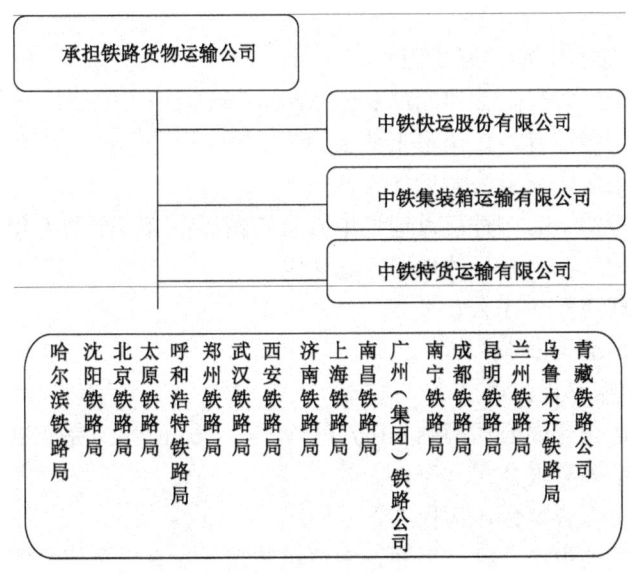

```
承担铁路货物运输公司
├── 中铁快运股份有限公司
├── 中铁集装箱运输有限公司
├── 中铁特货运输有限公司
└── 青藏铁路公司、乌鲁木齐铁路局、兰州铁路局、昆明铁路局、成都铁路局、南宁铁路局、广州（集团）铁路公司、南昌铁路局、上海铁路局、济南铁路局、武汉铁路局、西安铁路局、郑州铁路局、呼和浩特铁路局、太原铁路局、北京铁路局、沈阳铁路局、哈尔滨铁路局
```

图4-9 我国境内铁路货物运输的公司

> 知识链接

什么是快运？
为加速货物运输，提高货物运输质量，铁路部门在主要铁路干线上开行了快运货物列车（简称快运）。

（一）快运的类型
货物的快运分为必须按快运办理和按托运人要求办理2种。

1. 凡郑州、广州、上海铁路局指定的车站承运至深圳北站的整车鲜活货物，必须按快运办理。

2. 除不宜按快运办理的煤、焦炭、矿石、矿建等品类的货物外，托运人托运的整车、集装箱、零担货物，只要托运人要求快运，经铁路部门同意，可按快运办理。

（二）办理手续

托运人按快运办理的货物，应在铁路货物运输服务订单内用红色戳记或红笔注明"快运"字样。经批准后，向车站托运货物时，须提出快运货物运单，车站填写快运货票。

实践与练习 4-7　选择合适的承运人

1. 为铁路运输任务 4-1 中的货物选择合适的铁路承运人，并说明理由。
2. 熟悉中铁快运股份有限公司并回答下列问题

登录中铁快运物流网网站 http://www.cre.cn/jsp/index.jsp，完成以下任务：

（1）中铁快运股份有限公司是干什么的？
（2）中铁快运股份有限公司可以运什么货？
（3）前面 4 种货物中哪一种可以通过中铁快运股份有限公司办理？
（4）长沙有受理机构吗？目的地可以送达吗？
（5）业务的办理流程是什么？
（6）业务费用标准是多少？

3. 熟悉中铁集装箱运输有限公司

登录中铁集装箱运输有限公司网站 http://www.crct.com/，完成以下任务：

（1）中铁集装箱运输有限公司是干什么的？
（2）中铁集装箱运输有限公司运什么？
（3）前面 4 种货物中哪一种可以通过中铁集装箱运输有限公司办理？
（4）长沙有受理机构吗？目的地可以送达吗？
（5）业务的办理流程是什么？
（6）业务费用标准是多少？

4. 中铁特货运输有限公司

登录中铁特货运输有限公司网站 http://www.crscsc.com.cn/，完成以下任务：

（1）中铁特货运输有限公司是干什么的？
（2）中铁特货运输有限公司运什么？
（3）前面四种货物中哪一种可以通过中铁集装箱运输有限公司办理？
（4）长沙有受理机构吗？目的地可以送达吗？
（5）业务的办理流程是什么？
（6）业务费用标准是多少？

需要注意的是：无论选择哪个运输公司，最后都是由铁路部门下属 18 家铁路局（或公司）承运将货物输送给收货人。

5. 铁路总公司

登录中国铁路总公司网站 http://www.china-railway.com.cn/，完成以下任务：

（1）中国铁路总公司的组织机构？

（2）中国铁路总公司的货运相关制度和规定？
（3）中国铁路总公司 2013 年的货运量统计数据？

操作二　铁路货物运输订单的填写和提报

铁路运输任务 4-2：

长沙湘星丰香粮油购销有限公司预备 2013 年 12 月 10 号经长沙东站托运大米 1200 袋，60 吨，发往广州北站，中央储备粮广州直属库专用线卸车。收货人：必胜粮油有限公司广州分公司。采用保价运输。要求 7 天内必须到货。

长沙湘星丰香粮油购销有限公司
联系地址：湖南省长沙市长沙县金井镇金长路 245 号
邮政编码：410100　　联系电话：0731-6202178
传真号码：0731-6204238
必胜粮油有限公司广州分公司
联系地址：广东广州市白云区增槎路东旺食品批发市场北排 13-15 档
邮政编码：510000　　联系电话：81762317
传真号码：020-81998966
大米 60 吨价值 18 万元，包装采用塑料编织袋。单件 0.06 立方米

知识链接

铁路货物运输有关订单流程你知多少

铁路货物运输订单分为铁路货物运输服务订单和铁路货运延伸服务订单。

（一）铁路货物运输服务订单

货物运输服务订单在铁路运输企业办理货物运输和运输服务时使用，是铁路货物运输合同的组成部分，分为整车货物运输和零担、集装箱、班列运输 2 种。

铁路整车货物运输服务订单（以下简称订单）是托运人和承运人双方关于铁路货物运输的要约和承诺。它主要包括货物运输的时限、发站、到站、托运人、收货人、品名、车种、车数、吨数等以及相关的服务内容。订单取代了传统的要车计划表，使承、托运人双方的权利、义务和责任更加明确，使用更加方便。

整车货物订单一式两份，由托运人正确填写，内容完整，字迹清楚，不得涂改。铁路货运计划人员受理，并经审定合格后加盖人名章，返还托运人 1 份，留存 1 份。与铁路联网的托运人，可通过网络直接向铁路提报订单。

托运人可随时向装车站提报订单。铁路部门随时受理，随时审定。对于大宗稳定、能够提前确定运输的物资，托运人可以在每月的 19 日前将订单提报给装车站，铁路部门将其纳入次月计划，进行集中审定，以便统一安排，重点保证。对抢险救灾和紧急运输物资的订单，则随时受理，立即审定，在运输上优先保证。对运力宽松方向的订单敞开受理，由计算机系统自动审定。托运人根据自己的实际情况可任意选择订单的提报时间和方式，铁路运输部门尽力满足托运人的不同需要。审定后的订单当月有效，不办理运输变更。

订单的审定结果，铁路装车站要及时通知托运人。托运人根据订单审定的车数、到站

等内容按实际需要向车站提出装车请求，并同时做好装车准备，将货物搬入车站或自己选择的专用线。

零担、集装箱、班列运输服务订单是指托运人在办理零担、集装箱、班列货物运输时，将填写好的零担、集装箱，班列服务订单一式两份，提报给装车站，车站随时受理并根据货场能力、运力，安排班列开行日期和在订单上加盖车站日期戳，交与托运人1份，留存1份。铁路部门据此安排运输，并通知托运人将货物搬入仓库或集装箱内。

（二）铁路货运延伸服务订单

铁路货运延伸服务订单为铁路内外从事铁路货运延伸服务的经营者办理货物运输延伸服务时使用，主要包括托运人自愿选择的服务项目和延伸服务经营者的报价等内容。

托运人（或委托人）有延伸服务要求的，向延伸服务经营者提出铁路货运延伸服务订单（一式两份）。延伸服务经营者按托运人所提要求，依照物价部门审批的收费项目及标准，计算各项收费并填写报价金额。托运人对报价无异议时，延伸服务经营者在订单上加盖业务专用戳记，交与托运人1份，留存1份。

货物运输服务订单及货运延伸服务订单的各项服务内容，由托运人（或委托人）自愿选择。在同一批货物运输中，铁路部门和延伸服务经营者不得进行相同的服务项目，重复收费。

（资料来源：中国物流与采购网 http://www.chinawuliu.com.cn/zhxw/201303/16/214769.shtml）

一、分清服务订单性质

在整车货物运输中，运输合同分为大宗物资铁路货物运输合同和其他整车铁路货物运输合同2种。

1. 大宗物资铁路货物运输合同

大宗物资铁路货物运输合同=年度、半年度、季度签订的货物运输合同（预约合同）+货物运单（承运合同）。

大宗物资有条件的可按年度、半年度或季度签订货物运输合同，也可以签订更长期限的运输合同；经双方在合同上签认后，合同即告成立。托运人在交运货物时，还应向承运人按批提出货物运单，作为运输合同的组成部分。承运人在托运人提出的货物运单上加盖车站日期戳后，合同即开始生效。

2. 其他整车铁路货物运输合同

其他整车铁路货物运输合同=铁路货物运输服务订单（整车）（预约合同）+货物运单（承运合同）。

其他整车货物运输应按月签订运输合同。按月度签订的运输合同，就是铁路货物运输服务订单（整车）。托运人在交运货物时，还应向承运人按批提出货物运单，作为运输合同的组成部分。承运人在托运人提出的货物运单上加盖车站日期戳后，合同即开始生效。

在零担、集装箱、班列运输中，货物运单就是运输合同。承运人在托运人提出的货物运单上加盖车站日期戳后，合同即告成立。

二、铁路整车货物运输服务订单填报

（1）整车货物订单通过网络直接向铁路提报订单。

（2）填报时间在实际工作中要根据不同货运站的具体规定来执行。

三、铁路整车货物运输服务订单填写要求

铁路整车货物运输服务订单要求如下，订单如图 4-10 所示。

1．"发站名称"：按《铁路货物运价里程表》规定的站名完整填记，不得简称。

图 4-10 铁路整车货物运输服务订单式样

2．略号：按"铁路货物运价里程表"规定电报略号填记。

3．省/部名称：填写到站所在地的省（市）、自治区名称。

4．收货单位名称：填写收货单位的完整名称（公章上的名称），如托运人或收货人为个人时，则应填记托运人或收货人姓名。

5．"收货人地址"栏：应详细填写托运人和收货人所在省、市、自治区城镇街道和门牌号码或乡、村名称。

6．电话：托运人或收货人装有电话时，应记明电话号码。如托运人要求到站于货物到达后用电话通知收货人时，必须将收货人电话号码填写清楚。

7．到达（局）名：填写到达站主管铁路局名的第一个字，如哈、上、广等，但到达北京铁路局的，则填写京字。

8．到站：按"铁路货物运价里程表"规定的站名完整填记，不得简称。

9．到站电报略号：按"铁路货物运价里程表"规定电报略号填记。

10．专用线名称：按全国铁路专用线专用铁路名称查询系统的规定的名称完整填记，不得简称。

11．品名名称：按铁路运输品名检查表或国家产品目录，未经列载的货物，应填写生产或贸易上通用的具体名称。但须用铁路运输品名检查表相应类项的品名加括号注明，如扑尔敏（西药）。

12．品名代码：按铁路运输品名检查表规定填记。
13．吨数：填记该批货物的总重量。
14．车种代号：如表4-9所示。

表4-9　车种代号及其含义

代号	含义	代号	含义	代号	含义	代号	含义
P	棚车	C	敞车	N	平车	X	集装箱车
K	矿石车	D	长大货物车	G	罐车	B	冷藏车
W	毒品车	J	家畜车	U	水泥车	L	粮食车
T	特种车	Z	自备车				

注：代表自备车，添加在车种之前。

15．车数：表示所使用铁路车辆的数目。
16．特征代号：如表4-10所示。

表4-10　特征代号及其含义

代号	含义	代号	含义
NX	平车—集装箱共用车	XN	多功能集装箱平车
NT	企业自备集装箱平车	SQ	小汽车平车
JB	机械保温车	DL	大吨位预制梁车
KF	矿石自翻车	BK	冷板冷藏车
KM	煤炭漏斗车	KZ	石碴漏斗车
GY	液化气体货物罐车	ZP	专用棚车
GS	食用油货物罐车	GL	沥青货物罐车
TP	特种棚车	PG	铺轨架桥机

实践与练习4-8　铁路货物运输订单的填写与提报

根据铁路运输任务2的内容，在铁路客户服务中心 http://www.12306.cn/mormhweb/ 上查询，完成以下任务：

一、确定货物品类、品名和品名代码：
品类：　　　　　　　品名：　　　　　　　品名代码：

二、确定货物运输种类：
□成件货物　　□大件货物　　□散堆装货物　　□其他
□普通条件运输的货物　　□特殊条件运输的货物

三、确定货物运输方式：
□整车货物运输　　　　□零担运输　　　　□集装箱运输

四、计算货物运到期限：
$$T=T_发+T_运+T_特=\qquad 天$$

五、判断该货物是否需要办理快运，并说明理由。
□是　　　　　　□否
理由：

六、请判断该批货物的发站和到站是否可行：

发站是否可行：□是　　　　　　□否

理由：

有没有停限装通知：

到站是否可行：□是　　　　　　□否

理由：

有没有停限装通知：

七、请判断该批货物的装货点和卸货点是否可行：

装货点是否可行：□是　　　　　　□否

理由：

卸货点是否可行：□是　　　　　　□否

理由：

八、总结：

操作三　铁路货物运输运单的填写

一、铁路货物运单

铁路货物运单是一种承运合同，是托运人与承运人之间为运输货物而签订的一种货运合同。运单既确定了托运人、承运人和收货人之间的权利与义务，也是托运人向承运人托运货物的申请书、承运人承运货物和收运费、填制货票以及编制记录和理赔的依据。铁路货物运单由两部分组成，运单和领货凭证：运单如图 4-11 所示，运单背面分别印有“托运人须知”和“收货人须知”；领货凭证如图 4-12 所示。

货物约定于　年　月　日交接	广铁集团		
货位	货　物　运　单		承运人/托运人装车 承运人/托运人施封
号码	托运人→发站→到站→收货人		
运到期限　日	运单号：		货票号：

发站		专用线名称		专用线代码		车种车号	
到站（局）		专用线名称		专用线代码			
托运人	名　称					货车标重	
	地　址			邮编			
	经办人姓名		经办人电话	Email		货车施封号码	
收货人	名　称						
	地　址			邮编		货车篷布号码	
	经办人姓名		经办人电话	Email			
选择服务	□门到门运输： □门到站运输： □站到门运输： □站到站运输：	□上门装车 □上门装车 □装载加固材料 □装载加固材料	□上门卸车 □上门卸车 	取货地址			
				取货联系人		电话	
	□保价运输			送货地址			
	□仓储			送货联系人		电话	

货物名称	件数	包装	集装箱箱型	集装箱箱号	集装箱施封号	货物价格	托运人填报重量（千克）	承运人确定重量（千克）
合计								
托运人记载事项				承运人记载事项				

托运人盖章或签字	发站承运日期戳	承运货运员签章	到站交付日期戳	交付货运员签章
年　月　日	年　月　日	年　月　日	年　月　日	年　月　日

注：本单不作为收款凭证，托运人签约须知和收货人领货凭证须知见领货凭证背面，托运人自备运单的认为已确知签约须知内容。

（a）铁路货物运单正面

图 4-11　铁路货物运单

收货人领货须知	托运人须知
1. 收货人接到托运人寄交的领货凭证后，应及时向到站联系领取货物。 2. 收货人领取货物已超过免费暂存期限时，应按规定支付货物暂存费。 3. 收货人在到站领取货物，如遇货物未到时，应要求到站在本证背面加盖车站日期戳证明货物未到。	1. 托运人持本货物运单向铁路托运货物，证明并确认和愿意遵守铁路货物运输的有关规定。 2. 货物运单所记载的货物名称、重量与货物的实际完全相符，托运人对其真实性负责。 3. 货物的内容、品质和价值是托运人提供的，承运人在接收和承运货物时并未全部核对。 4. 托运人应及时将领货凭证寄交收货人，平次联系到站领取货物。

（b）铁路货物运单背面

图 4-11　铁路货物运单（续）

注意事项：货物运单中粗线左侧和领货凭证各栏由托运人用钢笔、毛笔、圆珠笔或用加盖戳记的方法填写，右侧各栏由承运人填写。运单内填写各栏有更改时，在更改处，属于托运人填记事项，应由托运人盖章证明；属于承运人记载事项，应由车站加盖站戳记。承运人对托运人填记事项一般不得更改。

货物约定于　年　月　日交接			领货凭证				承运人/托运人装车 承运人/托运人施封	
货位								
号码								
运到期限　日			运单号:				货票号:	
发站		专用线名称			专用线代码		车种车号	
到站（局）		专用线名称			专用线代码			
托运人	名　称						货车标重	
	地　址							
	经办人姓名		经办人电话		Email		货车施封号码	
收货人	名　称							
	地　址				邮编		货车篷布号码	
	经办人姓名		经办人电话		Email			
选择服务	□门到门运输:	□上门装车	□上门卸车	取货地址				
	□门到站运输:	□上门装车		取货联系人			电话	
	□站到门运输:	□装载加固材料	□上门卸车					
	□站到站运输:	□装载加固材料		送货地址				
	□保价运输							
	□仓储			送货联系人			电话	
货物名称	件数	包装	集装箱箱型	集装箱箱号	集装箱施封号	货物价格	托运人填报重量（千克）	承运人确定重量（千克）
合计								
托运人记载事项				承运人记载事项				
托运人盖章或签字 年　月　日	发站承运日期戳 年　月　日		承运货运员签章 年　月　日		到站交付日期戳 年　月　日		收货经办人签章 年　月　日	

图 4-12　领货凭证

二、铁路货物运单种类

1．一般货物运单和专用货物运单

铁路货物运单按运输种类分为一般货物运单和专用货物运单。目前我们使用的是一般货物运单（图 4-11）。专用货物运单分为以下 3 类。

（1）集装箱货物专用运单：主要指中铁集装箱货物专用运单。

（2）快运用的货物运单：和一般货物运单区别是上端居中的票据名称冠以 “快运货物运单”字样。

（3）危险货物中剧毒品使用剧毒品专用货物运单：上端居中的票据名称冠以“货物运单（剧毒品运输专用）”字样，运单中央以底网形式印刷骷髅图案。

2. 黑色铁路货物运单和红色铁路货物运单

铁路货物运单按颜色分为黑色和红色印刷两种,黑色印刷的铁路货物运单是现付运单,红色印刷的铁路货物运单是到付或后付运单。

三、填写物品清单

托运人除提出货物运单外,还应同时提出物品清单,如表4-11所示。物品清单一式三份,一份由发站存查,一份随同运输票据递交到站,一份退还托运人。

托运人需要同时提出物品清单的情况如下。

(1) 按一批托运的货物品名过多不能在运单内逐一填记时;
(2) 托运搬家货物时;
(3) 同一包装内有2种以上货物时;
(4) 以概括名称托运品名、规格、包装不同,不能在货物运单内填记的保价货物。

表4-11 铁路物品清单

物品清单		发站		货票第____号	
货件编号	包 装	详细内容	件数或尺寸	重 量	价 格
		物品名称	材质	新旧程度	

实践与练习 4-9 填写铁路运单

分别以托运人和承运人的身份完成实践与练习4-3中运输任务的铁路运单填写。

操作四 铁路货物装车作业

阅读理解

1990年11月3日,内蒙古自治区呼和浩特市新城城信经销部将其收购的葵花籽34 650千克,共770件,委托呼和浩特火车站客货服务公司发运安徽省芜湖市果品食杂公司。呼和浩特火车站承运后,于当日将此批货物装入637281号车皮。11月9日,该车抵达芜湖西站。当日,在该站当班货运员监督下,收货人安徽省芜湖市果品食杂公司到站提货。卸车时,车厢内异味严重,装卸工均感头昏。收货人见此情况,拒收货物,并向芜湖铁路卫生防疫站报检。芜湖铁路卫生防疫站现场勘查后,认为此批货物有被污染的可能,遂全部封存,取样送卫生部食品卫生监督检验所检验。检验结论是:在装载货物车厢内的残存物中检出3911(剧毒农药),含量为3591.66mg/kg;在包装葵花籽的麻袋中检出3911,含量为100mg/kg。

后经铁路到站顺查,发现该车皮于1990年10月18日曾装运过3911。卸车后,该车皮被回送到郑州东站经洗刷消毒后又投入使用。在此次装运葵花籽前,该车皮已经过先后多次排空和装运水泥2次。

一、装车前的检查

为保证装车工作质量，使装车工作顺利进行，装车前应做好以下"三检"工作：

1. 检查运单，即检查运单的填记内容是否符合运输要求，有无漏填和错填。
2. 检查待装货物，即根据运单所填记的内容核对待装货物品名、件数、包装，检查标志、标签和货物状态是否符合要求，看有无受潮、玷污、受损等情况。集装箱还需检查箱体、箱号和封印。
3. 检查货车，即检查发车的技术状态和卫生状态。作业前，作业人员还应知道作业地点、车种、作业方式及安全注意事项。还要安排好相应的运输设备和装卸设备以及搬运工人。

> **知识链接**

装车前货车重点检查事项

车种车型：根据货物性质、重量、形状和托运人要求调拨适当货车，如无适当货车，经货主同意，在能保证货物安全、货车完整和装卸作业方便的基础上可代用；

车体检查：透光检查；门窗、罐车阀盖是否能关严，开启是否灵活，插销是否有效、车内是否干净，是否被毒物污染。装载粮食、医药品、食盐、鲜活货物、饮食品、烟草制品以及有押运人押运的货物等时，还应检查车内有无恶臭异味。

二、装车作业的责任范围的划分

1. 承运人装卸的范围

货物装车或卸车的组织工作，在车站公共装卸场所以内由承运人负责。有些货物虽在车站公共装卸场所内进行装卸作业，由于在装卸作业中需要特殊的技术、设备、工具，仍由托运人或收货人负责组织。

2. 托运人、收货人装卸的范围

除车站公共装卸场所以外进行的装卸作业，装车由托运人、卸车由收货人负责。此外，前述由于货物性质特殊，在车站公共场所装卸也由托运人、收货人负责。其负责的情况有：

（1）罐车运输的货物；
（2）冻结的易腐货物；
（3）未装容器的活动物、蜜蜂、鱼苗等；
（4）一件重量超过1吨的放射性同位素；
（5）由人力装卸带有动力的机械和车辆。

其他货物由于性质特殊，经托运人或收货人要求，并经承运人同意，也可由托运人或收货人组织装车或卸车。例如，气体放射性物品、尖端保密物资、特别贵重的展览品、工艺品等。货物的装卸不论由谁负责，都应在保证安全的条件下，积极组织快装、快卸，昼夜不断地作业，以缩短货车停留时间，加速货物运输。

三、装车作业的基本要求

1. 装载货物的重量的要求。货物重量不得超过货车标记载重量，应合理地均匀分布于车底板上。
2. 货物装载与加固的基本要求。货物装载应堆码稳妥、紧密、整齐、捆绑牢固，必须保证能够经受正常的调车作业以及列车运行中所产生的各种力的作用,以便保证货物在运输的全过程中不致发生移动、滚动、倾覆、倒塌或坠落等情况;认真做到轻拿轻放,大不压小,重不压轻。

3．使用敞车装载怕湿货物时,应堆码成屋脊形,苫盖好篷布,并用绳索捆绑牢固。

4．使用棚车装载货物时,装在车门口的货物,应与车门保持适当距离,以防挤住车门或湿损货物。

5．使用罐车装运货物时,应装到空气包底部或装到根据货物膨胀系数计算确定的高度,既不能超装,也不能欠装。

6．用敞、平车装载需要加固的货物、轻浮货物、成件货物,已有定型方案的,必须按定型方案装载;无定型方案的,车站应会同托运人制订暂行方案或试运加固方案,报上级批准后组织试运。

四、货车施封和篷布苫盖

1．货车施封

货车和集装箱施封是货物(车)交接,划分运输责任的一项手段,是贯彻责任制,保证货物运输安全的重要措施。

使用棚车、冷藏车、罐车、集装箱运输的货物都要按规定施封。施封的原则是:谁负责装车谁施封。在棚车、冷藏车、罐车和集装箱装完货物后,用施封锁或施封环、铅饼等施封专用物品,对车(门)或罐车的注、排油口进行封缄。由发货人施封或委托车站代封时,发货人应在运单上注明。施封具有法律约束力和一定的技术要求,必须按规定办理。

但派有押运人的货物,需要通风运输的货物和组织装车单位认为不需施封的货物(集装箱运输的货物除外)以及托运的空集装箱可以不施封。

2．苫盖篷布

使用敞、平车装运易燃、怕湿货物,装载堆码要成屋脊形,使用篷布时要苫盖严密、捆绑牢固。绳索余尾长度不超过300毫米。接缝处要顺向(按运行最远方向)压紧,且注意不能遮盖车号、车牌和手闸。

五、装车后的检查

为了保证正确运送货物和行车安全,监装卸货运员还需进行装车后的检查工作,此项工作是装车作业的最后工作。具体检查内容有:

1．检查车辆装载。主要检查有无超重、超限现象,装载是否稳妥,捆绑是否牢固,施封是否符合要求,表示牌插挂是否正确。对装载货物的敞车,要检查车门插销、底开门塔扣和篷布苫盖、捆绑情况。

2．检查运单。检查运单有无误填和漏填,车种、车号和运单、货运票据封套记载是否相符。

3．检查货位。检查货位有无误装或漏装的情况。

> **知识链接**

铁路车辆禁止溜放和限速连挂的情况如表4-12所示。

表 4-12　铁路车辆禁止溜放和限速连挂表

序号	种类	禁止溜放（调动这些车辆时禁止溜放和由驼峰上解体）	限速连挂（溜放或由驼峰解体调车，车辆连挂速度不得超过 2km/h）
1	爆炸品	有整体爆炸危险的物质和物品；有进射危险，但无整体爆炸危险的物质和物品；有燃烧危险并有局部爆炸危险或局部进射危险或这两种危险都有，但无整体爆炸危险的物质和物品	不呈现重大危险的物质和物品；有整体爆炸危险的非常不敏感物质；无整体爆炸危险的极端不敏感物品
2	气体	罐车和钢质气瓶装载的易燃气体、毒性气体	1. 非易燃无毒气体； 2. 钢质气瓶以外其他包装装载的气体类危险货物
3	易燃液体	乙醚、二硫化碳、石油醚、苯、丙酮、甲醇、乙醇、甲苯	1. 除禁止溜放栏内规定以外的装入玻璃或陶瓷容器的易燃液体； 2. 汽油
4	易燃固体、易于自燃的物质、遇水放出易燃气体的物质	硝化纤维素、黄磷、硝化纤维胶片	三硝基苯酚（含水≥30%）、六硝基二苯胺（含水>75%）、三乙基铅、浸没在煤油或密封于石蜡中的金属钠、钾、铯、锂、铷、硼氢化物

实践与练习 4-10　装车作业

通过调研和查阅资料，为铁路运输任务 1 的货物制定装车方案。

操作五　铁路货物运输到达交付作业

货物的交付是铁路履行运输合同的最后一个程序，到站向货物运单内所记载的收货人交付货物完毕，即视为铁路履行合同的义务已经结束。

一、货物到达通知

货物到达后，承运人应及时向收货人发出催领通知。发出催领通知的时间，由铁路组织卸车的货物，应不迟于卸车完了的次日。催领的方式有电话、寄出信函、揭示公告等方式，收货人也可与车站商定其他通知方法。

免费保管期间规定为：由承运人组织卸车的货物应于承运人发生催领通知的次日起算，不能实行催领通知或会同收货人卸车的从卸车次日起算，两日内将货物搬出，不收取保管费。超过此期限未将货物搬出，其超过的时间核收货物暂存费。

二、货物的交付

（一）承运人组织卸车的货物的交付

1. 票据交付

收货人持领货凭证和规定的证件到货运室办理货物领取手续，在支付费用和在货票丁联盖章（或签字）后，留下领货凭证，在运单和货票上加盖到站交付日期戳，然后将运单交给收货人，凭此领取货物。

如收货人在办理货物领取手续时领货凭证未到或丢失时，机关、企业、团体应提出本单位的证明文件；个人应提出本人居民身份证、工作证（或户口簿）或服务所在单位（或居住单位）出具的证明文件。

货物在运输途中发生的费用（如包装整修费、托运人责任的整理或换装费、货物变更手续等）和到站发生的杂费，在到站应由收货人支付。

2．现货交付

交付货运员凭收货人提出的货物运单向收货人点交货物，然后在货物运单上加盖"货物交讫"戳记，并记明交付完毕的时间，将运单交还收货人，凭此将货物搬出货场。收货人持有加盖"货物交讫"的运单将货物搬出货场，门卫对搬出的货物应认真检查品名、件数、交付日期与运单记载是否相符，经确认无误后放行。

在实行整车货物交付前保管的车站，货物交付完毕后，如收货人不能在当日将货物全批撤出车站时，对其剩余部分，按件数和重量承运的货物，可按件数点交车站负责保管，只按重量承运的货物，可向车站声明。

如收货人查询到货物未到时，到站应在领货凭证背面加盖车站日期戳证明货物未到。

（二）收货人组织卸车的货物的交付

收货人组织卸车的货物，除派有押运人的不办理交接外，承运人与收货人应按下列规定进行交接：

1．交接地点

在车站内或专用线内卸车的货物，在装卸地点交接。在特殊情况下，专用线内装车或卸车的，也可在商定的地点。

专用铁路内装车或卸车的货物，在交接协议中指定货车交接地点。

2．交接方法

到站与收货人使用货车调送单按下列规定办理交接：

（1）施封的货车，凭封印交接。

（2）不施封的货车，例如：

棚车、冷藏车凭货车门窗关闭状态交接；

敞车、平车、砂石车不苫盖篷布的，凭货物装载状态或规定标记交接；

苫盖篷布的，凭篷布现状交接。

三、货物交付完毕

1．承运人组织卸车，办理交接手续后即为交付完毕；

2．发站由承运人组织装车到站由收货人组织卸车的货物，在向收货人点交货物或办理交接手续后，即为交付完毕；

3．发站由托运人组织装车，到站由收货人组织卸车的货物，在货车交接地点交接完毕，即为交付完毕。

四、无主货的处理

无主货物是指从承运人发出催领通知次日起（不能实行催领通知时，从卸车完了的次日起），经过查找，满 30 日（搬家货物满 60 日）仍无人领取的货物或者收货人拒领的货物，托运人又未按规定期限提出处理意见的货物，可按相关规定处理。

（1）应及时收集和整理，集中专库保管，不准以货车或集装箱代库。

（2）应指定专人负责，账物相符，妥善保管。

实践与练习 4-11　到达交付作业

思考：铁路货物运输到达交付会有哪些风险，如何防范？

操作六　铁路运输索赔与保险

一、索赔

（一）索赔

铁路运输货物索赔须知在铁路运输过程中，如果货物发生灭失、短少、变质、污染、损坏，请在车站提取货物时检查货物现状，核对铁路货运记录内容相符后，在货运记录"收货人"栏内签名，领取货运记录（货主页），并自领到货运记录的次日起180日内向到站或发站提出赔偿。

如果货物超过运到期限，经过30日（鲜活货物超过运到期限），仍不能在到站交付货物时，托运人或收货人可按货物灭失向到站或发站提出赔偿要求。

货物的赔偿分为以下3类。

1．非保价货物

（1）实行限额赔偿，只按重量承运的货物，每吨最高赔偿100元；

（2）按件数和重量承运的货物，每吨最高赔偿2000元；

（3）个人托运的搬家货物、行李每10千克最高赔偿30元，实际损失低于上述赔偿限额时，按货物实际损失的价格赔偿；

（4）如果损失是由铁路运输企业的故意或者重大过失造成的，不适用赔偿限额的规定，按照实际损失赔偿，由铁路运输企业承担赔偿责任。

2．保价货物

发生损失时，按照实际损失赔偿，但最高不超过保价金额。如果损失是由铁路运输企业的故意或者重大过失造成的，不受保价额的限制，按照实际损失赔偿。

3．保险保价货物

既保险又保价的货物在运输中发生损失，对不属于铁路运输企业免责范围的，按照实际损失赔偿，但最高不能超过保价额，由铁路运输企业承担赔偿责任。对于保险公司先行赔付的，比照对保险货物损失的赔偿处理。

（二）免责

属于铁路运输企业免责范围内的有如下几种情况：

（1）不可抗力；

（2）货物本身性质引起的碎裂、生锈、减量、变质或自燃等；

（3）货物的合理损耗；

（4）货物包装的缺陷，承运时无法从外部发现或未按国家规定在货物上标明包装储运图示标志；

（5）托运人自装的货物，加固材料不符合承运人规定条件或违反装载规定，交接时无法发现的；

（6）押运人未采取保证货物安全的措施；

（7）托运人或收货人的其他责任。

> 知识链接

（一）需向车站提供索赔的证明文件

在办理索赔手续时，需向车站提供下列证明文件：

1. 货物运单（原件）。
2. 货运记录（原件）。
3. 赔偿要求书（在车站安全室领取）。
4. 与该事故有关的其他证明文件：

（1）货票报销联（原件或加盖财务专用章的复印件）；

（2）证明货物价值的有关材料；

（3）物品清单（在发站没有填制的除外）；

（4）领货凭证（货物全批灭失时须提供）；

（5）事故货物鉴定书（无需鉴定的除外）。

（二）填写赔偿要求书的注意事项

1. 填写内容准确、清楚；发生涂改，须在涂改处加盖索赔人印章。
2. "提赔单位名称或姓名"、"提赔单位（公章）、姓名（名章）"栏的内容必须与货物运单记载的收货人或托运人相符。委托他人代理时应有委托书或委托证明。
3. 结算的银行名称与账号必须填写完整，领款地点与通信地址一致，并注明邮政编码。

二、保险

铁路货物运输保险是指为铁路运输货物在运输过程中，因遭受保险责任范围内的自然灾害或意外事故所造成的损失能够得到经济补偿而设立的一种保险。依据地域范围划分，可分为国内铁路货物运输保险和国际铁路货物运输保险。

1. 基本险的保险责任

由于下列保险事故造成保险货物的损失和费用，保险人依照本条款约定负责赔偿：火灾、爆炸、雷电、冰雹、暴风、暴雨、洪水、海啸、地陷、崖崩、突发性滑坡、泥石流；由于运输工具发生碰撞、出轨或桥梁、隧道、码头坍塌；在装货、卸货或转载时因意外事故造成的损失；在发生上述灾害、事故时，因施救或保护货物而造成货物的损失及所支付的直接合理的费用。

2. 综合险的保险责任

本保险除包括基本险责任外，保险人还负责赔偿：因受震动、碰撞、挤压而造成货物破碎、弯曲、凹瘪、折断、开裂的损失；因包装破裂致使货物散失的损失；液体货物因受震动、碰撞或挤压力致使所用容器（包括封口）损坏而渗漏的损失，或用液体保藏的货物因液体渗漏而造成保藏的货物因腐烂变质的损失；遭受盗窃的损失；因外来原因致使提货不着的损失；符合安全运输规定而遭受雨淋所致的损失。

3．责任免除

由于下列原因造成保险货物的损失，保险人不负赔偿责任：战争、军事行动、扣押、罢工、哄抢和暴动；地震造成的损失；核反应、核子辐射和放射性污染；保险货物自然损耗，本质缺陷、特性所引起的污染、变质、损坏以及货物包装不善；在保险责任开始前，保险货物已存在的品质不良或数量短差所造成的损失；市价跌落、运输延迟所引起的损失；属于发货人责任引起的损失；被保险人和投保人的故意行为或违法犯罪行为；由于行政行为或执法行为所致的损失；其他不属于保险责任范围内的损失。

铁路运输保险责任起讫期限，是自签发保险单（凭证）后，保险货物运离起运地发货人的最后一个仓库或储存所时起，至该保险单（凭证）上的目的地的收货人在当地的第一个仓库或储存处所时终止。但保险货物运抵目的地后，如果收货人未及时提货，则保险责任的终止期最多延长至以收货人接到《到货通知书》后的15天为限（以邮戳日期为准）。

三、货物运到逾期

货物的运到逾期是指货物的实际运到天数超过规定的运到期限时，即为运到逾期。货物的实际运输天数是指从起算时间到终止时间的这段时间。

1．时间计算

在计算货物的实际运输天数时，需要注意以下问题。

（1）起算时间：从承运人承运货物的次日（指定装车日期的，为指定装车日的次日）起算。

（2）终止时间：到站由承运人组织卸车的货物，到卸车完了时止；由收货人组织卸车的货物，货车调到卸车地点或货车交接地点时止。货物实际运到日数，超过规定的运到期限时，承运人应按所收运费的百分比，向收货人支付一定数额的违约金，最高为运费的20%。

2．特殊情况的处理

出现导致货物运输逾期发生的特殊原因时，承运人可免于支付违约金或可更改实际运到日期，有以下几种情况。

（1）超限货物、限速运行的货物、免费运输的货物以及货物全部灭失，承运人不支付违约金。

（2）从承运人发出催领通知的次日起（不能实行催领通知或会同收货人卸车的货物为卸车的次日起），如收货人于2日内未将货物领出，即失去要求承运人支付违约金的权利。

（3）货物在运输过程中，由于下列原因之一，造成的滞留时间，应从实际运到日数中扣除：

- 因不可抗力的原因引起的；
- 由于托运人责任致使货物在途中发生换装、整理所产生的；
- 因托运人或收货人要求运输变更所产生的；
- 运输活动物，由于途中上水所产生的；
- 其他非承运人责任发生的。

由于上述原因致使货物发生滞留时，发生货物滞留的车站，应在货物运单"承运人记载事项"栏内记明滞留时间和原因。到站应将各种情况所发生的滞留时间加总，加总后不足1日的尾数进整为1日。

> 知识链接

快运货物运到逾期

快运货物运到逾期有以下两种赔付方式：

1. 依照《快运货物运输办法》规定退还快运费；
2. 货物运输期间，按每250运价公里或其未满为1日，计算运到期限仍超过时，和普运一样，承运人应按所收运费的百分比，向收货人支付一定数额的违约金，最高为运费的20%。

实践与练习 4-12 铁路运输纠纷

铁路货物运输合同案例

山西省大同市某煤矿公司与湖南某贸易公司通过函件订立了一个买卖合同。因货物采取铁路运输的方式，而湖南公司作为卖方将到达栏内的"大同县站"写成"大同站"。因此导致货物运错了车站，造成了双方的合同纠纷，请问谁应该承担责任？

实践与练习 4-13 铁路运输索赔

铁木尔于 2009 年 10 月在吐鲁番地区购买了总价值 333 256 元的 42.98 吨葡萄干，同年 10 月 23 日，在吐鲁番车站办理了货运手续，将 42.98 吨葡萄干发往义乌站，收货人为朱建文，货物办理了保价运输，保价金额为 300 000 元。票号为 74028 的货物运单，运单上加盖吐鲁番车站 2009 年 10 月 23 日承运日期戳及铁木尔的签名。将该批货物发往浙江省义乌市，运到期限为 21 日，即在 11 月 13 日运到义乌市。

铁木尔一直等到 2009 年 12 月 12 日才接到货物，提货时发现葡萄干已变色、出现怪味并有虫蛀现象，就货物出现质量问题向义乌站提出了异议；为了减少经济损失，当日提走货物。

因葡萄干出现质量问题，低价销售，削价处理后，得款 222 750 元，因此损失 110 506 元。你能帮助铁木尔吗？请分析以下问题：

（1）铁木尔的损失是谁造成的？
（2）铁木尔的损失能得到弥补吗？
（3）铁木尔用什么来证明自己的损失？

能力拓展

> 学习目标

1. 了解铁路危险货物运输的流程。
2. 了解铁路危险货物包装及装卸要求。

> 学习任务

1. 能够正确填写危险货物运单。
2. 能够按规定确定正确的包装方法。

模块一　铁路危险货物托运和承运

正确地办理危险货物的托运和承运，是保证危险货物运输安全的重要环节。危险货物仅办理整车和10吨以上集装箱运输（部分品类）。铁路危险货物的托运和承运与一般货物相比在以下方面存在区别。

1．运单的填写

托运人托运危险货物时，应在货物运单（剧毒品使用黄色专用运单）"货物名称"栏内填写"危险货物品名索引表"内列载的品名和相应编号，在运单的右上角空白处用红色戳记标明类项名称，并在货物运单"托运人记载事项"栏内填写托运人资质证书、经办人身份证和"铁路危险货物运输业务培训合格证"号码，对派有押运员的还需填写押运员姓名和"液化气体铁路罐车押运员证"或"培训合格证"号码。托运爆炸品（烟花爆竹）时，托运人还须出具到达地县级人民政府公安部门批准的"民用爆炸物品运输许可证"（"烟花爆竹道路运输许可证"），并注明许可证名称和号码，并在运单右上角用红色戳记标明"爆炸品（烟花爆竹）"字样。

2．铁路危险货物运输实行资质认证制度

铁路危险货物运输实行资质认证制度，是指办理铁路危险货物运输的托运人和承运人必须分别取得铁路危险货物托运人资质和铁路危险货物承运人资质。另外，铁路运输的危险货物的品名、发到站（专用线、专用铁路）、运输方式、作业能力、安全计量等实行明细化管理。凡是具有承运人、托运人资质的单位在办理危险货物运输时，按《铁路危险货物运输办理站（专用线、专用铁路）办理规定》（单行本）执行。

3．运单的审查

车站受理危险货物运输必须严格按铁道部公布的托运人资质、《办理规定》确定托运人资质，审查押运人资质，托运人资质证书、经办人身份证、培训合格证，要注意运单记载的品名与托运人资质证书规定的范围、品名表、《办理规定》中列载的发到站品名是否一致。审查运单右上角是否用红色戳记标明危险货物的类项及警示标志。

受理、承运危险货物时，必须符合下列规定：

（1）托运人资质证书、经办人身份证和培训合格证与运单记载一致。

（2）运单记载的品名、类项、编号等内容与《品名表》的规定一致，并核查品名表第11栏内有无特殊规定。

（3）发到站、办理品名、运输方式与《办理规定》一致。

（4）货物品名、重量、件数与运单记载一致。

（5）具有危险货物运输包装检测合格证明。

（6）运单右上角用红色戳记标明编组隔离、禁止溜放或限速连挂等警示标记。

（7）国内运输危险货物禁止代理。

（8）其他有关规定。

> **知识链接**

申请办理铁路危险货物托运人资质应具备的条件：

一、具有国家规定的危险物品生产、储存、使用、经营的资格；

二、危险货物自备货（罐）车、集装箱（罐）等运输工具的设计、制造、使用、充装、检修等符合铁道部的安全管理规定；

三、危险货物容器及包装物的生产符合国家规定的定点生产条件并取得产品合格证书；

四、需加固运输的危险货物，应按铁道部《铁路货物装载加固规则》制定加固技术方案；

五、装运压缩气体和液化气体的，应按国家规定安装轨道衡等安全计量设备；

六、办理危险货物作业场所的消防、防雷、防静电、安全检测、防护、装卸、充装等安全设施、设备应符合国家有关规定，储存仓库的耐火等级、防火间距应符合《建筑设计防火规范》等有关国家标准；

七、相关专业技术人员、运输经办人员和押运人员应经过铁路危险货物运输业务知识培训，熟悉本岗位的相关危险货物知识，掌握铁路危险货物运输规定；

八、有铁路危险货物运输事故处理应急预案，配备应急救援人员和必要的救援器材及设备。

模块二 危险货物包装及装卸要求

危险货物的运输包装和内包装应按"铁路危险货物品名表"及"铁路危险货物包装表"的规定确定包装方法，同时还需符合下列要求：

1. 包装材料的材质、规格和包装结构应与所装危险货物的性质和质量相适应。包装容器与所装货物不得发生危险反应或削弱包装强度。

2. 充装液体危险货物，容器应至少留有5%的空隙。

3. 液体危险货物要做到液密封口；对可产生有害蒸气及易潮解或遇酸雾能发生危险反应的应做到气密封口。对必须装有通气孔的容器，其设计和安装应能防止货物流出和杂质、水分进入，排出的气体不致造成危险或污染。其他危险货物的包装应做到严密不漏。

4. 包装应坚固完好，能抗运输、储存和装卸过程中正常的冲击、振动和挤压，并便于装卸和搬运。

5. 包装的衬垫不得与所装货物发生反应而降低安全性，应能防止内装物移动和起到减层及吸收作用。

6. 包装表面应清洁，不得黏附所装物质和其他有害物质。

7. 包装不得重复使用（特殊规定除外，如钢瓶）。

托运人、收货人有专有铁路、专用线的，整车危险货物的装车和卸车必须在专用线、专用铁路办理。托运人、收货人提出专用铁路、专用线共用时，需经铁路局批准。危险货物装运前，应对车辆、仓库进行必要的通风和检查。车辆仓库内必须打扫干净。装卸危险货物严禁使用灯具照明。照明灯具应具有防爆性能，装卸作业使用的机具应能防止产生火花。

实践与练习 4-14 铁路特殊货物运输

新型化肥托运的疑问

小张某次在物流论坛上看到一则帖子：我公司（长沙）生产的新型液体肥料，要通过铁路运输，听说需要办理"铁路危险货物运输技术说明书"，但是铁路货运的电话一直太繁忙，请查阅该说明书办理流程？

项目五

航空运输管理

引导任务五

广州 LN 钟表有限公司和北京 BD 钟表专卖店达成一批男士机械手表的交易，本批商品系采用航空运输，委托小张所在的货运代理公司为该批货物设计运输方案，选择哪家航空公司，需要进行怎样的包装，航空运输对钟表运输有什么要求？需办理哪些手续？请帮小张决策。

知识储备

学习目标

1. 掌握航空运输的概念。
2. 了解我国航空运输的发展。
3. 了解航空运输的相关方。
4. 了解世界主要航线及机场。
5. 掌握航空运输的组织形式。
6. 掌握航空运输技术装备和设施的构成。

学习任务

1. 能够识别集装器上的标识。
2. 能够准确知道航空运输企业经营形式。

单元一 航空运输概述

一、航空运输的概念

狭义的航空货运指的是利用客机腹舱或全货机承载货物从一个机场到另一个机场之间的单一环节的运输活动。

而随着航空货运的发展，航空货运的运营与管理早已超出了单一运输环节的生产运营，延伸到航空货运服务的上、下游服务环节。因此，广义上的航空货运可定义为，有关计划、执行和控制货物从货主到收货人之间的，以航空运输为核心运输环节、有效率的运输而进行的活动集成。

航空运输具有速度快，不受地形条件限制，货损率小，节省包装，保险和储存费用等特点。因此，某些急需物资，易损货物和体轻而贵重商品适用航空运输。

二、我国航空运输的发展

截至 2012 年年底，中国境内共有已颁发公共航空运输企业经营许可证的航空公司 46 家，其中全货运航空公司 10 家。在过去的近 20 年中，我国航空货物运输量年均增幅超过 20%，为世界航空货运业平均增速的近 4 倍。以普货运输为主的传统货运航企，如国泰货运、汉莎货运和国内三大航旗下的货运公司等。国内外企业摩拳擦掌，如德国汉莎、联邦快递 FedEx、UPS 等，皆欲在中国航空货运这一蓬勃发展的市场上取得骄人业绩。

2012 年，全行业完成运输总周转率 610.32 亿吨·公里，比上年增加 32.88 亿吨公里，增长 5.7%，货邮周转量 163.89 亿吨公里，比上年减少 10.02 亿吨公里，减少 5.8%。

中国国内各家航空公司对航空货运业务，也经历了从以往的"轻货重客"向"客货并举"的战略转型，国内主要航空公司在运力和基础设施建设上加大了对货运的投入力度，引进大型全货机投入国内、国际货运航线的运营，欲与国际同行一比高下。

阅读理解

参与货运的国内外航空公司根据货物运价层次初步分为以下 3 类：以高端快件业务为主的货运航企，如联邦快递、UPS 和 EMS 等；以普货运输为主的传统货运航企，如国泰货运、汉莎货运和国内三大航旗下的货运公司/货运部等；传统货航中，因具备某些特殊资源，而具备了低价优势的货运航企，如俄罗斯的空桥航空、中东的阿联酋航空等。

三、航空运输的相关方

（一）航空公司

航空公司自身拥有飞机从事航空运输活动。航空公司一般只负责空中运输，即从一个机场运至另一个机场的运输。多数航空公司经营定期航班，如开航我国的法航、日航、德航、瑞航、美联合航等。有些则无定期航班，只提供包机运输，如卢森堡货运航空公司、马丁航空公司等，他们拥有货机，对运输大批量货物、超限货物及活种牲畜等十分方便。

阅读理解

中国民航局的一份统计数据显示，2011 年中国四大航空集团的货邮运量份额分别为中航集团 31%、东航集团 27%、南航集团 20%、海航集团 10%，其他公司 12%。2012 年中国四大航空集团的货邮运量份额分别为中航集团 28.9%、东航集团 23.6%、南航集团 26.6%、海航集团 11.5%，其他公司 9.4%（数据来源：中国民用航空局，http://www.caac.gov.cn/H1/H2/），如图 5-1 所示。

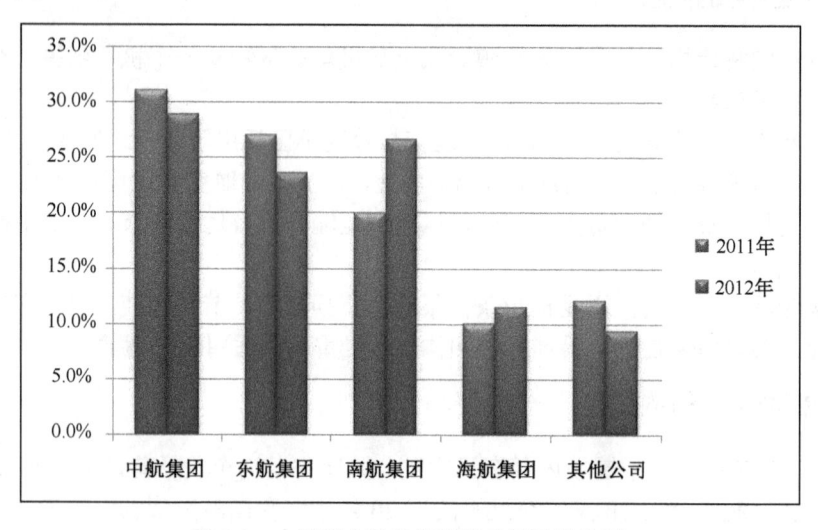

图 5-1　中国四大航空集团的货邮运量比例

实践与练习 5-1　认识我国知名的航空公司

查询我国知名的航空公司有哪些，完成表 5-1。

表 5-1　我国知名航空公司

航 空 公 司	IATA 两字代码	英 文 名 称

知识链接

国际航空运输协会（International Air Transport Association，简称 IATA）是一个由世界各国航空公司所组成的大型国际组织，总部设在加拿大的蒙特利尔，执行机构设在日内瓦。和监管航空安全和航行规则的国际民航组织相比，它更像是一个由承运人（航空公司）组成的国际协调组织，管理在民航运输中出现的诸如票价、危险品运输问题。

国际航协从组织形式上是一个航空企业的行业联盟，属非官方性质组织，但是由于世界上的大多数国家的航空公司是国家所有，即使非国有的航空公司也受到所属国政府的强力参预或控制，因此航协实际上是一个半官方组织。它制定运价的活动，也必须在各国政府授权下进行，它的清算是对全世界联运票价的结算，是一项有助于世界空运发展的公益事业，因而国际航协发挥着通过航空运输企业来协调和沟通政府间政策，解决实际运作困难的重要作用。

（二）航货运代理公司

航空货运公司又称空运代理，它们从事航空货物在始发站交给航空公司之前的揽货、接受、报关、订舱及在目的地从航空公司手中接货、报关、交付或送货上门等业务。

货运代理人提供给发货人有关出口货物方面的服务，以及收货人进口货物方面的服务如下：

（1）提供运输商有关进口国的各种信息。

（2）提供从货主那里收货及集中货物的各种设备。

（3）安排从货主处取货。

（4）准备运输文件，如填制航空货运单，包括各种费用的收取。按照与运输有关的国家、海关、承运人的要求备好各种文件如商业发票、装箱单等；

（5）检查进出口许可证是否完备是否符合有关政府规定。

（6）保证包装单及其他必要的文件如危险货物申报单，动物证明书等。以便其符合有关国家政府及 IATA 的规定。

（7）为货主办理保险业务。

（8）安排货物运输，订舱及在机场的交付。

（9）追踪货物的运输过程。

（10）将零散货物集中拼装托运，简便手续，降低成本。

> 阅读理解

托运人为什么不直接找航空公司运输，而是找航空运输代理人运输货物？

主要原因如下：

（1）航空公司的核心业务是航空运输，集中主要资源改为做好自己的核心业务，是每家企业在当前竞争激烈环境下的重要生存法则；

（2）航空公司数量有限，但其服务的范围广大，完全依靠自己的力量与资源来完成航空业务服务、客源与货源的开拓是不现实的；

（3）借用外部资源来为自己服务，是各类企业应当考虑的战略事宜；航空代理人是借用外部资源完成航空公司目标与任务的一种好方式，能更好地为客户提供更实在与周到的服务；

（4）航空代理人一般在当地具有各种资源与人脉关系，可以为客户提供更好的服务；

（5）航空代理是国际通行做法，已经有了很好的运作模式与管理模式。

（三）托运人

是指为货物运输与承运人订立合同，并在航空货运单上署名的人。托运人对货运单上关于货物的各项说明和声明的正确性及由于延误、不合规定、不完备，给承运人及其代理人造成的损失承担责任。托运人有权在起运地、目的地将货物提回或在途中经停时终止运输，或将货物运交非货运单上指定的收货人，但不得使承运人或其他托运人遭受损害。托运人需提供各种必要资料以便完成货交收货人前的海关、税务或公安手续，并将有关证件附货运单交给承运人并承担因资料或证件缺乏、不足或不合规定给承运人造成的损失。

（四）收货人

是指航空货运单上收货人栏内所列的人，如果运费到付，收货人应履行支付运费的基本义务，如果收货人未及时领取货物，应当按规定承担货物的保管费。

单元二　航空运输分类

一、按航空运输企业经营的形式分类

按航空运输企业经营的形式，航空运输主要可分为班机运输和包机运输。班机运输是按班期时刻表，以固定的机型沿固定航线、按固定时间执行运输任务。当待运客货量较多时，还可组织沿班期运输航线的加班飞行。航空运输的经营质量主要从安全水平、经济效益和服务质量3方面予以评价。

1. 班机运输方式

班机是指在固定的航线上定期航行的航班，即有固定始发站、目的站和途经站的飞机。班机的航线基本固定，定期开航，收、发货人可以确切地掌握起运和到达时间，保证货物安全迅速地运达目的地，对运送鲜活、易腐的货物以及贵重货物非常有利。不足之处是舱位有限，不能满足大批量货物及时出运的需要。

2. 包机运输

包机运输可分为整架包机和部分包机。

（1）整架包机。指航空公司或包机代理公司，按照与租机人双方事先约定的条件和运价，将整架飞机租给租机人，从一个或几个航空站装运货物至指定目的地的运输方式。运费随国际航空运输市场的供求情况而变化。

（2）部分包机。指几家航空货运代理公司联合包租一架飞机，或者由包机公司把一架飞机的舱位分别分给几家航空货运代理公司，相对而言部分包机适合于运送1吨以上但货量不足整机的货物，在这种形式下货物运费较班机运输低，但由于需要等待其他货主备妥货物，因此运送时间要长。

包机运输满足了大批量货物进出口运输的需要，同时包机运输的运费比班机运输形式下低，且随国际市场供需情况的变化而变化，给包机人带来了潜在的利益。但包机运输是按往返路程计收费用，存在着回程空放的风险。

与班机运输相比，包机运输可以由承租飞机的双方议定航程的起止点和中途停靠的空港，因此更具灵活性，但由于各国政府出于安全的需要，也为了维护本国航空公司的利益，对他国航空公司的飞机通过本国领空或降落本国领土往往大加限制，复杂烦琐的审批手续大大增加了包机运输的营运成本，因此目前使用包机业务的地区并不多。

二、按航空货运的组织形式分类

按航空货运的组织形式，航空运输主要可分为集中托运和航空快递。

1. 集中托运

集中托运是航空货运代理公司把若干批单独发运的、发往同一方向的货物集中起来，组成一票货，向航空公司办理托运，采用一份总运单集中发运到同一站，由航空货运代理公司在目的地指定的代理人收货、报关并分拨给各实际收货人的运输方式。这种托运方式，货主可以得到较低的运价，使用比较普遍，是航空货运代理的主要业务之一。

2. 航空快递

航空快递是由一个专门经营该项业务的公司和航空公司合作，通常为航空货运代理公司或航空速递公司派专人以最快的速度在货主、机场和用户之间运送和交接货物的快速运输方式。该项业务是两个空运代理公司之间通过航空公司进行的，是最快捷的一种运输方式。

航空快递业务主要形式有：

（1）门到门服务。发货人需要发货时，打电话给快递公司。快递公司派人到发货人所在地取件，根据不同的目的地进行分拣、整理、核对、制单、报关，利用最近的航班，通过航空公司将快件运往世界各地。发件地的快递公司将所发快件的有关信息通告中转站或目的站的快件公司。快件到达中转站或目的地机场后由中转站或目的港的快件公司负责办理清关、提货手续，将快件及时送交收货人手中，并将有关信息反馈到发件地的快递公司。

（2）门到机场服务。快件到达目的地机场后，当地快件公司及时将有关到货信息告知收货人，清关、提货手续可由收货人自己办理，也可委托快件公司或其他代理公司办理。适用于货物价值较高或目的地海关当局对货物或物品有特殊规定的快件。

（3）专人派送。这种方式是指发件的快递公司指派专人携带快件在最短的时间内，采用最快捷的交通方式，将快件送交到收货人手中。

门到门服务是最方便、最快捷，使用最普遍的方式；门到机场的服务，简化了发件人的手续，但需要收货人安排清关、提货手续；专人派送服务是一种特殊服务，费用较高，使用较少。

实践与练习 5-2　认识全球前四大快递公司

查询全球四大快递公司的讯息，完成表 5-2。

表 5-2　全球四大快递公司

快递公司	简　写	所属国家	拥有的飞机数量

三、航线

1. 航线的定义

民航从事运输飞行，必须按照规定的路线进行，这种路线叫做航空交通线，简称航线。航线不仅确定了航行的具体方向、经停地点，还根据空中管理的需要规定了航路的宽度和飞行的高度层，以维护空中交通秩序，保证飞行安全。

航线按飞机飞行的路线分为国内航线和国际航线。飞机飞行的线路起讫点、经停点均在国内的称为国内航线，飞机飞行的线路跨越本国国境，通达其他国家的航线称为国际航线。

2. 世界主要航线

（1）西欧—北美间的北大西洋航空线。该航线主要连接巴黎、伦敦、法兰克福（德国）、纽约、芝加哥、蒙特利亚（加拿大）等航空枢纽。

(2) 西欧—中东—远东航空线。该航线连接西欧各主要机场至远东香港，北京，东京等机场。并途经雅典（希腊）、开罗（埃及）、德黑兰（伊朗）、卡拉奇（巴基斯坦）、新德里（印度）、曼谷（泰国，佛教之都）、新加坡等重要航空站。

(3) 远东—北美间的北太平洋航线。这是北京、香港、东京等机场经北太平洋上空至北美西海岸的温哥华、西雅图（美国）、旧金山、洛杉矶等机场的航空线。并可延伸至北美东海岸的机场。太平洋中部的火奴鲁鲁（檀香山）是该航线的主要中继加油站。

此外，还有北美—南美，西欧—南美，西欧—非洲，西欧—东南亚—澳新，远东—澳新，北美—澳新等重要国际航空线。

四、航空权

航空权是指国际航空运输中的过境权利和运输业务权利，也称国际航空运输的业务或空中自由权。它是国家重要的航空权益，必须加以维护，在国际航空运输中交换这些权益时，一般采取对等原则，有时候某一方也会提出较高的交换条件或收取补偿费以适当保护本国航空企业的权益。

1944年西方国家在芝加哥就有关天空控制权问题签署了著名的《芝加哥协定》，该协定草拟出两国间协商航空运输条款的蓝本，而有关条款仍沿用至今。

单元三 熟悉航空运输设施设备

一、飞机

（一）按机身宽窄划分

按机身的宽窄，飞机可分为窄体飞机和宽体飞机。

(1) 窄体飞机（Narrow-Body Aircraft）。窄体飞机的机身宽约3米，旅客座位之间有一个走廊，这类飞机往往只在其下货舱装运散货。

(2) 宽体飞机（Wide-Body Aircraft）。宽体飞机的机身较宽，客舱内有两条走廊，3排座椅，机身宽一般在4.72米以上，这类飞机可以装运集装箱货物和散货。

（二）按飞机使用用途划分

按飞机的使用用途，民用飞机可分为以下3种。

(1) 全货机：主舱及下舱全部载货。

(2) 全客机：只在下舱载货。

(3) 客货混用机：在主舱前部设有旅客座椅，后部可装载货物，下舱内也可以装载货物。

> 阅读理解

世界四大民用飞机制造商

1. 美国波音公司

世界上最大的航空制造公司。与麦道公司完成合并后的波音公司已成为世界上航空航天领域规模最大的公司。新的波音公司由4个主要的业务集团组成：波音金融公司、波音民用飞机集团、波音联接公司和波音综合国防系统集团。

2. 空中客车工业公司

国际合营的飞机制造公司，世界第二大飞机制造企业。简称空中客车公司。1970年12月18日成立，在法国注册。该公司有4个正式成员公司和2个协作成员公司。正式成员公司为法国航宇公司、联邦德国空中客车工业公司（由 MBB 公司掌握全部股份的子公司）、英国航宇公司和西班牙的 CASA 公司。它们在空中客车公司的股份中所占的比例，按它们在空中客车运输机的研制工作量中的比例而定，分别为 37.9%、37.9%、20%、4.2%。协作成员公司有荷兰的福克公司和比利时空中客车公司。

3. 巴西航空工业公司

巴西航空工业公司（Enbraer）成立于 1969 年 8 月 19 日。该公司现已跻身于世界四大民用飞机制造商之列，成为世界支线喷气客机的最大生产商。

4. 加拿大庞巴迪公司

庞巴迪（Bombardier）是一家总部位于加拿大的国际性交通运输设备制造商，世界领先的创新交通运输解决方案供应商，生产范围覆盖支线飞机、公务喷气飞机以及铁路和轨道交通运输设备等。

二、航空港

航空港（airport），民用航空机场和有关服务设施构成的整体。保证飞机安全起降的基地和空运旅客、货物的集散地。包括飞行区、客货运输服务区和机务维修区 3 个部分。

航空港是指位于航线上的、为保证航空运输和专业飞行作业用的机场及其有关建筑物和设施的总称，是空中交通网的基地。航空港由飞行区、客货运服务区和机务维修区 3 部分组成。其中，飞行区是航空港面积最大的区域，设有指挥台、跑道、滑行道、停机坪、无线电导航系统等设施。航空港的主要任务是完成客货运输服务，保养与维修飞机，保证旅客、货物和邮件正常运送以及飞机安全起降。

航空港分为飞行区、客货运输服务区和机务维修区 3 部分。

1. 飞行区

飞行区是为保证飞机安全起降的区域。内有跑道、滑行道、停机坪和无线电通信导航系统、目视助航设施及其他保障飞行安全的设施，在航空港内占地面积最大。飞行区上空划有净空区，是规定的障碍物限制面以上的空域，地面物体不得超越限制面伸入。限制面根据机场起降飞机的性能确定。

2. 客货运输服务区

客货运输服务区是为旅客、货主提供地面服务的区域。主体是候机楼，此外还有客机坪、停车场、进出港道路系统等。货运量较大的航空港还专门设有货运站。客机坪附近配有管线加油系统。

3. 机务维修区

机务维修区是飞机维护修理和航空港正常工作所必需的各种机务设施的区域。区内建有维修厂、维修机库、维修机坪和供水、供电、供热、供冷、下水等设施，以及消防站、急救站、储油库、铁路专用线等。

实践与练习 5-3　认识全球知名的国际机场

查询全球知名的国际机场有哪些，完成表 5-3。

表 5-3 知名国际机场

机 场 名 称	IATA 三字代码	所 属 国 家
⋮		

三、集装器

（一）航空集装运输的特点

航空集装运输：是将一定数量的单位货物装入集装货物的箱内或装在带有网套的板上作为运输单位进行运输。

航空集装运输具有如下特点：

（1）减少货物装运的时间，提高工作效率。

（2）以集装运输替代散件装机，可以减少地面等待时间。

（3）减少货物周转次数、提高完好率。

（4）减少差错事故，提高运输质量。

（5）节省货物的包装材料和费用。

（6）有利于组织联合运输和门到门服务。

（二）集装器的种类

1．按注册与非注册划分

（1）注册飞机集装器。注册的飞机集装器是指国家政府有关部门授权集装器生产厂家生产的，适用于飞机安全载运的，在其使用过程中不会对飞机的内部结构造成损害的集装器。

（2）非注册飞机集装器。非注册的飞机集装器是指未经有关部门授权生产的，未取得适航证书的集装器，非注册的飞机集装器不能看作为飞机的一部分。

2．按种类划分

（1）集装板和网套。集装板是具有标准尺寸的，四边带有卡锁轨或网带卡锁眼，带有中间夹层的硬铝合金制成的平板，以便货物在其上码放；网套用来把货物固定在集装板上，网套的固定是靠专门的卡锁装置来限定的。

（2）集装棚。非结构的集装棚是一个非结构的棚罩（可用轻金属制成），罩在货物和网套之间。结构集装棚是指带有固定在底板上的外壳的集装设备，它形成了一个完整的箱，不需要网套固定，分为拱形和长方形 2 种。

（3）集装箱，类似于结构集装棚，它又可分为：

● 空陆联运集装箱，分为 20 英尺和 40 英尺集装箱，只能装于全货机或客机的主货舱，主要用于陆空，海空联运；

● 主货舱集装箱，只能用于全货机或客机的主货舱；

● 下货舱集装箱，只能装于宽体飞机的下货舱。

此外还有一些特殊用途的集装箱，例如：保温箱，分为密闭保温主箱和动力控制保温箱 2 种；还有运载活体动物和特种货物的专用集装箱，如马厩（HORSESTALL）、牛栏（Cattle

Stall)、汽车运输设备。

（三）**集装器代号的组成**

集装器代号如图 5-2 所示。

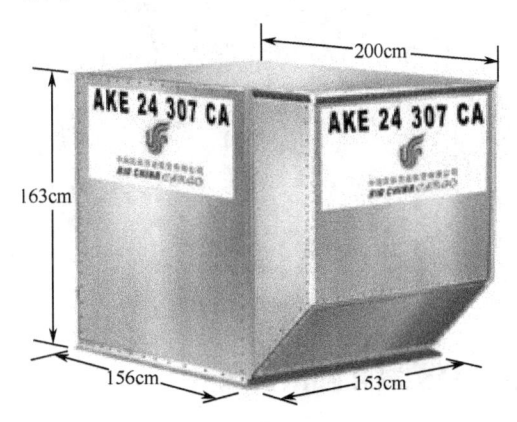

图 5-2　集装器代号

集装器代号由 3 位字母+5 个数字+2 位字母组成，其中：
- 集装器的首位字母是集装器的种类；
- 集装器的第二位字母表示集装器的底板尺寸；
- 集装器的第三位表示集装器的外形以及与飞机的适配性；
- 中间的数字是序号；
- 最后两位字母代表所有人和注册人。

在图 5-2 中，集装器的代号 AKE24307CA，其中第一位"A"表示注册的飞机集装器，"K"表示集中器地板的尺寸为 153cm×156cm，"E"表示适用于 B747、B747F、B747Combi、B767、B777、A330、A340 等机型下货舱，"24307"表示序号，"CA"表示该集装器属于中国国际货运航空有限公司。

（四）**集装货物的基本原则**

（1）检查所有待装货物，设计货物组装方案。

（2）一般情况下，大货、重装货在集装板上；体积较小、重量较轻的货物装在集装箱内。组装时，体积或重量较大的货物放在下面，并尽量向集装器中央集中码放；小件和轻货放在中间；危险物品或形状特异可能危害飞机安全的货物，应将其固定，可用填充物将集装器塞满或使用绳、带捆绑。合理码放货物，做到大不压小、重不压轻、木箱或铁箱不压纸箱。同一卸机站的货物应装在同一集装器上，一票货物应尽可能集中装在一个集装器上，避免分散装在不同的集装器上。

（3）在集装箱内的货物应码放紧凑，间隙越小越好。

（4）如果集装箱内没有装满货物，即所装货物的体积不超过集装箱容积的 2/3，且单件货物重量超过 150 千克时，就要对货物进行捆绑固定，如图 5-3 所示。

（5）特别重的货物放在下层，底部为金属的货物和底部面积较小重量较大的货物必须使用垫板。

（6）装在集装板上的货物要码放整齐，上下层货物之间要相互交错，骑缝码放，避免货物与货物坍塌、滑落。

图 5-3　货物的捆绑固定

实践与练习 5-4　认识航空集装板和集装箱

查询中国南方航空货运提供的集装板和集装箱有哪些，完成表 5-4。

表 5-4　中国南方航空货运的集装器

集装器类型	特　点	可用容积	最大的毛重

实践操作

学习目标

1．了解相关的航空运输组织。
2．了解打板的原则。
3．掌握航空运输的组织流程。
4．掌握航空运输货物收运限制。
5．掌握航空运输到达交付货物的操作规范。

学习任务

1．能够正确地收运货物。
2．能够填写航空托运书。
3．能够正确制作及贴挂货物标签。
4．能够缮制航空运单及计算航空运费。
5．能够进行货物交付工作。

航空运输任务 5-1

广州 LN 钟表有限公司和北京 BD 钟表专卖店达成一批男士机械手表的交易，本批商品系采用航空运输，具体的贸易细节如下：

起飞机场：广州白云机场

目的机场：北京首都国际机场
运输要求：直达
运输时间：1 天
包装：纸箱
规格：1×80
体积：40cm×40cm×30cm
毛重：12 千克/箱
价值：16000 元/箱
数量：2 箱

航空货物收运出港的一般流程如图 5-4 所示。

填写托运书 → 检查包装 → 货物安全检查 → 重量核准 → 尺寸检查 → 审核托运书 → 向航空公司订舱 → 填制货运单 → 收款 → 贴挂标签 → 交接货物、货运单 → 装机发运

图 5-4　航空货物收运出港的一般流程

操作一　货物收运

一、货物收运的方式

航空公司一般通过货运代理企业进行货物收运，因此在实际中货运代理公司和托运人直接接触，进行航空运输货物的收运工作，货运代理可提供上门提货的服务，也可由托运人自己把货物送到货运代理的营业部办理托运。货运代理根据货物信息向航空公司订舱，确认舱位后，一般在所预定航班的当天或前一天将货交航空公司，统一在机场货运站进行配载、装集装器（包括集装板、集装箱和集装棚）、装机等操作。

阅读理解

上海浦东国际机场货运站有限公司

公司成立于 1999 年，为中德合资企业，由上海机场（集团）有限公司（占 51 %的股份）、德国汉莎货运航空公司（占 29 %的股份）和上海锦海捷亚物流管理有限公司（占 20%的股份）投资组建。公司成功地整合了合资三方的优势，成为了世界级货运站之一。

北京空港航空地面服务有限公司（北京首都机场 BGS 国际货运站）

1994 年，北京空港航空地面服务有限公司——BGS，在首都机场集团公司和新加坡终端服务（私人）《现新加坡新翔（SATS）》牵手合作中开始筹建。2011 年 10 月 28 日，东航、南航正式成为了 BGS 新股东。从此，BGS 将在东航、南航、新加坡新翔（SATS）和首都机场集团公司四方股东的支持下强势发展。截止到 2012 年 4 月，BGS 代理了国内国际共 55 家航空公司的地面服务（国际 40 家，国内 15 家）。

BGS 服务范围包括：旅客运输地面服务、货物运输地面服务、飞机经停站坪服务、客货销售代理及其他与航空运输有关的业务。主要服务项目有：旅客值机、飞机配载、特殊旅客服务、行李处理、货物控制及货运文件处理、货物装卸和仓储服务、特种车辆服务、机舱内部清洁、飞机航线维护服务、客票销售代理服务等。

货运——效率

2011年1月6日开始投入使用的BGS新货站是目前中国最先进、自动化程度最高、服务功能齐全的现代化综合性货站之一，设计年货邮吞吐量达40万吨，加上1999年9月投入使用的南库，目前BGS货邮处理能力已超过56万吨/年。目前BGS货库承担着境内外50家航空公司的货邮代理业务。主要有出港货物接收、装配、出港及相关文件的操作处理；进出港货物的分解、组合机提取；转岗货物及邮件的操作；进出港货邮的查询业务；不正常货物的处理；快件服务；国际、国内航班的操作等常规业务。

货运服务项目：进出港操作，中转操作，特殊货物操作处理，快件操作，物流配送服务。

思考：航空公司与机场的关系？

二、货物收运的一般规定

（1）根据中国民航各有关航空公司的规定，托运人所交运的货物必须符合有关始发、中转和到达国家的法令和规定以及中国民航各有关航空公司的一切运输规章。

（2）凡中国及有关国际政府和空运企业规定禁运和不承运的货物，不得接受。

（3）货物的包装、重量和体积必须符合空运条件，货物不致危害飞机、人员、财产的安全，不致烦扰旅客。

（4）遇有特殊情况，如政府法令、自然灾害、停航或者货物严重积压时，承运人可暂停收运货物。

（5）收运货物时，应当检查托运人的有效身份证件。

有效的身份证件是指托运人或收货人托运、提取货物时必须出示的由政府主管部门规定的证明其身份的有效证件。例如：居民身份证、军官证、警官证、文职干部证、有效护照、回乡证、机动车驾驶证、户口簿等。

（6）应当检查托运人托运货物的包装，对不符合航空运输要求的货物包装，需经托运人改善包装后方可办理收运。承运人对托运人托运货物的内包装是否符合要求，不承担检查责任。

（7）收运政府限制运输以及需经公安检疫等政府有关部门查验的货物，托运人应提供有关部门出具的有效证明文件。

在收货开单前必须开箱检查，认真核清货物的真实品名，严禁收运航空禁运物品。对于限运货物，应认真检查相关文件，对托运的货物有疑问时，应会同托运人共同检查货物及运输文件。

> 阅读理解

危险品航空运输对象的特殊性，决定了危险品航空运输具有很强的专业性、技术性。按照国际民航组织的相关规定，在正常运输条件下，易爆炸、易发生危险性反应、易起火或易放出导致危险的热量、易散发导致危险的毒性、腐蚀性或易燃性气体或蒸气的任何物质，在任何情况下都禁止用航空器运输。某些物品要实施航空运输，要采取预防措施（如

"加稳定剂"或"加 x %的水或减敏剂"），该物品或物质如未采取这些措施一般不得运输。有的危险品只有经过政府主管部门特殊的批准或豁免才能运输。

在允许对危险品实施航空运输的情况下，有的危险品只能由全货机运输，在实施危险品航空运输过程中，如果不能直观地判别某类物品或物质是否属于或者属于什么类别危险品，则必须通过专业检测机构对其进行检测，以确定能否经由航空运输以及如何实施航空运输。

旅客的行李（交运行李和手提行李）中甚至随身都携带有大量危险品。一是医疗必需品；放射性药品（包括气溶胶）；旅客为医疗用途携带的、内含锂金属或锂电池芯或电池的便携式医疗电子装置等。二是梳妆用品，包括发胶、香水和科隆香水等物品；含烃类气体的卷发器。三是日用消费品。浓度在24%以上但不超过70%的含酒精饮料；电池动力设备（如潜水强光灯）、雪崩救援背包；为自动充气救生衣充气而配备的特定的小型气瓶；旅客或机组成员为个人自用的内含锂或锂离子电池芯或电池的便携式电子装置（手表、计算器、照相机、手机、手提电脑、便携式摄像机等），其中，装有锂电池或烟火物质之类的危险品作为该设备的一部分。

从国内外航空运输的实际情况看，随着各类电子产品的日益普及，旅客携带的便携式电子装置如手机、照相机、摄像机、笔记本电脑、ipad 越来越多，很多公商务人员出差都带有笔记本电脑。有的旅客手机不只一部，而是两部甚至更多。因此，有的旅客还相应携带多块备用锂电池。如果不按《技术细则》的规定携带、托运，严重的甚至会酿成事故。

思考：在航空运输收运工作中如何避免收运危险货物？

三、收运时重量和体积的限制

1．非宽体飞机，单件货物重量一般不超过 150 千克，尺寸不得超过航线机型货舱的最大允许装载尺寸。一般最大的货物收运尺寸为：40 厘米×60 厘米×100 厘米。超过此重量和尺寸的货物，承运人可依据航线机型及始发站、中转站和目的站机场的装卸设备条件，确定可收运货物的最大重量和尺寸。

2．货物的最小尺寸，除可直接随附航空货运单的文件、信函类货物外，其他货物的长、宽、高之和不得小于 40 厘米。低于以上标准者，由托运人加大包装。

四、收运时包装要求

1．货物包装要求坚固、完好、轻便。在一般运输过程中能防止包装破裂，内件漏出散失；不因垛码、摩擦、震荡或因气压、气温变化而引起货物损坏或变质、损伤人员或污染飞机、设备及其他物品。

2．包装的形状除应适合货物的性质、状态和重量外，还要便于搬运、装卸和堆放，便于计算数量；包装外部不能有突出的棱角及钉、钩、刺等；包装要清洁、干燥，没有异味、油腻和污染。

3．在特定条件下承运的货物，如动物、鲜活易腐货物等，其包装应符合该货物特别规定的包装要求。

4．凡用密封舱飞机运送的货物，不得用带有碎屑、草末等材料作包装（如稻草袋、草绳等），包装内的衬垫材料（如谷糠、木屑、纸屑等）不得外漏。

5. 对包装不符合要求的货物，应要求托运人改进或重新包装后方可收运。下述包装任何情况下都不能收运：
- 包装严重变形或已破损；
- 捆扎材料断裂或松动；
- 包装内货物晃动或有破碎声音；
- 包装上有渗漏或浸湿痕迹；
- 桶上有裂缝或桶盖松动；
- 袋装货缝口松散；
- 有气味散出等。

五、称重与量方

称重与量方可确保货物重量、体积的准确性，一方面便于计算运费，另一方面方便航空公司配载装运。

1．称重

（1）过磅前首先检查磅秤显示器是否归零。如果没有则先进行归零处理。

（2）对于件数较少，体积较小，重量轻的货物直接上磅称重。

（3）对于件数较多，先将放货的托盘放置到磅秤的托盘上，并将磅秤的显示器归零，再进行称重，如果是机械磅注意扣除托板的重量。

（4）对于须分几次称重的货物，须记下每次的重量，称完后再累加总重量。

（5）称重完毕，过磅人将件数与毛重填入托运书对应栏中，并签字认可。

2．量方

（1）单件货物：对于规则形状的货物，直接用卷尺量出货物的长、宽、高的尺寸（厘米为单位）。

（2）对于不规则形状的货物，按照占用的最大空间计算。即计量该件货物的长、宽、高的最大尺寸。如球形货物，长、宽、高均按照直径计量尺寸。

（3）对于多件货物，规格一致时，只量其中一件，最后乘以件数即可。规格各异时，需要进行每一件货物计量的尺寸。

实践与练习 5-5　航空货物禁运限运货物

查阅资料航空货物运输禁运和限运的货物有哪些？完成表5-5～表5-7。

表 5-5　航空运输禁运货物

禁运货物的品种类别	常见货物品名

表 5-6　航空运输限运货物

货物种类	批准证书	核发部门

表 5-7　其他限运货物

货　物　种　类	承　运　条　件

实践与练习 5-6　航空货物包装

查阅航空公司对航空运输任务 5-1 中的机械手表货物有什么包装要求？

实践与练习 5-7　航空货物收运

1．查阅航空公司对航空运输任务 5-1 中机械手表有什么收运要求？如果是石英手表的话，可以使用航空运输吗？有什么要求？

2．接受客户询价时必须询问客户什么内容？假设 10 月份客户请你报一个 2 件 1 吨从长沙到纽约的空运价格，应再向客户询问哪些细节？

操作二　填写托运书

检查货物完毕后，可指引托运人填写托运书，托运书是指托运人办理货物托运时填写的书面文件，是据以填开航空货运单的凭据。货物托运书被视为航空货物运输合同的一个组成部分——委托书，如表 5-8 所示。

表 5-8　SHIPPER'S　LETTER OF INSTRUCTIONS（托运书）

Shipper（"The Customer"）：托运人	Mawb No：	Hawb No.：
Consignee：收货人	××航空公司　Please Receive the undermentioned cargo for delivery by air in accordance with the terms and conditions overleaf and the conditions and provisions states or referred to on the air waybill form of the carrier（s）.	
Notify Party： Tel：　　　　Fax：	In the case of shipments requiring transportation by air through air carriers in the united states form the transshipment point（s） to final destination. I/we further agree to accept the limit of liability of that domestic air carrier as full settlement in the event of loss and/or damage of goods.	
Name of Carrier 飞机名称	Departure Airport 始发站机场	Airfreight Charges： ☐Prepaid　　☐Collect 运费支付情况	Other Charges： ☐Prepaid　　☐Collect 其他费用支付
Destination 目的机场	Country of Origin（Goods）：货物原产地		

续表

Marks and Kind of Packages: Description of Goods 唛头及商品描述		Gross Weight 毛重	Measurement 体积
Specify Currency 指定币种	Declared Value for Customs 供海关用声明价值	Declared Value for Carriage 供运输用声明价值	Insurance Amount 保险金额	Shipper's C.O.D 代收货款
Special Instructions: Agree Rate: 特殊说明			We hereby guarantee payment of all freight collect charges due to the fowarders or to the carrier. If the shipment is abandoned, refused by consignee. Returned at our request, confiscated by the customs or for any other reason can't be delivered within a reasonable time. We also agree that the forwards shall have all right of lien upon doc and/or goods of our company for unpaid freight and charges and such lien shall apply until all unpaid accounts are fully settled. We also guarantee that payment should be made right after job execution, latest 7 days after invoice date.We shall guarantee interest on all overdue accounts at 12%annum and pay reasonable legal charges in the event of judjcial proceedings to enforce collection. Other arrangements: In case of any other of special arrangements we agree to hold the forwarders exempt from any liability whatsoever arising out of unforeseen circumstances and/or acts of nature. ect	
Documents accompanying Airway Bill: ☐ Packing List ☐ Certificate of Origin ☐ Commercial Invoice ☐ Consular Invoice 货运单所附文件				
^^^				
Received the above shipment for: By: 承运人收取货物时签名			Signatory's Name in Block Letters: 姓名请用正楷书写	
^			Signature and Stamp: Date: 托运日期 (Month/Day/Year)	

一、货物国际运输托运规定

（1）托运人托运需要经过行政当局检验、检查的货物，应在办理货物托运手续之前自行办妥相关资料或文件。办理货物托运时，托运人应提供这些必需的资料或文件，以便在货物交付收货人之前完成法律和规定要求的手续；因没有此种资料、文件，或者此种资料、文件不充足、不准确或者不符合规定造成托运货物不能按时运输或按时交付，除由于承运人或者受雇人、代理人的过错造成的外，托运人应当承担责任。

（2）托运人应当自行办理海关手续。托运人托运我国政府有关部门和运输过程中有关国家的法律、行政法规和其他有关规定限制运输的货物，应当附有效证件。

（3）运输条件不同或货物性质不同而不能在一起运输的货物，托运人应当分别填写托运书。

（4）危险物品、动物、灵柩、骨灰、贵重物品、枪械、军械、外交信袋、鲜活易腐货物，成批或者超大件货物以及公务货物，应当由托运人通知收货人在到达站机场等候提取。

二、托运书的填写要求

（1）托运人应当使用钢笔或圆珠笔书写，有些项目，如名称、地址、电话、邮政编码等可以盖戳代替书写。字迹要清晰易认，不能潦草，不得使用非国家规定的简化字。托运人对所填写的单位、个人或物品等内容应当使用全称。

（2）托运人应当认真填写托运书，对托运书内容的真实性、准确性负责，并在托运书上签字或者盖章。

（3）一张托运书托运的货物，只能托运到一个目的地，只能有一个收货人。

（4）运输条件或性质不同的货物，不能使用同一张货物托运书托运。

- 运输条件不同，不能使用同一张货物托运书，如动物和普通货物；
- 不同时效的货物，不能使用同一张货物托运书，如急救药品和普通货物。

（5）托运的货物必须在货物托运书上详列物品的内容和数量。

实践与练习 5-8　填写托运书

根据航空运输任务 5-1 相关信息，填写托运书。

操作三　向航空公司订舱

货运代理公司在收运货物时可在授权的航空公司订舱系统中进行舱位的查询和预定，根据托运人的委托书内容向航空公司订舱，订舱时要注意以下事项。

（1）注意托盘货物的尺寸。

由于托盘货物整体组托，不可分割，比一般货物大，而机场的安检设备及飞机类型对货物尺寸都有要求（如上海浦东机场安检机最高通过 1.6 米高的货物），因此订舱时要注意托盘货物的尺寸。

（2）注意订舱要求中的现场操作要求，并核实货物情况。

货物在报关当日的航班出运，因操作时间比较紧张称为现场货物。航班时间早于下午 3 点的现场货物，必须在上午结束操作，紧急程度最高，航班时间晚于下午 3 点的现场货物，必须在下午结束操作，紧急程度一般，因此要根据现场操作的要求，跟踪核实货物的状态，以免延误航班。

（3）中转货物应提前确认二程舱位。

对于中转货物应提前确认二程舱位，以保证客户的货物安全准时的到达。

（4）货物类别对报关、运输的影响。

特殊物品和普通货物的报关、运输要求都不一样，如粉末，化工品等，要出具化工品鉴定证书，含有磁性（如扬声器），或在一定条件下能产生磁性的货物，会被要求做磁检，超过航空公司要求的磁性范围的，不能运输。因此订舱时一定要注意货物的属性，选择合适的航班，妥善准备好所需要的文件和单证。

实践与练习 5-9　快件货物运输要求

查询快件货物有什么特殊的运输要求？

操作四　签发航空运单

确认航班舱位后，制作运单，一般货运代理公司先缮制分运单，再缮制主运单，航空公司确认后签发主运单。

1．航空运单的定义和法律作用

航空运单是托运人委托承运人填制的，托运人和承运人之间为在承运人的航班上运输货物所订立合同的初步证据。其法律作用为：

（1）航空运单是托运人和承运人双方订立合同，接受货物和所列承运条件的证明，具有初步证据的效力。

（2）航空运单便于承运人的发运、交付；如果运费到付，承运人凭货运单向收货人收取运费。

（3）航空运单是货物随附的识别文件。

（4）航空运单是托运人合法行使处置权的证书。

（5）航空运单是交货收据和运费单据。

（6）如附加保险，航空货运单可以具有保险单的作用。

（7）航空运单可作为货物监管的凭证。

（8）运费结算的凭证。

2．航空运单的填写要求

（1）航空运单应由托运人填写，连同货物交给承运人。如应托运人请求代其填写货运单时，应根据托运书填写，并经托运人签字。此货运单应视为代托运人填写的货运单。

（2）航空运单由承运人（或其代理人）和托运人（或其代理人）双方签字或者盖章方可生效。

（3）航空运单应按编号顺序使用，不得越号。

（4）托运人应当对航空货运单上所填关于货物的说明和声明的正确性负责。

（5）当航空运单内容填写出现错误需要修改时，应将错误处划去，并在旁边空白处填写正确的内容，并在货运单各联的修改处加盖修改人的戳印。

每份航空运单只限修改1次，不得超过3处。如果发生多处填写错误无法修改清楚时，应另填制新的货运单，原货运单作废。

已经作废的航空运单，应在全部各联上加盖"作废"的戳印，除第八联留存外其余各联随同货物销售日报送财务部门注销。修改货运单时，还应严格遵守财务部门的其他各项规定。

3．航空运单的组成

航空运单一式八联，其中正本三联，副本五联。由托运人和承运人签字或盖章。正本的第一联交承运人，第二联交收货人，第三联交托运人。三联正本具有同等法律效力，航空运单如表5-9所示。

4．航空运单的填制

航空运单如表5-9所示。

表 5-9 航空运单

999										999—	
Shipper's Name and Address	Shipper's Account Number										
Consignee's Name and Address	Consignee's Account Number			Copies 1，2 and 3 of this Air Waybill are originals and have the same validity. It is agreed that the goods described herein are accepted for carriage in apparent good order And condition（except as noted）and subject to the conditions of contract on the reverse hereof. All goods may be carried by and other means Including road or any other carrier unless specific contrary Instructions are given hereon by the shipper. The shipper's attention Is drawn to the notice concerning carrier's limitation of liability. Shipper may increase such limitation of liability by declaring a higher value for carriage and paying a supplemental charge if required.							
Issuing Carrier's Agent Name and City				Accounting Information							
Agent's IATA Code	Account No.										
Airport of Departure（Addr. of First Carrier）and Requested Routing											
To	By First Carrier Routing and Destination	to	by	to	by	Currency	CHGS Code	WT/VAL PPD / COLL		Other PPD	Declared Value for Carriage	Declared Value for Customs
Airport of Destination	Flight/Date For carrier Use Only Flight/Date			Amount of Insurance				INSURANCE - If Carrier offers insurance, and such insurance is requested in accordance with the conditions thereof, indicate amount to be insured in figures in box marked "Amount of Insurance."			
Handing Information											
（For USA only） These commodities licensed by U.S. for ultimate destination Diversion contrary to U.S. law is prohibited											

续表

No of Pieces RCP	Gross Weight	kg/lb	Rate Class	Chargeable Weight	Rate Charge	Total	Nature and Quantity of Goods (incl. Dimensions or Volume)
			Commodity Item No.				

Prepaid Weight Charge	Weight Collect	Other Charges
Valuation Charge		
Tax		
Total other Charges Due Agent		Shipper certifies that the particulars on the face hereof are correct and that insofar as any part of the consignment contains dangerous goods, such part is properly described by name and is in proper condition for carriage by air according to the applicable Dangerous Goods Regulations.
Total other Charges Due Carrier		
		.... Signature of Shipper or his Agent
Total Prepaid	Total Collect	
Currency Conversion Rates	CC Charges in Dest. Currency	
		.... Executed on (date) at (place) Signature of Issuing Carrier or its Agent
For Carrier's Use only at Destination	Charges at Destination	Total Collect Charges
		999—

左上角：印制或者计算机打制承运人的票证注册代号。

依次填写始发站机场的 IATA 三字代码，由承运人填写。如果没有机场的 IATA 三字代码，可以填写机场所在城市的 IATA 三字代码。

右上角，航空运单号码由 8 位数字组成，前 7 位为顺序号，第 8 位为检查号。

Shipper's Name and Address，托运人姓名和地址：填写托运人的全名，地址填写国家名称、城市、街道的名称、门牌号码、邮政编码和电话号码。收货人的姓名要与其有效身份证件相符，地址要详细，邮政编码和电话号码要清楚准确。

Shipper's Account Number，托运人账号：根据承运人的需要，填写托运人账号。

Consignee's Name and Address，收货人姓名及地址：填写收货人的全名，地址填写国家名称、城市、街道的名称、门牌号码、邮政编码和电话号码。收货人的姓名要与其有效身份证件相符，地址要详细，邮政编码和电话号码要清楚准确。因货运单不能转让，此栏内不可填写"TOORDER"字样。

Consignee's Account Number，收货人账号：根据承运人的需要，填写收货人账号。

Issuing Carrier's Agent Name and City，代理人名称和城市：填写制单代理人的名称及其所在的城市，应清楚、详细。

Agent's IATA Code，代理人的 IATA 代号：在 NON-CASS 系统区，必须填写 IATA 7 位数字的代号；在 CASS 系统区，还应填写 3 位数字的地址代码及检查号。

Account No.，代理人账号：根据承运人的需要，填写代理人账号。

Airport of Departure，始发站机场：填写货物始发站的机场的名称，应填写英文全称，不得简写或使用代码。

Account Information，结算注意事项：填写与结算有关的注意事项。

a. 以现金或者支票支付货物运费，应予注明。

b. 以旅费证支付货物运费，仅限于作为货物运输的行李，填写旅费证的号码及应支付的金额，填写"客票及行李票"号码、航班、日期等 。

c. 以政府提单支付货物运费，填写政府提单的号码。

d. 因无法交付而退回始发站的货物，在新的货运单的此栏内填写原货单号码。

To，至：填写目的站或者第一中转站机场的 IATA 三字代码。

By First Carrier 第一承运人：填写第一承运人的全称或者 IATA 两字代码。

To，至：填写目的站或者第二中转站机场的 IATA 三字代码。

By，填写第二承运人的全称或者 IATA 两字代码。

To，至：填写目的站或者第三中转站机场的 IATA 三字代码。

By，填写第三承运人的全称或者 IATA 两字代码。

Currency，币种：填写始发站所在国家的货币的三字代码（由国际标准化组织，即 ISO 规定）。除（33A）至（33D）栏以外，货运单上所有货物运费均应以此币种表示。

CHGS Code，付款方式：填写货物运费的支付方式。

a. CA，Partial Collect Credit-Partial Prepaid Cash，部分到付信用卡-部分预付现金。

b. CB，Partial Collect Credit-Partial Prepaid Credit，部分到付信用卡-部分预付信用卡。

c. CC，All Charges Collect，全部货物运费到付。

d. CG All Charges Collect by GBL，全部货物运费到付政府提单。

e. CP，Destination Collect Cash，目的站到付现金。

f. CX，Destination Collect Credit，目的站到付信用卡。

g. NC，Charge，免费。

h. PC，Partial Prepaid Cash-Partial Collect Cash，部分预付现金－部分到付现金。

i. PD，Partial Prepaid Credit-Partial Collect Cash，部分预付信用卡－部分到付现金。

j. PG，All Charges Prepaid by GBL，全部货物运费预付政府提单。

k. PP，All Charges Prepaid by Cash，全部货物运费预付现金。

l. PX，All Charges Prepaid by Credit，全部货物运费预付信用卡。

WT/VAL，航空运费/声明价值附加费的付款方式：航空运费和声明价值附加费必须同时全部预付或者到付，并在相应的栏目"PPD"（预付）、"COLL"（到付）内填写"×"。

Other，其他费用的付款方式栏内的其他费用必须同时全部预付或者到付，依次栏内的其他费用必须同时全部预付或者到付，并在相应的栏目"PPD"、"COLL"内填写"×"。

Declared Value for Carriage，供运输用声明价值：填写托运人向承运人办理货物声明价值的金额。托运人未办理货物声明价值，必须填写"NVD"（No Value Declaration）字样。

Declared Value for Customs，供海关用声明价值：填写托运人向海关申报的货物价值。托运人未办理此声明价值，必须填写"NCV"（No Value Declaration）字样。

Airport of Destination，目的站机场：填写货物目的站的机场的名称，应填写英文全称，不得简写或使用代码。如有必要，填写该机场所属国家、州的名称或城市的全称。

Requested Flight/Date，航班/日期：填写托运人已经定妥的航班/日期：填写托运人已经定妥的续程的航班/日期。

Amount of Insurance，保险金额：中国民航不代理国际货物的保险业务，此栏填写"NIL"或者"×××"等字样。

Handling Information，储运事项：填写货物在仓储和运输过程中所需要注意的事项。例如：

a. 对于危险物品，填写"详见随附货运单的危险物品申报单"或者"危险物品一但不需危险物品申报单"或者"仅限货机"等。

b. 对于危险物品中包含有非危险物品，填写危险物品的件数。

c. 填写货物标志、数码以及货物包装方式等。

d. 填写除地址栏以外的其他在目的站的被通知人的名称、地址以及联系方式等。

e. 填写随附货运单的文件的名称。

f. 填写需要作特殊说明的其他情况。

但必须注意，这些事项应不能超过承运人的仓储、运输能力。

SCI，海关信息：填写海关信息，仅在欧盟国家之间运输货物时使用。

No. Of Pieces，RCP，件数/运价点：填写货物的件数，如果所使用的货物运价种类不同时，应分别填写，并将总件数填写在此处。如果货物运价系分段相加运价，将运价组成点（运价点）的 IATA 三字代码填写在件数下面。

Gross Weight，毛重：与件数相对应，填写货物的毛重，如果分别填写时，将总毛重填写在此处栏内。

Kg / Lb，毛重的计量单位：填写货物毛重的计量单位，"K"或者"L"分别表示"千克"或者"磅"。

Rate Class，运价种类：填写所采用的货物运价种类代号。
M——minimum charge，最低运费；
N——normal rate，普通货物标准运价；
Q——quantity rate，重量分界点运价；
C——specific commodity rate，指定商品运价；
S——class rate surcharge，附加等级运价；
R——class rate reduction，附减等级运价；
U——unit load device basic charge or rate，集装货物基础运价；
Commodity Item No.，商品代号：应根据下列情况分别填写。

使用指定商品运价时，填写指定商品代号。

使用等级货物运价时，填写所适用的普通货物运价的代号及百分比数。填写"R"（表示附减等级运价）："S"（表示附加等级运价）。

根据从低原则使用重量分界点运价时，填写重量分界点运价代号及分界点重量。

Chargeable Weight，计费重量：填写据以计收航空运费的货物重量。

Rate/Charge，费率：填写所适用的货物运价。

Total，航空运费：填写根据货物运价和货物计费重量计算出的航空运费额。如果分别填写时，将航空运费总额填写在内。

Nature and Quantity Goods，货物品名及数量（包括尺寸或体积）：填写货物的具体名称及数量。货物品名不得填写表示货物类别的统称，例如：不能填写电器、仪器、仪表等；鲜活易腐物品、活体动物等不能作为货物品名。托运人托运危险物品应填写其标准学术名称。作为货物运输的行李应填写其内容和数量，或随附装箱清单。

填写每件货物的外包装尺寸或体积，单位分别用厘米和立方米表示，货物尺寸按其外包装的长×宽×高×件数的顺序填写。

根据承运人的要求，填写有关服务代号。

Other Charges 其他费用：填写其他费用的项目名称和金额。在始发站发生的其他费用，应全部预付或者到付；也可以填写在运输过程中或目的站发生的其他费用，应全部预付或者到付，未在此栏内列明的其他费用；其他费用可以用下列代号表示。

AC——animal container，动物容器费；
AS——assembly service fee，集装服务费；
AW——air waybill fee，货运单费；
CD——clearance and handling—destination，目的站办理海关手续和处理费；
CH——clearance and handling，始发站办理海关手续和处理费；
DB——disbursement fee，货物运费到付手续费；
FC——charge collect fee，货物运费到付手续费；
GT——government tax，政府税；
IN——insurance premium，代办保险手续费；
LA——live animal，活体动物处理费；
MA——miscellaneous—due agent，代理人收取的杂项费；
MC——miscellaneous—due carrier，承运人收取的杂项费；
MO——miscellaneous，杂项费，如牛栏、马厩的租用费；

MZ——miscellaneous——due issuing carrier，制单承运人收取的杂项费；

PK——packaging，货物包装费；

PU——pick—up，货物提取费；

RA——dangerous goods fee，危险物品处理费；

SD——surface charge——destination，目的站地面运输费；

SO——storage——origin，始发站仓储费；

SR——surface charge——origin，始发站地面运费；

SU——storage——destination，目的站仓储费；

TR——transit，过境费；

TX——taxes，税款；

UH——ULD——handling，集装设备处理费。

在相应的其他费用代号后加"C"表示该项费用由承运人收取，加"A"表示该项费用由代理人收取。

Weight Charge，航空运费：填写航空运费总额，可以预付或者到付，根据付款方式分别填写。

Valuation Charge，未声明价值附加费：填写按规定收取的声明价值附加费，可以预付或者到付，根据付款方式分别填写。

Tax 税款：填写按规定收取的税款额，可以预付或者到付，根据付款方式分别填写，但是，必须同时全部预付或者同时全部到付。

Total Other Charges Due Agent，交代理人的其他费用总额：填写交代理人的其他费用总额，可以预付或者到付，根据付款方式分别填写。

Total Other Charges Due Carrier，交承运人的其他费用总额：填写交承运人的其他费用总额，可以预付或者到付，根据付款方式分别填写。

根据承运人的要求，填写应收取的有关费用额，可以预付或者到付，付款方式分别填写。

Total prepaid，全部预付货物费用的总额，合计的预付货物运费的总额。

Total Collect，全部预付货物费用的总额，合计的到付货物运费的总额。

Signature of Shipper or his Agent，托运人或其代理人签字、盖章：由托运人或其代理人签字、盖章。

Executed on（date）填开日期：填写货运单的填开日期，年、月、日。

at（place），填开地点：到付货物运费：填写货运单的填开地点。

Signature of Issuing or its Agent，制单承运人或其代理人签字、盖章：由填制货运单的承运人或其代理人签字、盖章。

For Carrier's Use only at Destination，仅限在目的站由承运人填写。

Currency Conversion Rates，汇率：所在国家的币种和汇率。

CC Charge in Dest. Currency，到付货物运费：填写根据汇率到付货物运费换算成的金额。

Charges at Destination，目的站其他费用额：填写在目的站发生的货物运费额。

Total Collect Charge，填写合计金额。

Reference Number，证明编号：填写托运人、代理人和承运人均认可的某些证明的编号。

承运人同意，填写某些事项。

at（place），提取货物地点：填写收货人提取货物的地点。

on（date/time），提取货物时间：填写收货人提取货物的日期（时间）。

Signature of Consignee or his Agent，收货人或其代理人签字：由收货人签字。

5．航空运单分类

航空运单主要分为航空主运单和航空分运单两大类。

（1）航空主运单（**MAWB，Master Air Waybill**）。凡由航空运输公司签发的航空运单就称为主运单。它是航空运输公司据以办理货物运输和交付的依据，是航空公司和托运人订立的运输合同，每一批航空运输的货物都有自己相对应的航空主运单。

（2）航空分运单（**HAWB，House Air Waybill**）。集中托运人在办理集中托运业务时签发的航空运单被称作航空分运单，集中托运人一般为货运代理公司。

在集中托运的情况下，除了航空运输公司签发主运单外，集中托运人还要签发航空分运单。

航空分运单作为集中托运人与托运人之间的货物运输合同，合同双方分别为货A、B和集中托运人；而航空主运单作为航空运输公司与集中托运人之间的货物运输合同，当事人则为集中托运人和航空运输公司。货主与航空运输公司没有直接的契约关系。

不仅如此，由于在起运地货物由集中托运人将货物交付航空运输公司，在目的地由集中托运人或其代理从航空运输公司处提取货物，再转交给收货人，因而货主与航空运输公司也没有直接的货物交接关系。

（3）主运单与分运单的异同

● 签发人不同：主运单是航空公司签发；分运单是货运代理公司签发（一般为代理公司自行印刷）；

● 运单号码规律不同：主运单号码的构成是航空公司 3 字代码加 8 位数字（如999-11111111），主运单最后一位数字为校验码；分运单的号码组成没有必然的规律，一般为签发分运单的公司代码加一串数字（如 CTS12345678）。

（4）总、分运单间的关联

● 如果有分运单，必然有总运单，且总运单上的收发货人一般均为货运代理公司；

● 分运单件数相加必须=总运单件数；

● 分运单毛重相加一般必须=总运单毛重，如果有分运单，则主运单的品名栏必须显示"Consolidation as per attached manifest"。

阅读理解

今后，纸质货运单是否会烟消云散，就像如今的电子客票？

据行业组织预计，一旦整个供应链——包括托运人、代理人、地面操作商和海关联检单位以及航空公司——认可电子货运项目计划，将纸质文档替换为数字文件，整个业界每年可以削减成本 50 亿美元。

德国汉莎货运公司早在 2007 年就开始关注无纸化供应链的可行性,分析其现有系统和更改所需的基础设施之间的差距。公司花了 5 年时间准备，最终推出大规模 e-AWB，2012年年底，超过 250 家客户从电子货运中受益。比如，在德国和日本贸易通道上，该承运人计算约 25%的出货量能以电子方式处理。

思考：推行电子货运单的困难有哪些？

实践与练习 5-10　填写航空运单

根据航空运输任务 5-1 的相关信息，填写航空运单。

操作五　计算运费

缮制航空运单时，需填写运费计算栏，经查阅，中国南方航空公司深圳到北京的运费报价如表 5-10 所示。

表 5-10　广州白云国际机场（CAN）到北京首都国际机场（PEK）空运运价

M	−45	+45	+100	+300	+500	+1000
60	8.60	7	4.50	3	2.5	2

实践与练习 5-11　计算航空运费

根据中国南方航空公司的报价，请计算航空运输任务 5-1 中货物从广州空运到北京所需的运费。

货物的航空运费是指将一票货物自始发地机场运输到目的地机场所应收取的航空运输费用。由于航空运输货物的种类繁多，运输的货物种类和运输起讫地点的 IATA 区域使航空货物运价分门别类。同时，由于飞机业务载运能力受飞机最大起飞全重和货舱本身体积的限制，因此，货物的计费重量需要同时考虑其体积重量和实际重量两个因素。

一、货物运费计算中的基本知识

1. 基本概念

（1）运价（Rate）。运价又称费率，是指承运人对所运输的每一重量单位货物（千克或磅）（kg or lb）所收取的自始发地机场至目的地机场的航空费用。随着运输重量的增大，费率越来越低，保证飞机的舱位有充分的货物。

（2）航空运费（Weight Charge）。货物的航空运费是指航空公司将一票货物自始发地机场运至目的地机场所应收取的航空运输费用。该费用根据每票货物所适用的运价和货物的计费重量计算而得，不包括其他费用。

（3）其他费用（Other Charges）。其他费用是指由承运人、代理人或其他部门收取的与航空货物运输有关的费用。

在组织一票货物自始发地至目的地运输的全过程中，除了航空运输外，还包括地面运输、仓储、制单、国际货物的清关等环节，提供这些服务的部门所收取的费用即为其他费用。比如：取货、送货服务费和机场与市区货运站之间的地面运输费；货物保管费；保险费；垫付款项；危险品操作费；燃油附加费（无佣金）；为办理货物报关而发生的费用；货物关税、税费或罚款；修理破损包装的费用；用其他运输方式办理的货物预运、转运和续运费用，以及货物运回原始发地点的费用。

2. 计费重量（Chargeable Weight）

计费重量是指用以计算货物航空运费的重量。货物的计费重量或者是货物的实际毛重，或者是货物的体积重量，或者是较高重量分界点的重量。

（1）实际毛重（Actual Gross Weight）。实际毛重包括货物包装在内的货物重量，称为货物的实际毛重。

（2）体积重量（Volume Weight）。按照国际航协规则，将货物的体积按一定的比例折合成的重量，称为体积重量。由于货舱空间体积的限制，体积重量大于实际重量货物，一般是低密度的货物，称为轻泡货物。体积重量的计算规则为：不论货物的形状是否为规则的长方体或正方体，计算货物体积时，均应以最长、最宽、最高的三边的厘米长度计算。长、宽、高的小数部分按四舍五入取整，体积重量的折算，换算标准为每6000立方厘米折合1千克，即：

体积重量（千克，kg）=货物体积/6000cm^3/kg

（3）计费重量（Chargeable Weight）。一般地，采用货物的实际毛重与货物的体积重量两者比较取高者；但当货物按较高重量分界点的较低运价计算的航空运费较低时，则此较高重量分界点的货物起始重量作为货物的计费重量。

国际航协规定，国际货物的计费重量以0.5千克为最小单位，重量尾数不足0.5千克的，按0.5千克计算；0.5千克以上不足1千克的，按1千克计算。

3. 最低运费（Minimum Charge）

最低运费（Minimum Charge）：最低运费是指一票货物自始发地机场至目的地机场航空运费的最低限额。

货物按其适用的航空运价与其计费重量计算所得的航空运费，应与货物最低运费相比，取高者。

二、航空货物运输运价体系

（一）协议运价

是指航空公司与托运人签订协议，托运人保证每年向航空公司交运一定数量的货物，航空公司则向托运人提供一定数量的运价折扣。

目前航空公司使用的运价大多是协议运价，但在协议运价中又根据不同的协议方式进行如下细分：长期协议；短期协议；包板（舱）；销售量返还；销售额返还；自由销售也称议价货物或是一票一价。

（二）国际航协运价

国际航协运价是指IATA在TACT运价资料上公布的运价。国际货物运价使用IATA的运价手册——TACT RATES BOOK，结合并遵守国际货物运输规则——TACT RULES共同使用。但从实际操作来看，各国从竞争角度考虑，很少有航空公司完全按照国际航协运价，大多进行了一定的折扣，但该运价对各国来说，都有参考价值。按照IATA货物运价公布的形式划分，国际货物运价可分为公布直达运价和非公布的直达运价。

> **知识链接**
>
> TACT是The Air Cargo Tariff的英文缩写，TACT是国际航空出版社（IAP）与国际航

空运输协会（IATA）合作出版的《空运货物运价表》的缩写。

1975年，一些航空公司各自出版其运价手册，其中的内容大致相同，但是格式相差甚远。为了减少浪费，并使运价手册更加具有实用性，国际航协决定共同出版一本通用的运价手册，这就是TACT的来历。

公布直达运价包括普通货物运价（General Cargo Rate）、指定商品运价（Specific Commodity Rate）、等级货物运价（Commodity Classification Rate）、集装货物运价（Unit Load Device Rate）。

1．普通货物运价（简称GCR）

普通货物运价是指除了货物运价和指定商品运价以外的适合于普通货物运输的运价。

一般地，普通货物运价根据货物重量的不同，分为若干个重量等级分界点运价。例如，"N"表示标准普通货物运价，指的是45千克以下的普通货物运价（如无45千克以下运价时，N表示100千克以下普通货物运价）。同时，普通货物运价还公布有"Q45"、"Q100"、"Q300"等不同重量等级分界点的运价。这里"Q45"表示45千克以上（包括45千克）普通货物的运价，依次类推。对于45千克以上的不同重量分界点的普通货物运价均用"Q"表示。

用货物的计费重量和其适用的普通货物运价计算而得的航空运费不得低于运价资料上公布的航空运费的最低收费标准（M）。

如任务中深圳到北京的运价表中，最低收费标准M为60元，当托运的货物小于45千克时，运输费率为8.6元/千克，当托运的货物重量大于等于45千克，小于100千克时，运输费率为7元/千克，以此类推。

2．指定商品运价（简称SCR）

指定商品运价是指适用于自规定的始发地至规定的目的地运输特定品名货物的运价。

通常情况下，指定商品运价低于相应的普通货物运价。就其性质而言，该运价是一种优惠性质的运价。鉴于此，指定商品运价在使用时，对于货物的起讫地点、运价使用期限、货物运价的最低重量起点等均有特定的条件。

指定商品运价的原因可归纳为以下两方面：其一，在某特定航线上，一些较为稳定的货主经常地或者是定期地托运特定品名的货物，托运人要求承运人提供一个较低的优惠运价；其二，航空公司为了有效地利用其运力，争取货源并保证飞机有较高的载运率，向市场推出一个较有竞争力的优惠运价。有些指定商品运价也公布了不同的重量等级分界点，旨在鼓励货主托运大宗货物，并意识到选择空运的经济性及可行性。

3．等级货物运价（CCR）

等级货物运价是指在规定的业务区内或业务区之间运输特别指定的等级货物的运价。

IATA规定，等级货物包括下列各种货物：活动物；贵重货物；书报杂志类货物；作为货物运输的行李；尸体、骨灰；汽车等。

三、运费计算步骤

第一步：计算出航空货物的体积（Volume）及体积重量（Volume Weight）。

体积重量的折算，换算标准为每6000立方厘米折合1千克。即：

体积重量（千克）＝货物体积/6000cm^3/kg

第二步：计算货物的总重量（Gross Weight）。

第三步：比较体积重量与总重量，取大者为计费重量（Chargeable Weight）。根据国际航协规定，国际货物的计费重量以 0.5 千克为最小单位，重量尾数不足 0.5 千克的，按 0.5 千克计算；0.5 千克以上不足 1 千克的，按 1 千克计算。

第四步：根据公布运价，找出适合计费重量的适用运价（Applicable Rate）。

第五步：计算航空运费（Weight Charge）。

航空运费＝计费重量×适用运价

第六步：若采用较高重量分界点的较低运价计算出的运费比第五步计算出的航空运费较低时，取低者。

第七步：比较第六步计算出的航空运费与最低运费 M，取高者。

例：Routing：Beijing，CHINA（BJS） to TOKYO，JAPAN（TYO）

　　　　Commodity：Sample

　　　　Gross Weight：25.2kg

　　　　Dimensions：82cm×48cm×32cm

计算该票货物的航空运费。

公布运价如下：

BEIJING	CN		BJ
Y. RENMINBI	CNY		kg
TOKYO	JP	M	230.00
		N	37.51
		45	28.13

解：

（1）volume：82cm×48cm×32cm=125 952cm^3

volume weight：125 952cm^3/6000cm^3/kg

=20.99kg = 21.0kg

gross weight：25.2kg

chargeable weight：25.5kg

applicable rate：GCR N 37.51CNY/KG

weight charge：25.5×37.51=CNY956.51

（2）采用较高重量分界点的较低运价计算，

chargeable weight：45kg

applicable rate：GCR Q 28.13CNY/KG

weight charge：45×28.13=CNY1265.85

（1）与（2）比较，取运费较低者。

Weight charge：CNY 956.51

航空货运单运费计算栏填制如下：

No.of Pieces RCP	Gross Weight	kg ld	Rate Class		Chargeable Weight	Rate/ Charge	Total	Nature and Quantity of Goods （Incl Dimensions or Volune）
				Commodity Iem No				
1	25.2	K	N		25.5	37.51	956.51	SAMPLE DIMS：82cm×48cm×32cm

四、运价的使用顺序

如果有协议运价，则优先使用协议运价。

在相同运价种类、相同航程、相同承运人条件下，公布直达运价应按下列顺序使用。

（1）优先使用指定商品运价。如果指定商品运价条件不完全满足，则可以使用等级货物运价和普通货物运价。

（2）其次使用等级货物运价。等级货物运价优先于普通货物运价使用：如果货物可以按指定商品运价计费，但如果因其重量没满足指定商品运价的最低重量要求，则用指定商品运价计费可以与采用普通货物运价计费结果相比较，取低者。如果该指定商品同时又属于附加的等级货物则只允许采用附加的等级货物运价和指定商品运价的计费结果比较，取低者，不能与普通货物运价比较。如果货物属于附减的等级货物，即书报杂志类、作为货物运输的行李，其等级货物计费则可以与普通货物运价计算的运费相比较，取低者。

（3）如果当运输两点间无公布直达运价，则应使用非公布直达运价：优先使用比例运价构成全程直达运价。当两点间无比例运价时，使用分段相加办法组成全程最低运价。

五、集中托运货物运价

1. 集中托运货物的定义

混运货物（Mixed Consignment）指使用同一份货运单运输的货物中，包含有不同运价、不同运输条件的货物。

2. 集中托运货物中不得包括的物品

集中托运货物不得包括的物品有：TACT Rules 3.7.6 中规定的任何贵重货物；活体动物；尸体、骨灰；外交信袋；作为货物运送的行李；机动车辆（电力自动车辆除外）。

3. 申报方式与计算规则

（1）申报整批货物的总重量（或体积）。计算规则：集中托运货物被视为一种货物，将其总重量确定为一个计费重量。运价采用适用的普通货物运价。

（2）分别申报每一种类货物的件数、重量、体积及货物品名。计算规则：按不同种类货物适用的运价与其相应的计费重量分别计算运费。

注：如果集中托运货物使用一个外包装将所有货物合并运输，则该包装物的运费按混运货物中运价最高的货物的运价计收。

（3）声明价值。集中托运货物只能按整票（整批）货物办理声明价值，不得办理部分货物的声明价值，或办理两种以上的声明价值。所以，混运货物声明价值费的计算应按整票货物总的毛重。

（4）最低运费。集中托运货物的最低运费，按整票货物计收。即无论是分别申报还是不分别申报的混运货物，都按其运费计算方法计得的运费与起止地点间的最低收费标准比较，取高者。

> 阅读理解

航空货运中"吃泡"的含义

货运代理人在向航空公司办理集中托运时，由于货物混载及货物集装，可以将泡货和重货搭配，从而使整体货物的计费重量小于泡货计费重量和重货计费重量之和。二者之间的差距就是所吃掉的泡，俗称吃泡。

例：货物 1：重量为 1000 千克，体积为 3 立方米，则体积重量为 500 千克，因此计费重量为 1000 千克（重货）

货物 2：重 1000 千克，体积为 10 立方米，则体积重量 1667 千克，因此计费重量 1667 千克（泡货）

货物 1+货物 2：重量为 2000 千克，体积为 13 立方米，则体积重量 2167 千克，因此计费重量为 2167 千克，而直接将货物 1 和货物 2 的计费重量相加为 2667 千克，则 2667 千克和 2167 千克之间的差距 500 千克就是所吃掉的泡货重量。

实践与练习 5-12 运费时效差异对比

张先生托运一批普通货物从北京运往广州，货物一共 5 箱，每箱 40 千克，体积 60 厘米×50 厘米×40 厘米，请登录顺丰快运、德邦物流、北京宏远快达航空货运代理有限公司的官方网站查询运输费率，计算该批货物的运费及运输时效完成表 5-11，比较三者的差异。

表 5-11 运费时效差异对比表

物流公司	运输费率	总运费	运输时效
顺丰速运			
德邦物流			
宏远快达			

操作六 贴挂标签

货物标签的使用规定

货物标志、标签分为粘贴式（标贴）和栓挂式。

货物标签的内容包括：货运单号码、始发站和到达站名称（三字代码）、件数及重量，如图 5-5 所示。

图 5-5 货物标签

（1）每件货物均需牢固地贴挂一个货物标签，体积较大的货物，应贴挂多个标签。其粘贴位置如下：

- 方形货物，统一粘贴在同一侧面左上角；
- 圆形货物，统一粘贴在外弧侧面中部；
- 不规则货物，统一粘贴在易于看见的部位。

（2）箩筐、布袋和不易于粘贴标签的其他货物等不得使用粘贴式标签，可统一在易见部位采用栓挂式吊签的形式（可用两张标签合贴，在其中间钻孔穿线），做到不易脱落。

（3）凡是用陶瓷、玻璃瓶作容器的液体、气体货物，其外包装必须粘贴"小心轻放"、"向上"的指示标贴；凡是精密易损、质脆易碎的外包装，必须粘贴"小心轻放"及根据货物的性质粘贴"向上"的指示标贴；其他货物必须按货物的特性，正确粘贴指示标贴。体积较大的货物，要在包装两边或四边粘贴指示标贴。

（4）超重货物的包装外面，应另有标明"重心点"、"由此吊起"的指示标贴。

实践与练习 5-13　货物标签差异对比

收集其他物流公司航空运输货物标签，比较异同点。

操作七　安检打板

货运代理人根据航班时间将货物送至机场货运站，机场安检机构负责对进入航空货物控制区的航空货物实施安全检查工作，安检通过后送机场货运站进行配载打板。

一、打板的概念

打板就是把需要装进飞机肚子里的货物先按照一定的规矩装到集装器上。除了那种特别小的飞机没有集装器而只装散货舱外，其他飞机通常都有集装器（板或者箱）。

打板实际包含了装箱这个动作，就是将货按照一定的规律，比如下重上泡，装在板上或者箱里，板分成高、中、低几种规格，每块板、箱都有自己的体积（容积）、重量的限制，装货的民工就将货按规律堆在这些集装器上，蒙上网罩或者关上箱门，之后由划平衡的人员根据板箱的重量划平衡，把板箱号标注在配载单上，民工根据这个单子把事先打好的板或箱按顺序装到机舱的指定位置。

如果货代公司可以自己打板的话，通常是与航空公司签署了包板协议，与航空公司是按板结算，这样可以根据货物的重泡自己决定如何配货，可以实现重泡搭配效益最大化，获取最大的利润空间。

二、打板的基本原则

（1）检查所有待装货物，设计货物组装方案。

（2）一般情况下，大货、重装货在集装板上；体积较小、重量较轻的货物装在集装箱内。组装时，体积或重量较大的货物放在下面，并尽量向集装器中央集中码放；小件和轻货放在中间；危险物品或形状特异可能危害飞机安全的货物，应将其固定，可用填充物将集装器塞满或使用绳、带捆绑。合理码放货物，做到大不压小、重不压轻、木箱或铁箱不压纸箱。同一卸机站的货物应装在同一集装器上，一票货物应尽可能集中装在一个集装器上，避免分散装在不同的集装器上。

（3）在集装箱内的货物应码放紧凑，间隙越小越好。

（4）如果集装箱内没有装满货物，即所装货物的体积不超过集装箱容积的2/3，且单件货物重量超过150千克时，就要对货物进行捆绑固定。

（5）特别重的货物放在下层，底部为金属的货物和底部面积较小重量较大的货物必须使用垫板。

（6）装在集装板上的货物要码放整齐，上下层货物之间要相互交错，骑缝码放，避免货物与货物坍塌、滑落。

（7）装在集装板上的小件货物，要装在其他货物的中间或适当地予以固定，防止其从网套及网眼中滑落。一块集装板上装载2件或2件以上的大货时，货物之间应尽量紧邻码放，尽量减少货物之间的空隙。

（8）探板货物组装：一般情况下不组装低探板货物。确因货物多，需充分利用舱位，且货物包装适合装低探板时，允许装低探板。但是，装低探板货物要按照标准码放，码放货物要合理牢固，网套要挂紧，必要时要用尼龙带捆绑，保证集装货物在运输过程中不发生散落或倾斜。

实践与练习 5-14　航空禁运、限运货物

查阅资料比较航空旅客运输禁止携带、托运及禁止携带可托运的物品与航空货物运输禁运和限运货物异同地方？

操作八　装机发运

安检打板完毕后，就可交单交货给航空公司，由航空公司安排航空运输。

交单就是将随机单据和应由承运人留存的单据交给航空公司。随机单据包括第二联航空运单正本、货物发票、货物装箱单、产地证明、品质鉴定证书。

交货即把与单据相符的货物交给航空公司。交货前必须粘贴或拴挂货物标签，清点和核对货物，填制货物交接清单。大宗货、集中托运货，以整板、整箱称重交接。零散小货按票称重，计件交接。

一、分批运输

1．一张货运单的货物应尽可能一次运清，避免分批发运。必须分批发运的，也应尽可能减少分批次数，以免增加工作手续和发生差错。分批发运的货物，每批都要过秤、清点件数、填写分批单，分批单必须逐栏填写清楚，不得省略。

2．分批单一式二联，上联留始发站作为下批发运的依据，下联随同本批货物带给到达站。货运单目的站联应随同第一次分批单带给到达站。

3．联程货物分批发运的，如分批发运的货物在联程站照单全部转运，联程站可将原分批单随货运出，不必另开单。如联程站需再分批时，则应根据原分批单换开分批单，待运栏填该票货运单货物中已运到本站的待运货物件数和重量，原分批单（即下联）连同换开

的新分批单（上联）一起存本站。

> **知识链接**

中转联程是指航空公司将航班资源进行有效的组合，形成航线网络，将旅客或货物从始发地经一个或多个中转地运送至目的地，同时可以最大限度地发挥航空运输方便、快捷的优势，提供更多的便捷和实惠。例如：从呼和浩特到三亚，中间从北京中转，购买的从呼和浩特到北京、北京再到三亚的机票就是联程机票。例如：需要去上海和深圳两个城市办事，可以选择北京—上海—深圳的中转联程机票，价格会非常实惠，但是要注意中转停留站的停留时间，中转联程的价格比正常直达票价低很多。

二、中转货物运输

1．联程货物（中转）是指经由两个或两个以上的航班运送才能到达目的地的货物。

2．始发站要根据运力、机型情况有计划地收和运，成批货物要经联程站同意；联程站要及时转运，做好记录。

3．动物、鲜活易腐等特种货物一般不办理中转业务，特殊情况时，要事先向中转站定妥转运航班和舱位。飞机起飞后，要向联程站、目的站发报。

4．出发站根据联程站的机型和装卸条件填制货运单，运费一次收清。

> **阅读理解**

中国民航网 2013 年 3 月 8 日讯：在刚刚过去的春运货运旺季，天津航空有限责任公司（TianjinAirlinesCo., Ltd.，简称"天津航空"）货运部天津中转货量 96 吨，在近 4 个月搭建运营后，天津航空天津地区的货运中转业务初具规模。

2012 年年底，天津航空推出了货运中转业务，正式开始实施搭建"天网工程"的战略举措。（中转业务即货物由发站发送至中转站，再由中转站转运至全国各地，此业务可服务航线资源较少的中小城市开展空中货运服务。）天津航空利用中转航班将其所执行的干、支航线串联成货运运输网络，以此提高该公司的航线网络覆盖面，扩展货物运输网络。据天津航空货运部相关负责人向我们介绍说："发展中转业务有利于天航货运部的转型升级，有利于丰富天航货运产品体系，有利于提高天航货运市场竞争力，对打造天津航空货运品牌起着至关重要的意义"。

一位来自天津的客户反馈说，借力天津航空中转业务的开展，他们公司近几个月的收益也得到了明显的提高。原来他们公司的货物由于受到直航航班舱位限制，每天只能运输 2 吨，限制了其业务的开展，而天津航空开展中转业务后，积极主动为其安排中转航线，提供了多条线路的中转渠道，并提供全程跟踪保障，现在每天可以为此公司提供 4 吨的舱位，满足了其运输需求，借助于天航的货运中转盘活了这家公司的各项货运业务，公司效益较前期提升了将近一倍。

思考：中转联运对发展航空货运有何作用？还有哪些形式？

资料来源：中国民航网 http://www.caacnews.com.cn/

操作九 到达交付

货物到达目的机场后,航空公司通知货运代理人进行提货和抽单(即提取随机的航空运单、货物发票、货物装箱单、产地证明等单证,用于报关报检),然后由货运代理人发到货通知给收货人,请收货人提供相关的清关单据,以便快速地清关提货。如果查询货物是否到达目的港,一般有两个方式,一是可以通过主单号在航空公司网站上查询货物的运输状态,二是可以拨打当地货运站的电话,提供主单号让服务人员查询。

一、到货通知

"到货通知"通常以电话或书面等方式发出。

1. 电话通知

凡能用电话通知的应当尽量用电话通知。在用电话通知时,应当交代有关事项,问明收货人姓名并将通知日期和收货人姓名记录在货运单有关栏内备查。

2. 书面通知

对于不使用电话通知的收货人,可采用邮寄提货通知的办法进行通知。到货通知单采取单页卡片式挂号交寄。对于利用航空运输进口的货物,到货通知书是海关要求在货物申报时必须提供的,是由货运代理制作的,以供海关辨认货物存储地点并确认舱单确认人。

除货运单上另有特别声明外,航空公司将托运货物交付给货运单收货人栏内显示的收货人。

除另有约定外,收货人应当在航空公司指定的地点提取货物。

二、货物运输事故记录

1. 如果收货人在提取货物时发现货物毁灭、遗失、损坏或者延误等,应立即提出异议,经双方共同查验、确认后,据实填写货物交付状态记录或者详细记录在货运单上,由双方签字或盖章,该记录作为收货人日后向航空公司提出索赔的依据。
2. 在交付货物时,应当将运输事故记录附上,会同收货人共同检查货物内容。
3. 在收货人签收时,可给予一份运输事故记录,作为日后索赔凭证。
4. 对联程货物,必须将包装修复或重新包装后,才能续运。
5. 破损货物转运时,应当做好运输事故记录多份,将此记录附载货运单上,随货物运往到达站。

收货人提取货物并且未提出异议,即视为货物已经在完好状态下按照运输合同完成交付。

当航空公司已经向收货人发出"到货通知"或收货人已开始办理海关手续,但根据适用法律或海关要求,货物又被移送海关或其他主管当局,货物即被视为已送交收货人。

三、货物交付

(1)收货人应在承运人指定的提货地点提取货物。提取运费到付的货物,应按规定交付运费及手续费后方可提货。对活体动物、鲜活易腐货物及其他指定航班的货物,托运人应负责通知收货人到目的地机场等候提取。

(2)查验收货人的有效身份证件,必要时,收货人应当提供盖有公章的提货证明,防止冒提和误交，以及提货是否超过免费保管期限。

（3）收货人如遗失提货证明，应当向承运人声明，并提供有效的证明文件来提取货物。

（4）收清应当向收货人收取的所有应付费用，如运费、保管费和其他费用。

（5）根据货运单核对发货标志和货物标签无误后，将货物点件、对号交给收货人；请收货人查看货物是否完整无损，对贵重物品和重要货物，更应当查验清楚。

如发现不正常情况，按下列办法处理。

● 货物包装破损，内件缺少或损坏，重量不符，应当和收货人当面检查复秤，填制事故记录。如属承运人责任事故，应当按照有关赔偿规定处理。

● 如货物的短少或损失、损坏责任不明，应当负责进行调查，明确责任，并按照调查结果处理。

● 保险货物发生短少、损坏应当告知收货人在承运人出具事故记录的 14 天内向所在地保险公司申请办理索赔。

（6）收货人提取货物并在航空货运单上签字而未提出异议，则视为按运输合同规定货物已完好交付。

（7）承运人按照适用的法律、政府规定或命令将货物移交给国家主管机关或部门，应视为完成交付。发生此类情况时，承运人应通知托运人或收货人。

（8）经常有货物到达的单位，与承运人协商同意后可以出具委托书指定专人凭印签提货，不必每次都开具证明。

（9）到达站应当将已交付货物的货运单逐日整理，按日期装订，妥善保存，以备查考。

四、货物保管费收取规定

1．普通货物

自承运人发出到货通知的次日起免费保管 3 日。分批到达的普通货物的免费保管期限从通知提取最后一批货物的次日算起。超过免费保管期限的货物，每日每千克收取保管费人民币 0.10 元，保管期不满 1 日按 1 日计算。每份货运单最低收取保管费人民币 5.00 元。

2．贵重物品

自贵重物品到达目的站的次日起，每日每千克收取保管费人民币 5.00 元，保管期不满 1 日按 1 日计算。每份货运单最低收取保管费人民币 50.00 元。

3．危险物品

自危险物品承运人发出到货通知的次日起免费保管 3 日。超过免费保管期限的货物，每日每千克收取保管费人民币 0.50 元，保管期不满 1 日按 1 日计算。每份货运单最低收取保管费人民币 10.00 元。

4．需冷藏的鲜活易腐物品、低温、冷冻物品

凡需冷藏的鲜活易腐物品、低温、冷冻物品，自航班到达后免费保管 6 小时。超过 6 小时，每日每千克收取保管费人民币 0.50 元，保管期不满 1 日按 1 日计算。每份货运单最低收取保管费人民币 10.00 元。

阅读理解

托运 20 万元摄影设备丢失

新快报讯，李女士说，今年 9 月初，她从北京进了 2 箱摄影设备，进价 20 万元。对方

委托北京 AA 货运公司负责发货。然而，李女士两次到××航空公司货运部提货，两次被告知没找到货。

北京 AA 货运公司杨经理对记者说，李女士在西安拿到了提货单，就说明 2 箱摄影设备被送上了飞机。按照航空公司空运货物的流程，货物登机前，要过 5 个程序，每个程序都要盖章确认，并留下一联单据，货物登机后，货运单会被装入业务袋，随航班发到西安。

杨经理还说，其公司代理发送到西安的货物非常多，所以会把很多货物封装在一块集装板上。如果李女士的摄影设备没上飞机，就会有上百件货物没上飞机，会有很多人提不到货。而据李女士说，当时有很多人和她提的是同一个航班的货，但没有提到货的只有她一个。

××航空公司货运部表示，这事××航空公司没有责任，那 2 箱摄影设备根本就没上飞机。之后，李女士先后十多次找××航空公司货运部进行协商，始终没有结果。

××航空公司货运怪摄影设备没办保险。

李女士说，货运部一位姓金的负责人说，物流中丢货很正常。这事最多按照货物丢失处理，赔偿标准是每公斤不超过 100 元，两箱摄影设备总重 33 千克，可以给李女士赔偿 3300 元。这位姓金的负责人对记者说，这事只能怪李女士的摄影设备没有办保险，按照航空运输的赔偿规定，只能赔这么多钱。

思考：1. 航空货运货物频频丢失反映了什么问题？
2. 分别从货运代理和航空公司两个角度分析如何避免客户的损失？

资料来源：根据凤凰网 http://news.hexun.com/2011-11-10/135097048.html 一文整理

能力拓展

学习目标

1．了解航空运输避免收危险品的方法。
2．熟悉航空运输风险避免措施。

学习任务

1．能够识别航空货物运输危险品。
2．能够办理航空货物运输险。
3．能够进行航空货运风险的防范。

模块一　避免误收危险品

机场和航空公司货站是民航运输生产的重要部门，担负着空防安全和货邮运输等职责，工作关乎旅客生命和国家财产安全，可谓职责重大不容有失。随着我国经济社会的发展和民航强国建设的深入，客观环境和条件的变化对货站安全管理工作提出了新的要求。

众所周知，危险品在航空运输过程中，因气压、温度变化，或受震动、空间限制等，可能发生爆炸、自燃、有毒气体泄露等，对飞机、生命、货物造成伤害。国家有关部门对危险品的生产、仓储、运输、装卸都有严格的规定，无论是操作主体、操作方法还是操作费用都有不同的要求。但是偏偏有一些客户出于种种不可告人的目的，将危险品瞒报，货运公司如果稍不当心，就会被卷入涉嫌隐瞒危险品的旋涡，使公司的信誉、经济及业务受到极为恶劣的影响。因此，货运公司若要健康长远发展，就必须加强对危险品、一般化工产品运输的风险防范管理。

据分析，客户将危险品以普通化工品出运主要有疏忽型、故意型、恶意型3种类型。

1. 疏忽型

客户申报的品名是普通化工品，发货时错把危险品当作普通货物发送。有的是整批发错货，有的是少数发错货，还有的是个别危险品混杂其中。对于错发的危险品，货运公司如果能做到细致、认真核查单、货的统一性，是可以发现异常之处的，因为在这种情况下，客户属于无意中错发货物，货物包装上的危险品品名、标志、唛头与单证上的品名、标志、唛头肯定对应不上，只要货运公司的收货员仔细将货物包装上的标签、唛头与单证加以核对，就能及时发现单货不符，避免将危险品交运，而且为了防范个别危险品混杂其中，更要做到逐件审查、逐箱审查、无一疏漏。

2. 故意型

客户为了逃避危险品运输烦琐的审查手续和高昂的费用，有意以普通化工品品名申报。此时客户随附的检验报告必定是有关检测机构针对该申报的普通化工品所作的无危险性的结论意见，如果有关部门要求重新做技术鉴定时，客户就将提前准备好的样品送去检验，于是危险品便以普通化工产品的身份堂而皇之地出运了。

3. 恶意型

在当前国际恐怖主义活动仍频的局势下，货运公司对恐怖势力利用航空货物运输实施犯罪的可能性也不得不防。1988年的洛克比空难、2001年的9·11事件，都是国际恐怖主义的典型案例，后果都极其惨重。运输企业一定要提高警惕，防止恐怖分子利用我们审查上的不严、交接上的疏漏，实施恐怖犯罪。

货运公司只有全员加强对危险品运输的风险防范意识，强化安全管理意识，提高安全风险防控水平，创新安全风险管控方法，从人员培训上、管理上、操作上和法律上共同努力、合力防范，才能收到良好效果。

货运公司首先应从人事培训的角度要加强岗位培训，以增强对危险品危害性的认识和对危险品的识别能力。聘请安全员对公司所有销售、操作人员进行危险品运输的危害性和安全常识的普及教育，使公司上下都能从思想上认识到危险品运输对国家的危害、对公司的危害以及个人应为此承担的责任。聘请专家对接单员、仓库保管员进行化工产品知识和药品等特殊产品标识、特性等基本知识的培训，提高员工对特殊货物的辨别和识别能力。对仓库的接货人员进行英文字母基本识别能力的培训，使其能正确分辨出单证和货物包装上品名、唛头的差异。

货运公司还要从管理角度，制定一系列的严禁接收危险品的规章制度，以明确各专业岗位的职责以及对违反职责的处理办法。对销售员的规定，内容应涵盖如果销售人员恶意串通客户瞒报危险品，要处以开除、追究经济、刑事责任的处罚等；对操作员的规定，内容应涵盖如果操作人员违背操作规程，漏检危险品，要处以警告、罚款、调岗等处罚；对操作规程的规定，内容应涵盖对化工品操作的每一环节、每一环节的责任人的确定；等等。

此外，货运公司还要从操作角度对接单、接货、送检进行全面检查，以加强对操作流程是否规范执行的有力监控。检查接单人员是否对客户提交的报关委托书、装箱单、贸易合同、发票与唛头进行仔细核对；检查接货人员是否仔细核查货物包装上的唛头、标记，尤其是对产品的标志核查、产品品名的核查是否严密；对于无法判断的化工产品是否要求客户提供权威部门的技术鉴定，送检样品是否为从托运货物实物当中所提取。对于因化工产品的包装问题等无法从实物当中取样的，是否告知客户自行办理交运。

模块二　航空运输风险避免措施

（一）航空货物运输险

为了规避货物的航空运输风险，避免因承运人益发享受免责或责任限制而使货物毁灭、遗失、损坏造成的损失得不到足额赔偿，托运认可以为货物投保航空货物运输险。如果托运人已经为货物运输投保了保险金额不低于货物价值的航空货物运输险，保险公司将根据货物的实际损失情况，对保险货物由于保险合同规定的原因造成的损失，向受益人赔偿不超过保险金额的赔偿金。然后，再由保险公司向承运人追偿。

（二）办理保价运输手续

为了在货物损失应由承运人赔偿的情况下，使货物损失的价值得到足额赔偿，托运人可以为其托运的货物办理保价运输手续。即在交运货物时就货物在目的地交付时的利益（包括货物在起运地点的实际价值和到达目的地点交付收货人时的期到利益），向承运人做出特别声明，并在航空运单"供运输使用的声明价值"栏中注明声明的金额，并支付规定的声明价值附加费，从而使声明价值或成为托运人和承运人特别约定的赔偿责任金额。一旦货物损失发生应由承运人承担责任的毁灭、遗失、损坏或延误，承运人将根据实际损失情况，按照高于拟定赔偿责任限额的托运人声明价值予以全额赔偿。

实践与练习 5-15　航空运输作业

航空运输任务 5-2

上海 HD 外贸公司和美国洛杉矶 KL 贸易公司达成一批瓷器交易，本批商品系采用航空运输，具体的贸易细节如下：

起飞机场：上海浦东机场

目的机场：洛杉矶国际机场

运输要求：直达

运输时间：2 天

包装：木箱

规格：1×4

体积：60 厘米×50 厘米×25 厘米

毛重：40 千克/箱

价值：5000 元/箱

数量：5 箱

根据航空运输任务 5-2 的信息，完成货物收运、托运书填写、计算运费、航空运单填写等作业。

项目六

多式联运管理

引导任务六

李先生经营一家针织企业，经过十几年的努力，企业从开始的小家庭作坊发展到现在拥有几百名员工的大厂，产品也从家乡金华销往全国各地。最近从广交会上传来好消息，李先生与南非一家公司签定了一份几百万美元的合同。对于组织生产保证产品质量，李先生驾轻就熟充满信心，但是他却为运输的事情发愁。创业初期他自己把生产出来的袜子拉到金华的地摊上出售，随着生产规模的不断扩大，他委托汽车运输公司把产品运往省内销售，进而又与铁路部门签定合同，把产品运往全国各地。现在谁能把他的产品经陆路和水路运往南非呢？经多方调研和了解，他的朋友告诉他多式联运公司可以很方便地解决运输问题。什么是多式联运？多式联运有哪些特点？多式联运如何组织？多式联运有哪些风险？……对这些问题李先生产生了浓厚的兴趣。

知识储备

学习目标

1. 掌握多式联运的概念和特点。
2. 掌握多式联运经营人的概念与分类。
3. 了解多式联运经营人的法律地位。
4. 理解多式联运责任划分的依据及有关法律规定。
5. 掌握责任划分与有效期限。

> 学习任务

1．能够对一个企业能否从事多式联运进行资质审查。
2．能够对多式联运企业进行类别区分。

随着国际贸易的不断发展和国内产品的快速流通，货主对运输服务的要求也越来越高，不再满足单一运输方式提供的不连贯运输，在这样的需求背景下多式联运便迅速发展起来。多式联运是将多种运输工具有机地联结在一起，最合理、最有效地实现货物位移的一种运输方式。因此，多式联运是一种高级的运输组织形式，它不仅可以最大限度地方便货主，加速货物运输过程，而且对于充分发挥各种运输方式的优势，提高交通运输工作效率，促进国民经济发展具有明显的实效，可以进一步实现物流合理化、运输合理化，从而提高交通运输的社会效益。随着我国综合运输条件的逐步改善、交通运输结构的优化、现代物流的兴起和推动，发展多式联运已经成为国民经济发展的一项重要内容。

单元一　多式联运的概念、特点与优点

一、多式联运的概念

我国立法没有明确多式联运的概念，通过对相关概念的界定可以获得多式联运的定义。《海商法》规定，"本法所称多式联运合同，是指多式联运经营人以两种以上的不同运输方式，其中一种是海上运输方式，负责将货物从接收地运至目的地交付收货人，并收取全程运费的合同"。我国《合同法》规定，"本法所称的多式联运合同，是指多式联运经营人以两种以上的不同运输方式，负责将货物从接收地运至目的地交付收货人，并收取全程运费的合同"。可见，多式联运是指以两种以上的不同运输方式进行的运输。《合同法》并不要求有一种必须是海运方式，而《海商法》所调整的多式联运其中必须有一种是海运方式。

多式联运在国际上也没有通用的定义，根据欧洲交通部长会议上的定义，多式联运具有广义和狭义之分。狭义的多式联运定义：使用连续的运输方式进行且在运输方式转换时不对货物本身进行单独处理的货物移动（使用同一的装载单位或工具）。广义的多式联运描述如下：使用至少两种不同的运输方式进行的货物移动。联合国在《国际货物多式联运公约》中把多式联运定义为：国际多式联运是指按照多式联运合同，以至少两种不同的运输方式，由多式联运经营人将货物从一国境内接管货物的地点运到另一国境内指定交付货物的地点。

二、多式联运的特点

多式联运是综合性的运输组织工作，是组织两种以上的运输方式或两程以上的衔接运输，以接力运输来实现全程运输，也是各种运输方式的综合组织与合理运用。在多式联运工作中，不仅要考虑各种运输方式的特点和优势，合理地选择各区段的运输方式，而且还要考虑各种运输方式组成的运输线路的整体功能和各种方式优势的充分发挥。只有综合利用各种运输方式的技术和经济特性，扬长避短，相互补充，才能提供优质、方便、高效、快捷的运输服务，实现以最小的社会劳动消耗、最好的服务质量、最合理的运输组织，来满足社会对运输的需要。多式联运的基本特征如下：

1. 全程性

多式联运是由联运经营人完成和组织的全程运输。无论运输中包含几个运输段，包含几种运输方式，有多少个中转环节，多式联运经营人均要对运输的全程负责，完成或组织完成全程运输中所有的运输及相关的服务业务。

2. 简单性

多式联运实行一次托运、一份合同、一张单证、一次保险、一次结算费用、一票到底。比传统分段运输手续简便，大大方便了货主，还可以提前结汇，缩短了货主资金占用时间，提高了社会效益和经济效益。

3. 通用性

多式联运涉及两种以上运输方式的运输和衔接配合，与按单一运输方式的货运法规来办理业务不同，所使用的运输单证、商务规定、货运合同、协议、法律、规章等必须要适用于两种以上的运输方式。

4. 多式联运经营人具有双重身份

多式联运经营人在完成或组织全程运输过程中，首先要以本人身份与托运人订立联运合同，在该合同中它是承运人。然后又要与各区段不同方式的承运人分别订立各区段的分运合同，在这些合同中，多式联运经营人是以托运人和收货人的身份出现的，这种做法使多式联运经营人具有了双重身份。就其业务内容和性质来看，多式联运经营人的运输组织业务主要是各区段运输的衔接组织，是服务性工作，这又与传统的货运代理人业务较为相似。

多式联运是货物运输的一种较高组织形式，它集中了各种运输方式的优点，扬长避短，组成连贯运输，达到简化货运环节、加速货运周转、减少货损货差、降低运输成本、实现合理运输的目的。

三、多式联运的优点

多式联运比传统的单一运输方式具有无可比拟的优越性，主要表现在以下几个方面。

1. 责任统一，手续简便

在多式联运方式下，不论全程运输距离多么遥远，也不论需要使用多少种不同的运输工具，更不论途中要经过多少次转换，一切运输事宜统一由多式联运经营人负责办理，而货主只要办理一次托运、订立一份运输合同、一次保险。一旦在运输过程中发生货物损害，由多式联运经营人对全程负责。货方只需要与多式联运经营人打交道就可以了。与单一运输方式的分段托运相比，不仅手续简便，而且责任更加明确。

2. 减少中间环节，缩短货运时间，降低货损货差，提高货运质量

多式联运通常以集装箱为运输单元，实现"门到门"运输。货物从发货人仓库装箱验关铅封后直接运至收货人仓库交货，中途无需拆箱倒载，减少很多中间环节。即使经多次换装，也都是使用机械装卸，丝毫不触及箱内货物，货损货差和偷窃丢失事故就大为减少，从而较好地保证了货物安全和货运质量。此外，由于是连贯运输，各个运输环节和各种运输工具之间配合密切，衔接紧凑。货物所到之处中转迅速及时，减少在途中停留时间，能较好地保证货物安全、迅速、准确、及时运抵目的地。

3. 降低运输成本，节省运输费用

多式联运是实现"门到门"运输的有效方法。对货方来说，货物装箱或装上第一程运

输工具后就可取得联运单据进行结汇,结汇时间提早,有利于加速货物资金周转,减少利息支出。采用集装箱运输,还可以节省货物包装费用和保险费用。此外,多式联运全程使用的是一份联运单据和单一运费,这就大大简化了制单和结算手续,节省大量人力物力,尤其是便于货方事先核算运输成本,择合理运输路线,为开展贸易提供了有利条件。

4. 扩大运输经营人业务范围,提高运输组织水平,实现合理运输

在开展多式联运以前,各种方式的运输经营人都是自成体系,各自为政,只能经营自己运输工具能够涉及的运输业务,因而其经营业务的范围和货运量受到很大限制。一旦发展成为多式联运经营人或作为多式联运的参与者,其经营的业务范围可大大扩展,各种运输方式的优势可得到充分发挥,其他与运输有关的行业及机构如仓储、代理、保险等都可通过参加多式联运扩大业务。

知识链接

1984年,美国总统轮船公司与铁路车辆制造公司合作研制了轻型双层集装箱专用车辆,并把这个成果推荐给铁路运营使用。由于双层集装箱运输的使用在很大程度上提高了列车的载运能力,降低了运输成本,很快被美国所有主要的铁路公司接受和效仿,双层列车的集装箱运量大幅度增加。

从此之后,海运中的大型集装箱轮船也不断升级换代。到21世纪初,国际集装箱船装载容量已从几百 TEU 发展到第五代的上万 TEU,公铁联运、海铁联运都有了很大的进步,真正意义上的现代国际多式联运的时代开始了。

实践与练习 6-1 理解多式联运

(1)学生每5人为一个小组,选一名学生为组长。

(2)各组运用所学理论知识,以组为单位搜集不同的运输案例,分辨哪些为国际多式联运。

(3)以组为单位完成案例分析,每组派一位代表陈述结果。

(4)训练时间安排一个课时。

阅读理解

日本邮船公司的多式联运服务

日本邮船公司(NYK)作为世界上著名的班轮公司之一,是传统的海运服务公司,该公司自1896年起便开始经营欧洲和远东的"港至港"的服务。海运是 NYK 的主业,它拥有一支由322艘船舶组成的船队,每年承运七千多万吨货物。

航运业的利润下降和动荡,使 NYK 开始重组和改变其经营战略,由单一的"港至港"服务转向更加细致周到的"多式联运"服务。

NYK 集团提出了一个面向21世纪的公司战略,内部称为"NYK21"。"NYK21"的目标是使公司发展成为一个超越海上运输的全方位综合物流公司,也就是成为一个可以提供更广泛的服务种类的超级承运人。NYK 战略之一是计划首先通过其下属子公司在空运、货代、仓储和公路运输的运作上的协调一致,来实现其战略联盟。

公司的目标是加强 NYK 的货运服务、物流活动、空运和陆上运输,使其占 NYK 年收入的30%(目前占10%)。NYK 努力建立一个围绕海、陆、空服务的多式联运体系,以实

现其目标。该战略的核心部分在于NYK不断在世界主要地区发展其物流中心。1991年NYK从联合承运集团（United Carriers Group）收购了3个欧洲运输和物流公司作为其在欧洲建立物流网络体系的一部分。

NYK的物流中心遍布全球，并且不断有新的中心建立。这些中心经营的远远不止仓储服务，NYK将它们看作是集中向客户提供一定程度的物流服务的中心，如存货管理和订单处理。NYK物流中心的经营理念是积极向客户推销，提供客户集中存货控制的好处，以达到缓解存货紧缺和减少运输设备的目的。每个中心均有陆、海、空运输的专业人才和自己的货物集中与分送的网络。NYK认为信息技术是现代物流的重要基础，并且使每个中心互相联网以提供全球货物跟踪。

一些NYK的物流中心甚至向客户提供更为广泛的物流服务。以新加坡中心为例，物流中心为日本电子产品制造商提供"物流需求计划服务"（MRP），NYK认为这是一个物流提供者尚未开发的巨大的领域。

MRP服务涉及将零件清单、卖方、日期和订单次数与主要生产计划相匹配，以保证生产进程能有最低费用和即订的物流。这种即订即到的服务可以建立在以及时生产（JIT）为经营理念的零库存的基础上。很明显，当零件数和卖方增加时，MRP系统的复杂程度也随之增加。

NYK认为，制造商与有经验的物流专家订立MRP合同，就可以获得优势。主要生产计划可以转换到NYK的计算机系统，MRP就能同时执行，而且购货订单可以以NYK享有或不享有货物所有权的方式发到卖方手中。这样的系统对于客户来说，具有下列好处：

避免了采购安排和烦琐的文件。

避免了与卖方进行货币结算。

将人力释放到别的生产任务上。

过去，NYK有广泛的地理覆盖范围，但仅经营有限的服务。要在竞争中成为超级承运人，就必须在一些领域里加入复杂的技术，如存货管理和产品配送。NYK公司战略目标的确野心勃勃，然而，NYK的全球能力以及与许多有实力的制造商的牢固关系表明：他们在走向明日超级承运人的道路上正迈着坚定的步伐。

NYK的实践表明下列策略是值得借鉴的：

① 改变原有单一的运输范围种类，向多式联运和服务多元化发展，同时不断根据客户的需求调整服务范围并提高服务质量。

② 加强公司本部的协调，避免由于信息滞后或传达不及时而造成损失。

③ 根据本公司的发展战略，考虑采用兼并手段进入该国市场得到被兼并方的技术和网络体系。

④ 建立遍布全球各重要地区的物流中心，加强各物流中心的联络，以保证向客户提供及时准确的服务和信息，充分利用先进的信息技术发挥物流中心综合信息的功能。

单元二　多式联运经营人及相关人员

一、多式联运经营人

1980年联合国多式运输公约和1992年生效的贸发会议和国际商会规则采用

"Multi-modaltransport Operator"（MTO）作为多式联运经营人的名称。1980 年公约规定："多式联运经营人是指本人或通过其代表订立多式联运合同的任何人，他是事主，而不是发货人的代理人或代表或参加多式联运的承运人的代理人或代表，并且负有履行合同的责任。"1992 年规则规定："多式联运经营人是指签订一项多式运输合同，并以承运人身份承担完成此项合同责任的任何人。"我国《海商法》规定："前款所称多式联运经营人，是指本人或者委托他人以本人名义与托运人订立多式联运合同的人。"

可见，《海商法》对多式联运经营人所下的定义与上述公约和规则基本一致。通常根据多式联运经营人是否参加海上运输，把多式联运经营人分为：

（1）以船舶运输经营为主的多式联运经营人，或称有船多式联运经营人，他们通常承担海运区段的运输，而通过与有关承运人订立分合同来安排公路、铁路、航空等其他方式的货物运输。

（2）无船多式联运经营人。无船多式联运经营人可以是除海上承运人以外的运输经营人，也可以是没有任何运输工具的货运代理人、报关经纪人或装卸公司。

无论是有船多式联运经营人还是无船多式联运经营人，其法律地位并无差异，如表 6-1 所示。

表 6-1　国际多式联运经营人、无船承运人和传统货运代理异同比较

比较项目		多式联运经营人	无船承运人	传统货运代理
相同之处		它们均属于运输中间商，其主要业务是为供需双方提供运输服务或代理服务，以求赚取运费或代理费		
不相同之处	涉及运输方式	至少两种运输方式	海运	海、陆、空
	法律地位	对货主而言是承运人，对各区段承运人而言是货主	对货主而言是承运人，对船公司而言是货主	代理人
	资金占用	很大	较大	很少
	是否拥有船舶	必要时可以拥有	禁止拥有	禁止拥有
	是否拥有陆运与空运工具	必要时可以拥有	必要时可以拥有	禁止拥有
	是否有自己的提单	有	有	无
	是否有自己的运价表	有	有	无
	收入性质	运费（差价）	运费（差价）	代理费或佣金

> 阅读理解

代理人还是多式联运人之评析案例

1994 年，A 船公司根据 B 货运公司提交的抬头为 "B 货运公司" 的托运单，在深圳蛇口港分别安排了 6 个 40 英尺集装箱，并于装船完毕后向 B 货运公司签发了记名联运提单。该 6 票货物由 B 货运公司从福建陆运至深圳并交由 A 船公司承运。B 货运公司提出的托运单和 A 船公司签发的提单均记载，该 6 票货物的托运人为福建省甲外贸公司，交货地为布达佩斯，运费预付。另有两票货物，由 B 货运公司向 A 船公司提出托运单并交付货物，但托运单抬头为 "××国际运输有限公司" 字样，而不是以 "B 货运公司" 为抬头的托运单。

在货物已运抵目的港而 A 船公司催款未果后，A 船公司向海事法院提起诉讼，请求法院判令 B 货运公司支付拖欠的运费 35 200 美元。

【审判】

一审法院认为：B货运公司向A船公司提交了托运单，并将货物交由A船公司承运，根据《中华人民共和国海商法》第四十二条的规定，应认定B货运公司是托运人。A船公司将货物装船后，向B货运公司签发了提单，双方因此构成了上海货物运输承托运关系。A船公司作为承运人，已将货物运抵目的港，有权向B货运公司收取运费。一审法院判决被告B货运公司向原告A船公司支付运费35 200元。

B货运公司不服一审法院的判决，提起上诉。其认为：提单和托运单上都记明托运人是福建省甲外贸公司，按提单约定，承运人应向托运人收取运费。B货运公司是出口货物的陆路承运人，受甲外贸公司委托将货物交给A船公司，这仅是陆路承运人与上海承运人的"交接"，并非"托运"，原审法院认定B货运公司是托运人是错误的。标有"××国际运输有限公司"字样的出口货物托运单，并非B货运公司出具的，与B货运公司无关，请求二审法院撤消原判。

二审法院认为：B货运公司向A船公司提交货运单，同时将货物交由A船公司承运，且未向A船公司明示系代理甲外贸公司办理托运，又接受A船公司签发的提单，虽然提单托运人记载为甲外贸公司，但这是应B货运公司要求而记载的，根据《中华人民共和国海商法》第四十二条于托运人的规定，应认定B货运公司是上述6票货物的托运人，B货运公司应向A船公司支付运费。但是A船公司不能提供证明B货运公司是后2票货物托运人的证据。二审法院变更原审判决为B货运公司向A船公司支付前6票货物运费26400美元，后2票货物运费8800美元不予支持。

【评析】

本案问题的关键在于谁是应向承运人A船公司支付运费的托运人？

海商法第四十二条规定，"托运人"是指：1. 本人或者委托他人以本人名义为本人与承运人订立海上货物运输合同的人；2. 本人或者委托人以本人名义或者委托他人为本人将货物交给与海上货物运输合同有关的承运人的人。根据这一规定，只要符合其中一个条件者，即为托运人。

本案中A船公司收到的前6票货物的托运单抬头是B货运公司，B货运公司在向A船公司办理订舱手续时未表明系受甲外贸公司的委托；货物是由B货运公司交给A船公司的；提单是签发给B货运公司的。所以一审、二审法院均依此认定前6票货物的托运人是B货运公司。

B货运公司是否很无辜？本案所有的托运单和提单均明确表明托运人是甲外贸公司。班轮运输以托运单和提单来确定运输合同关系。本案托运单和提单清楚地表明，运输合同关系的主体是托运人甲外贸公司和承运人A船公司。托运单的抬头是B货运公司，但这只是格式问题，当托运单记载的内容与抬头不一致的情况下，显然应依实质内容确定。虽然B货运公司在向A船公司提出托运单时没有明示其代理甲外贸公司办理订舱手续，但将甲外贸公司列为托运人，表明B货运公司是以甲外贸公司的名义托运货物。根据海商法第四十二条关于托运人与承运人订立运输合同人是托运人。很明显，本案中的"本人"即委托人是甲外贸公司。另一个事实是，B货运公司是货物的陆路承运人。B货运公司在答辩中指出，其将货物交给A船公司属于陆路承运人与海上承运人之间的"交接"，而非"托运"，不无道理。陆路承运将货物交给海上承运人显然不属于海商法第四十二条第三款第2项规定的发货人。因此，从B货运公司向A船公司办理托运手续的环节上看，托运人应是甲外贸公司，两审法院将 B 货运公司认定为托运人笔者认为值得商榷。

另有一种情况，如果国外收货人指定甲外贸公司必须用 A 船公司的船舶装运。此时，甲外贸公司为完成托运手续，只能委托具有国际货运代理公司代办有关订舱、清关等手续。此时，B 货运公司如充当以上货代公司的角色，则只能认定其为代理人，而不是托运人，自然也不该向 A 船公司支付海运费。

在本案中如果甲外贸公司委托 B 货运公司做全程运输，甲外贸公司向 B 货运公司支付全程运费，那么 B 货运公司就是多式联运经营人。此时 B 货运公司与 A 船公司之间的关系就是多式联运经营人与海上区段承运人的关系，应判定 B 货运公司应向 A 船公司支付海运运费。

二、区段承运人

我国《海商法》和《合同法》没有对区段承运人作明确定义，从它们的有关规定来看，区段承运人是指与多式联运经营人签订合同，履行多式联运某一区段运输的人，他与托运人并无直接的合同关系，他参与多式联运合同的履行。

三、履行辅助人

多式联运规则和公约均提及代理人、受雇人、经营人和为履行多式运输合同而提供服务的任何其他人都属于履行辅助人。履行辅助人具体指下列辅助多式联运经营人履行多式运输的人：多式联运经营人的受雇人、代理人和独立的订约人（包括区段承运人、港站经营人、货运代理人等）。

单元三　多式联运经营人的法律地位

多式联运是由单一运输组合而成的独立的运输方式，它比单一运输更加复杂。在多式联运中，至少产生如下几种法律关系：多式联运经营人与货方（包括发货人、收货人）的法律关系；多式联运经营人与海上运输承运人、公路运输承运人、铁路运输承运人或航空运输承运人等区段承运人的法律关系；多式联运经营人与其他履行辅助人如装卸公司等第三方的法律关系。在众多复杂的关系中认清多式联运经营人的法律地位，具有非常重要的意义。多式联运经营人的法律特点如下。

1. 多式联运经营人是多式联运合同的主体

多式联运经营人一般不包揽全部运输，而是仅履行其中一部分运输，有的多式联运经营人甚至不参与实际运输，仅负责组织运输。因此，多式联运经营人一方面要与托运人订立多式运输合同，负责全程运输，收取全程运费，另一方面要与各区段承运人订立各区段运输合同，组织运输，向各区段承运人支付运费。但是，必须明确，与托运人或发货人订立多式联运合同的只有多式联运经营人，托运人与区段承运人并不存在任何合同关系，而唯有多式联运经营人才是多式运输合同法律关系的相对人。因此，多式联运经营人的本质特征在于其是多式联运合同中与托运人相对的合同主体。

2. 多式联运经营人负责完成多式运输合同或组织完成多式运输合同

我国《合同法》规定，多式联运经营人负责履行或者组织履行多式联运合同，对全程运输享有承运人的权利，承担承运人的义务。虽然《海商法》和《合同法》对多式联运的定义不同，但两者关于多式联运经营人的职能的规定是一致的：多式联运经营人有负责完成多式运输合同或组织完成多式运输合同的职能。

3．多式联运经营人负有履行多式运输合同的义务

一般而言，多式联运经营人的合同义务包括两个方面。第一，多式联运经营人负有合理谨慎选择和监督区段承运人的责任。第二，照管运输期间的货物的责任。多式联运经营人对多式联运货物的责任期间，自接收货物时起至交付货物时止。在此期间，多式联运经营人的义务主要体现在：多式联运经营人有义务了解所接管的货物性质并对货物予以必要的照管，依据托运人的指示履行合同的义务。

4．多式联运经营人对责任期间所发生的货物的灭失、损害或迟延交付承担责任

多式联运经营人的本质特征在于其是多式联运合同的主体，他应对运输妥善负责，还应对在整个多式运输过程中，无论在任何地方发生的损失、损害或迟延交付负责。因为多式联运的特点使得在发生货物灭失、损害或迟延交付的情况下，货方只能起诉多式联运经营人要求赔偿，或者起诉其他直接责任方要求承担侵权责任。在司法实践中，也有货方起诉多式联运经营人和区段承运人要求他们承担连带责任，但这在法律上是没有依据的。因为托运人和区段经承运人之间不存在合同关系，而且法律也没有赋予多式联运下的货方对区段承运人像海运的货方对实际承运人那样直接起诉的法定权利。

从上述对多式联运经营人法律特征的论述可对其法律地位得出如下结论：多式联运经营人是与托运人或发货人订立多式运输合同，且对多式运输全程承担责任的自成一类的货物多式运输合同主体。

实践与练习 6-2　理解多式联运经营人的法律地位

比较多式联运经营人与区段公路、铁路、水运、航空承运人的关系及异同。

单元四　多式联运责任形式

由于多式联运的发展改变了传统的货物交接界限，也从根本上改变了多式联运经营人的承运责任范围。因此，传统单一运输方式的有关承运人的责任形式已不能满足其要求，随之产生了新的责任形式责任范围。因此，传统单一运输方式的有关承运人的责任形式已不能满足其要求，随之新的责任形式第二层赔偿关系是多式联运经营人与各区段实际承运人之间的赔偿关系。它是按造成该货损的实际运输区段的责任限制予以赔偿的，在各运输方式中作为赔偿的法律依据主要有：

（1）公路运输——根据《国际公路货运公约》或国内法；

（2）铁路运输——根据《国际铁路货运公约》或国内法；

（3）海上运输——根据《海牙规则》、相关国际公约或国内法；

（4）航空运输——根据《华沙运输公约》或国内法。

由于货物多式联运至少经 2 种运输方式，而每一种运输所在区段所适用的法律对承运人的责任规定往往不同，因而多式联运的责任划分比较复杂。一方面，它是由各种单一运输模式组合而成，是建立在各种单一运输基础之上的，具有"复合性"，无法脱离调整单一运输模式的法律的影响；另一方面，它又是由各种单一运输组合成的一种新的运输模式，

有自己的特点，需要新的法律来规范。多式联运责任形式主要有：

1．责任分担制

责任分担制是指多式联运经营人和各区段承运人在合同中事先划分运输区段，货物发生毁损灭失时，多式联运经营人依约只限于自己直接负责运输的方式及区间，毁损灭失发生在其他承运人运输方式及区间的，由该承运人直接向托运人负责。这种责任制实际上是单一运输方式的简单组合，并没有真正发挥多式联运的优越性，故目前很少被采用。

2．网状责任制

网状责任制是指多式联运经营人对全程运输负责，货物的灭失或损坏发生于多式联运的某一区段的，多式联运经营人的赔偿责任和责任限额，适用调整该区段运输方式的有关法律规定。货损发生在海上，按照海运的法律赔偿；发生在公路上，按照公路运输的法律赔偿；多式联运经营人的责任及其责任限额取决于货损发生的区段。该责任制充分认识到了多式联合运输的"复合性"，对既存的各单式运输公约和国内法给予了充分的考虑，对某一特殊运输区段的法律予以保留。但是，它倾向对多式联运经营人的保护，当货物的灭失、损坏发生的区段不能确定时，货方无法预见货物索赔最终将适用何种责任制度，从而对货方造成很大的风险分摊的不确定性。

3．经修正的网状责任制

经修正的网状责任制是指在网状责任的基础上规定，如果货物的灭失、损坏发生的区段不能确定，多式联运经营人按照合同规定的某一标准来确定赔偿责任和责任限制。1975年规则和1992年规则采纳了该责任制，我国《海商法》和《合同法》也采用了这种责任制。经修正的网状责任制虽然有效克服了货损无法确定和"责任间隙"问题，然而并没有产生任何更大的可预见性。在损失或损害情况下，货方仍然无法预料多式联运经营人对其承担的赔偿责任和责任限制，而且，也不能解决纯网状责任制中所存在的逐渐发生的损失的赔偿问题。

4．统一责任制

统一责任制是指多式联运经营人对全程运输负责，不论损害发生在哪一区段，多式联运经营人承担的赔偿责任和责任限制都是一样的。在统一责任制下，规定的赔偿责任和责任限制适用于整个运输区段。也就是说，多式联运经营人对全程运输中货物的灭失、损害或迟延交付负全部责任，无论事故是隐蔽的还是明显的，是发生在海运区段，还是发生在内陆区段，均按一个统一的归责原则由多式联运经营人按统一的限额赔偿。它为货方提供了最大的风险分摊的可预见性，很好地解决了货损区段不能确定时的赔偿责任和责任限制以及网状责任制下可能出现的法律真空问题。但是，统一责任制也存在一些无法回避的问题，如适用于各运输区段的国际公约或者法律所确定的区段承运人的责任不同，而且可能低于多式联运经营人根据统一责任制所承担的责任，这意味着多式联运经营人向货方承担赔偿责任后，面临着不能向造成货物损害的区段承运人全额追偿的危险，从而无法预见其最终承担的责任，实际上是将货方对运输风险的不可预见性转移给了多式联运经营人。

5．经修正的统一责任制

经修正的统一责任制是指多式联运经营人对全程运输负责，并且原则上全程运输采用单一的归责原则和责任限额，但保留适用于某种运输方式的较为特殊的责任限额的规定。这种修正通常针对多式联运的海运区段，且有利于多式联运经营人。经修正的统一责任制在最大限度上保留统一责任制的优点，同时通过对其加以修正，缓和统一责任制下各区段运输方式责任体制之间存在的差异和矛盾，较好地适应了运输法律发展的现状，使多式联运中的运输风险在承托双方得到了较为合理的分配。1980年多式联运公约采用的即为经修正了的统一责任制。

实践与练习 6-3　理解多式联运责任形式

比较5种责任形式的异同，调研目前实践中用得比较多的责任形式是哪些？

单元五　多式联运责任期划分

责任期间是行为人履行义务、承担责任在时间上的范围。对多式联运经营人的责任期间，1975年规则、1980年公约和 1992 年规则均规定"自多式联运经营人接管货物之时起到交付货物时止"。我国《海商法》规定："多式联运经营人对多式联运货物的责任期间，自接收货物时起至交付货物时止。"这一责任包括了多式联运经营人接受货物后装运前在仓库或堆场的时间、运输的全过程，以及货物运抵目的地之后交付货物之前的时间。

实践操作

学习目标

1．掌握多式联运组织程序与运作的方法。
2．掌握多式联运单据需记载的内容。
3．掌握多式联运经营人的赔偿责任。

学习任务

1．能处理多式联运的基本业务。
2．会填制多式联运单据。
3．能针对多式联运案件进行初步分析并分清责任。
4．能够利用相关法律手段维护企业的利益。

多式联运任务 6-1

宏大运输公司准备拓展业务，进军多式联运市场，决定让杜伟开展这项新业务。作为一名多式联运经营人，杜伟需要做哪些工作呢？分小组讨论并汇报。

操作一　多式联运的主要业务流程

多式联运经营人是全程运输的组织者，在多式联运中，其业务程序主要有以下几个环节：

1．接受托运申请，订立多式联运合同

多式联运经营人根据货主提出的托运申请和自己的运输路线等情况，判断是否接受该托运申请。如果能够接受，则双方议订有关事项后，在交给发货人或其代理人的场站收据副本上签章，证明接受托运申请，多式联运合同已经订立并开始执行。发货人或其代理人根据双方就货物交接方式、时间、地点、付费方式等达成协议，填写场站收据，并把其送至多式联运经营人处编号，多式联运经营人编号后留下货物托运联，将其他联交还给发货人或其代理人。

2．集装箱的发放、提取及运送

多式联运中使用的集装箱一般应由多式联运经营人提供。这些集装箱来源可能有3个：一是经营人自己购置使用的集装箱；二是由公司租用的集装箱，这类箱一般在货物的起运地附近提箱而在交付货物地点附近还箱；三是由全程运输中的某一区段承运人提供，这类箱一般需要在多式联运经营人为完成合同运输与该分运人订立分运合同后获得使用权。

如果双方协议由发货人自行装箱，则多式联运经营人应签发提箱单或者租箱公司或区段承运人签发的提箱单交给发货人或其代理人，由他们在规定日期到指定的堆场提箱并自行将空箱拖运到货物装箱地点准备装货。如发货人委托亦可由经营人办理从堆场装箱地点的空箱拖运。如是拼箱货或整箱货但发货人无装箱条件不能自装时，则由多式联运经营人将所用空箱调运至接受货物集装箱货运站，做好装箱准备。

3．出口报关

若联运从港口开始，则在港口报关；若从内陆地区开始，应在附近的海关办理报关。出口报关事宜一般由发货人或其代理人办理，也可委托多式联运经营人代为办理。报关时应提供场站收据、装箱单、出口许可证等有关单据和文件。

4．货物装箱及接收货物

若是发货人自行装箱，发货人或其代理人提取空箱后在自己的工厂和仓库组织装箱，装箱工作一般要在报关后进行，并请海关派员到装箱地点监装和办理加封事宜。如需理货，还应请理货人员现场理货并与之共同制作装箱单。若是发货人不具备装箱条件，可委托多式联运经营或货运站装箱，发货人应将货物以原来形态运至指定的货运站由其代为装箱。如是拼箱货物，发货人应负责将货物运至指定的集装箱货运站，由货运站按多式联运经营人的指示装箱。无论装箱工作由谁负责，装箱人均需制作装箱单，并办理海关监装与加封事宜。

对于由货主自装箱的整箱货物，发货人应负责将货物运至双方协议规定的地点，多式联运经营人或其代理人在指定地点接收货物。如是拼箱货，经营人在指定的货运站接收货物。验收货物后，代表联运经营人接收货物的人应在场站收据正本上签章并将其交给发货人或其代理人。

5．订舱及安排货物运送

经营人在合同订立之后，即应制定货物的运输计划，该计划包括货物的运输路线、区段的划分、各区段实际承运人的选择确定及各区段衔接地点的到达、起运时间等内容。这里所说的订舱泛指多式联运经营人要按照运输计划安排洽定各区段的运输工具，与选定的各实际承运人订立各区段的分运合同。这些合同的订立由经营人本人或委托的代理人办理，也可请前一区段的实际承运人作为代表向后一区段的实际承运人订舱。

6．办理保险

在发货人方面，应投保货物运输险。该保险由发货人自行办理，或由发货人承担费用由多式联运经营人代为办理。货物运输保险可以是全程，也可以是分段投保。在多式联运经营人方面，应投保货物责任险和集装箱保险，由经营人或其代理人向保险公司或以其他形式办理。

    7. 签发多式联运提单，组织完成货物的全程运输

多式联运经营人的代表收取货物后，经营人应向发货人签发多式联运提单。在把提单交给发货人前，应注意按双方议定的付费方式及内容、数量向发货人收取全部应付费用。

多式联运经营人有完成或组织完成全程运输的责任和义务。在接收货物后，要组织各区段实际承运人、各派出机构及代表人共同协调工作，完成全程中各区段的运输以及各区段之间的衔接工作，运输过程中所涉及的各种服务性工作和运输单据、文件及有关信息等的组织和协调工作。

    8. 运输过程中的海关业务

按惯例国际多式联运的全程运输均应视为国际货物运输。因此该环节工作主要包括货物及集装箱进口国的通关手续，进口国内陆段保税运输手续及结关等内容。如果陆上运输要通过其他国家海关和内陆运输线路，还应包括这些海关的通关及保税运输手续。

这些涉及海关的手续一般由多式联运经营人的派出所机构或代理人办理，也可由各区段的实际承运人作为多式联运经营人的代表办理，由此产生的全部费用应由发货人或收货人负担。

如果货物在目的港交付，则结关应在港口所在地海关进行。如在内陆地交货，则应在口岸办理保税运输手续，海关加封后方可运往内陆目的地，然后在内陆海关办理结关手续。

    9. 货物交付

当货物运至目的地后，由目的地代理通知收货人提货。收货人需凭多式联运提单提货，经营人或其代理人需按合同规定，收取收货人应付的全部费用。收回提单后签发提货单，提货人凭提货单到指定堆场和集装箱货运站提取货物。如果整箱提货，则收货人要负责至掏箱地点的运输，并在货物掏出后将集装箱运回指定的堆场，运输合同终止。

    10. 货运事故处理

如果全程运输中发生了货物灭失、损害和运输延误，无论是否能确定发生的区段，发（收）货人均可向多式联运经营人提出索赔。多式联运经营人根据提单条款及双方协议确定责任并做出赔偿。

如果已对货物及责任投保，则存在要求保险公司赔偿和向保险公司进一步追索的问题。如果受损人和责任人之间不能取得一致，则需在诉讼时效内通过提起诉讼和仲裁来解决。

实践与练习 6-4　多式联运业务流程

请根据上述描述，绘制多式联运业务流程图。

操作二　多式联运的运输组织

在传统的分段运输情况下，货物从最初的起运地到最终目的地的运输要经过多个环节，由多个承运人采用接力的方式完成。货方通过与各段的承运人订立运输合同来实现各段的运输，从全程运输和各区段运输组织来讲，各段的承运人仅负责自己承担区段的组织工作，而货方要负责大部分的组织工作，包括运输线路的确定、运输区段的划分、中转地点的选

择、各区段运输方式的选择及承运人的选择、各区段的衔接和所需的各种服务及手续的办理等。这种做法使得货方不仅要在准备货物方面花费精力，而且也需在运输问题上花费更多的精力。如果他们无精力或能力完成这些工作，则需要通过支付佣金委托代理人完成各项工作，这种做法给货方带来了许多不方便。由于各货方难以对各种运输有较充分的了解，在运输组织和实施过程中，不可避免地会发生费时、费力，甚至多花费用等问题。

多式联运的产生和发展，为货主提供了最大程度的方便。作为一种新的、综合性的一体化运输，提供了理想的"门到门"方式，多式联运经营人履行多式联运合同所规定的运输责任的同时，可将全部或部分运输委托区段由承运人完成，并订立分运合同。多式联运经营人通过承担货物全程运输组织工作，提供全面服务，使货主只要订立多式联运合同并在自己认为合适的地点将货物交给经营人，就可以完成货物的全程运输。发展货物多式联运不仅可为货主提供方便，也可以促进交通运输业的发展。

一、多式联运运输组织方法

货物多式联运的全过程就其工作性质的不同，可划分为实际运输过程和全程运输组织业务过程两部分。实际运输过程是由参加多式联运的各种运输方式的实际承运人完成，其运输组织工作属于各方式运输企业内部的技术、业务组织。全程运输业务过程是由多式联运全程运输的组织者——多式联运经营人完成的，主要包括全程运输所涉及的所有商务性事务和衔接服务性工作的组织实施。其运输组织方法可以有很多种，但就其组织体制来说，基本上分为协作式联运和衔接式联运两大类。

1. 协作式多式联运的运输组织方法

协作式多式联运的组织者是在各级政府主管部门协调下，由参加多式联运的各种方式运输企业和中转港站共同组成的联运办公室（或其他名称）。货物全程运输计划由该机构制定，这种联运组织下的货物运输过程如图6-1所示。

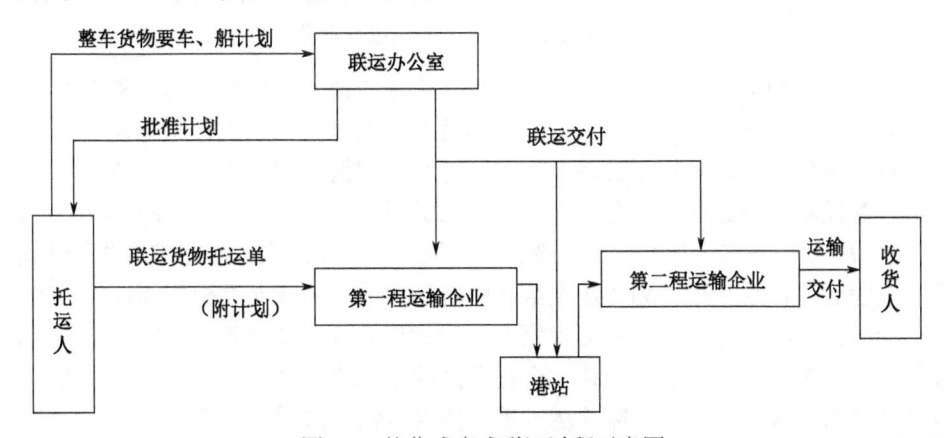

图6-1 协作式多式联运过程示意图

在这种机制下需要使用多式联运形式，运输整批货物的发货人根据运输货物的实际需要，向联运办公室提出托运申请，并按月申报整批货物要车、要船计划。联运办公室根据多式联运线路及各运输企业的实际情况制定该托运货物的运输计划，并把该计划批复给托运人及转发给各运输企业和中转港站。发货人根据计划安排向多式联运第一程的运输企业提出托运申请并填写联运货物托运委托书，第一程运输企业接受货物后经双方签字，联运合同即告成立。第一程运输企业组织并完成自己承担区段的货物运输至与后一区段衔接地，直接将货物交给中转港站，经换装由后一程运输企业继续运输，直到最终目的地由最后一程运输企业向收货人直接交付。在前后程运输企业之间和港站与运输交接货物时，需填写货物运输交接单和中转交接单。联运办公室或第一程企业负责按全程费率向托运人收取运费，然后按各企业之间商定的比例向各运输企业及港站分配。

在这种组织体制下，全程运输组织是建立在统一计划，统一技术作业标准，统一运行图和统一考核标准基础上的，而且在接受货物运输、中转换装、货物交付等业务中使用的技术标准、衔接条件等也需要在统一协调下同步建设或协议解决，并配套运行以保证全程运输的协同性。对这种多式联运的组织体制，在有的资料中称为"货主直接托运制"。协作式联运是计划经济体制下特有的一种形式，一般指为保证指令性计划的货物运输、重点物资和国防、抢险、救灾等急需物资的运输而开展的在国家和地区计划指导下的合同运输。这种联运最显著的特点是在国家统一计划下的全程性运输协作。随着计划经济体制向市场经济体制的转变，这种联运方式正在逐渐减少。

2．衔接式多式联运的组织方法

衔接方式联运的全程运输组织业务是由多式联运经营人完成的，这种联运组织下的货物运输过程可用图 6-2 来说明。

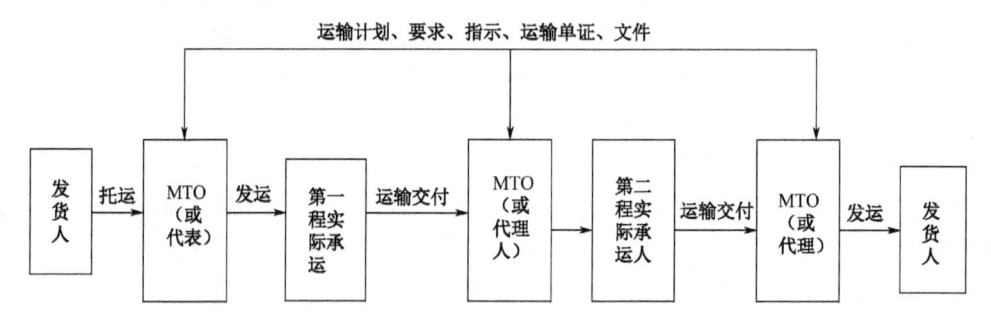

图 6-2　衔接式多式联运运输过程示意图

在这种组织体制下，需要使用多式联运形式运输成批或零星货物的发货人首先向多式联运经营人（MTO）提出托运申请，多式联运经营人根据自己的条件考虑是否接受，如接受，双方订立货物全程运输的多式联运合同，并在合同指定的地点双方办理货物的交接，联运经营人签发多式联运单据。接受托运后，多式联运经营人首要选择货物的运输路线，划分运输区段，确定中转、换装地点，选择各区段的实际承运人，确定零星货物集运方案，制定货物全程运输计划并把计划转达发给各中转衔接地点的分支机构或委托的代理人，然后根据计划与第一程、第二程……第 N 程的实际承运人分别订立各区段的货物合同，通过这些实际承运人来完成货物全程位移。全程各区段之间的衔接，由多式联运经营人（或其代表或其代理人）采用从前程实际承运人手中接受货物再向后程承运人发运方式完成，在最终目的地从最后一程实际承运人手中接受货物后再向收货人交付货物。

在与发货人订立运输合同后，多式联运经营人根据双方协议费率收取全程运费和各类服务费、保险费等费用。多式联运经营人在与各区段实际承运人订立各分运合同时，需向各实际承运人支付运费及其他必要费用；在各衔接地点委托代理人完成衔接服务费时，也需向代理人支付委托代理费用。

在这种多式联运组织体制下，承担各区段运输的运输企业的业务与传统分段运输形式下完全相同，这与协作式体制下还要承担运输衔接工作是有很大区别的。这种联运组织体制，在有些资料中运用得也越来越多。随着我国经济体制的改革，这种组织体制将成为国内多式联运的主要组织方式。

二、多式联运的运输组织业务

多式联运的运输组织业务主要包括：

1．货源组织。主要包括搜集和掌握货源信息，加强市场调查和预测，建立与货主联系机制，组织货物按期发运、组织货物均衡发运和组织货物合理运输。

2．制定运输计划。主要包括：选择各票货物运输路线、运输方式、各区段的实际承运人及代理人，确定运输批量，编制订舱计划，集装箱调运计划，装箱、接货计划及各批货物的运输日程计划等。

3．组织各项计划的实施。主要包括与各区段选择的实际承运人签订分运合同，将计划下达给有关人员或机构，监督其按计划进行工作，及时了解执行情况，并组织有关信息传递工作。

4．计划执行情况监督及计划的调整。根据计划及执行反馈信息检查、督促各区段、各转接点的工作，如出现问题则对计划进行必要调整，并把有关信息及时传给有关人员与机构，以便执行新的指令。

5．组织货物交付、事故处理及集装箱回运工作。

实践与练习 6-5　多式联运业务组织

1．请为多式联运任务 6-1：宏大运输公司选择合适的多式联运组织方法，并说明理由，分析各自的优劣势。

2．南宁市大兆药业有限责任公司（托运人）委托广西瑞丰德运输有限公司（承运人）将肝乐宝等药品一批运送到海南省三亚市春光路 19 号的三亚市鸣里医药中心，要求 4 天内以最经济的方法送达。广西南宁—海南三亚的地理位置如图 6-3 所示。

（1）小组讨论该如何解决这个问题呢？
（2）广西南宁到海口有一些什么空间制约因素？
（3）需要哪些运输方式组合？
（4）我们要组织该批货物我们得知道哪些决策信息？
（5）需要老师提供哪些主要帮助？

分小组讨论：

拿出你们小组的初步方案！看看哪个团队考虑问题最全面。

航线信息：

（1）海安到海口行船时间 1.5 小时，海口港除了 24 小时滚动发班外，还开通了定点航班，海口港从早上 9∶30 到凌晨 1∶00。

海安港从上午 11∶00 至凌晨 2∶30，每隔一段时间就会有定点航班起航。船次比较多，显得时间上比较方便。

（2）北海到海口船每天都有，18∶00 开船次日早上 6∶00 到海口。船次比较少。

案例研讨：这是一个国内多式联运的特别案例。从广西南宁—海南三亚，有海（水）

相隔，必须至少使用公路和水路两种方式联合运输方可完成任务。这就属于简单的国内联合运输的形式。过海通常有两处便利的选择，一是海安—海口，二是北海—海口。海安—海口行船时间约1.5小时，海口港除了实行24小时滚动发班制外，还开通了定点航班，海口港从早上9点30分到凌晨1点，海安港从上午11点至凌晨2点30分，每隔一段时间就会有定点航班启航。船次比较多，时间上安排比较方便。北海—海口船每天都有，18：00开船次日早上6：00到海口。船次比较少。

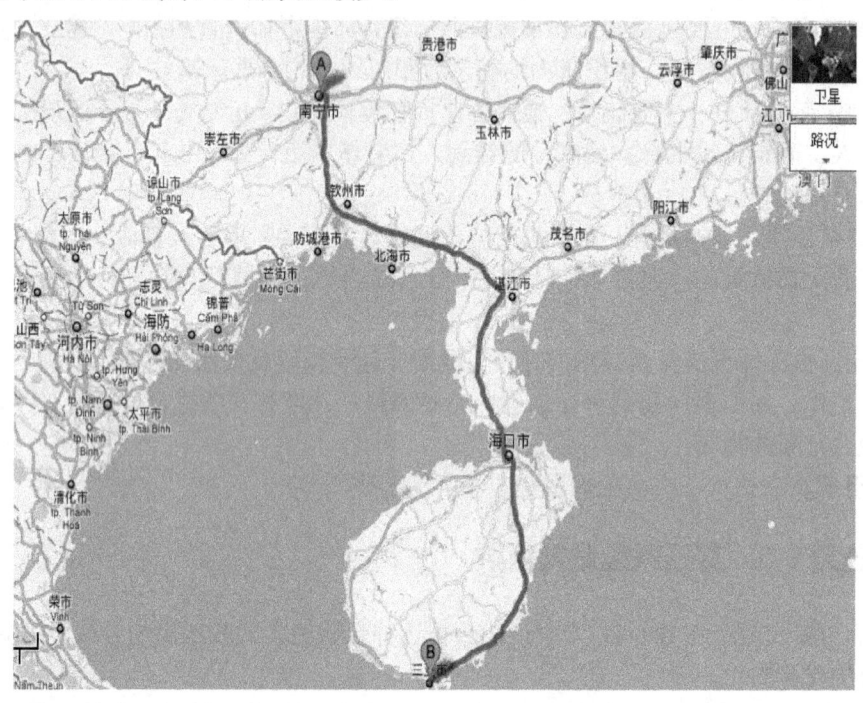

图6-3　广西南宁—海南三亚地理位置

如何使得这一国内联合运输责任统一明确，手续简化便捷，成本降低，费用节约，运输效率提高，方案有多种，可是本案例要求时间紧，只能选择比较快捷的形式：第一区段南宁—海安港以公路运输方式；第二区段海安港—海口（秀英港或新港均可）以水路运输方式；第三区段海口—三亚以公路运输方式完成。方案是否合理？

操作三　多式联运单证

在多式联运中，大多数情况下使用的运输单证为多式联运单据。它是货物多式联运的证明，也是多式联运经营人接收货物和在目的地交付货物的凭证。货运多式联运单据是在多式联运经营人接管货物后，经托运人要求，由多式联运经营人或经其授权的人签发。当国际货运多式联运的运输方式之一是海运，尤其是第一程运输是海运时，国际货运多式联运单据多表现为多式联运提单。多式联运单据记载的主要内容有：

1．多式联运经营人的名称和营业处所；
2．托运人和收货人；
3．货物的品名、件数、重量或数量、外表状态和主标志；

4. 单证的签发日期、地点和签发人的签字；
5. 多式联运经营人接管货物的日期与地点；
6. 多式联运经营人交付货物的期限和地点；
7. 运费及其支付；
8. 预期运输经由路线、运输方式及换装地点；
9. 履行合同的法律依据等。

实践与练习 6-6　多式联运业务单证

请为多式联运任务 6-1 宏大运输公司缮制多式联运单证。

操作四　多式联运责任划分

多式联运任务 6-2：

浏阳彩虹烟花厂有 10 个集装箱的烟花制品要出口美国，这批货物委托太平洋物流公司运输，货物从长沙报关出口，用火车运往广州转船，在纽约港交货。收货人在接收货物时发现有 2 个集装箱的货物由于船员管理不当造成直接经济损失人民币 10 万元，有一个集装箱由于箱体有裂缝造成货物损失人民币 5 万元，箱体裂缝产生的原因、时间和地点无法确定。这起案件应如何处理？托运人能否获得赔偿？找谁赔偿？

一、多式联运经营人赔偿责任限制

（一）赔偿责任限制基础

1. 赔偿责任基础

对承运人赔偿责任的基础，目前，各种运输公约的规定不一，但大致可分为过失责任制和严格责任制两种，以过失责任制为主。《多式联运公约》对多式联运经营人规定的赔偿责任基础包括：

（1）多式联运经营人对于货物的灭失、损害，或延迟交货所引起的损失，如果该损失发生在货物由多式联运经营人掌管期间，则应负赔偿责任。除非多式联运经营人能证明其本人、受雇人、代理人，或其他有关人为避免事故的发生及其后果已采取了一切能符合要求的措施。

（2）如果货物未在议定的时间内交货，或者如无此种协议，但未在按照具体情况对一个勤奋的多式联运经营人所能合理要求的时间内交付，即构成延迟交货。

（3）如果货物未在按照上述条款确定的交货日期届满后连续 90 日内交付，索赔人即可认为这批货物业已灭失。

从上述规定中可以看出，《多式联运公约》对多式联运经营人所规定的赔偿责任基础采用的是过失责任制，即除对由于多式联运经营人本人所引起的损害负责赔偿外，对于他的受雇人或代理人的过失也负有赔偿责任。

2. 延迟交货时的赔偿责任

在国际货物运输中，一般的国际货物公约对延迟交货责任一般都有规定，只是有的规定明确，有的则相反。如海上货物运输，由于影响运输的原因较多，很难确定在什么情况下构成延迟交货，因此，《海牙规则》中对延迟交货未作任何规定。相形之下，多式联运公约的规定是明确的。

《多式联运公约》对在延迟交货下，多式联运经营人的赔偿责任规定有两种情况：

（1）未能在明确规定的时间内交货；

（2）未能在合理时间内交货。

3．延迟交货时收货人的处理方法

在运输实务中，延迟交货情况一旦发生，收货人通常会采取以下处理方法：

（1）接收货物，再提出由于延迟交货而引起的损失赔偿；

（2）拒收货物，并提出全部赔偿要求。

（二）赔偿责任限制

所谓赔偿责任限制系指多式联运经营人对每一件或每一货损单位负责赔偿的最高限额。关于货物的赔偿限额，各国际公约均有不同的规定。《海牙规则》对每一件或每一货损单位的赔偿最高限额为100英镑；《维斯比规则》则为10 000金法郎，或毛重每千克30金法郎，两者以较高者计。此外，《维斯比规则》对集装箱、托盘或类似的装运工具在集装运输时也作了规定。如在提单上载明这种运输工具中的件数或单位数，则按载明的件数或单位数负责赔偿。《汉堡规则》规定每一件或每一货损单位则为835个特别提款权（S.D.R），或按毛重每千克2.5个特别提款权，两者以较高者为准。《汉堡规则》对货物用集装箱、托盘或类似的其他载运工具在集装时所造成的损害赔偿也作了与《维斯比规则》相似的规定。已通过的《多式联运公约》规定，货物的灭失、损害赔偿责任按每一件或每一货损单位计，不得超过920个特别提款权，或毛重每千克2.75个特别提款权，两者以较高者计。如果货物系用集装箱、托盘，或类似的装运工具运输，赔偿则按多式联运单证中已载明的该种装运工具中的件数或包数计算，否则，这种装运工具的货物应视为一个货运单位。表6-2是一些国际货物运输公约对每一件或每一货物单位，或每千克毛重赔偿限额的规定。

表6-2 国际货物运输公约有关赔偿责任限额的规定

公约名称	每一件或每一单位责任限额（S.D.R）	每千克毛重（kg）责任限额（S.D.R）	备注
多式联运公约	920	2.75	包括海运或内河运输
多式联运公约		8.33	不包括海运或内河运输
汉堡规则	835	2.50	
公路运输公约		8.33	
铁路运输公约		16.67	
华沙公约		17.00	

对于延迟交货的责任限制，《汉堡规则》作了相当于该延迟交付货物应付运费的2.5倍，但不超过运输合同中规定的应付运费的总额。关于货物延迟交付的赔偿限额，各国际公约均有不同的规定，如表6-3所示。

表6-3 各国际公约关于货物延迟交付的赔偿责任限额的规定

公约	赔偿责任限额	赔偿责任限额
多式联运公约	应付运费的2.5倍（40%以下）	不超过合同应付运输总额
华沙公约	无限额规定	无限额规定

续表

公　约	赔偿责任限额	赔偿责任限额
海牙规则	无限额规定	无限额规定
汉堡规则	应付运费的2.5倍	不超过合同应付运输总额
铁路货物公约	应付运费的2倍	无限额规定
公路货物公约	延误货物运费总额	无限额规定

有关延迟交货的赔偿是建立在运费的基数上的，与运费基数成正比。多式联运的运费基数是由各种货物，各运输区段的运费之和作为总的赔偿基数。

（三）赔偿责任限制权力的丧失

为了防止多式联运经营人利用赔偿责任限制的规定，从而对货物的安全掉以轻心，致使货物所有人遭受不必要的损失，从而影响国际贸易与国际运输业的发展，多式联运公约明确规定在下列情况下，多式联运经营人将丧失赔偿责任限制。

（1）如经证明货物的灭失、损害，或延迟交货是由于多式联运经营人有意造成，或明知有可能造成而又毫不在意的行为或不行为所引起，多式联运经营人则无权享受赔偿责任限制的权益。

（2）如经证明货物的灭失、损害，或延迟交货是由于多式联运经营人的受雇人或代理人或为履行多式联运合同而使用其服务的其他人有意造成或明知可能造成而又毫不在意的行为或不行为所引起，则该受雇人、代理人或其他人无权享受有关赔偿责任限制的规定。

但在实际业务中，作为明智的多式联运经营人，在有赔偿责任限制的保护下，故意造成货物灭失、损害而失去责任限制，这是不现实的。所谓毫不在意的行为或不行为，即多式联运经营人已经意识到这种做法有可能引起损失，但他仍然采取了不当的措施，或没有及时采取任何措施，即为明知而又毫不在意。

二、发货人的赔偿责任

在多式联运过程中，如果多式联运经营人所遭受的损失是由于发货人的过失或疏忽，或者是由于他的受雇人或代理人在其受雇范围内行事时的疏忽或过失所造成，发货人对这种损失应负赔偿责任。发货人在将货物交给多式联运经营人时应保证：

（1）所申述的货物内容准确、完整；
（2）集装箱铅封牢固，能适合多种方式运输；
（3）标志、标签应准确、完整；
（4）如系危险货，应说明其特性和应采取的预防措施；
（5）自行负责由于装箱不当、积载不妥引起的损失；
（6）对由于自己或其雇员、代理人的过失对第三者造成的生命、财产损失负责；
（7）在货运单证上订有"货物检查权"的情况下，海关和承运人对集装箱内的货物有权进行检查，其损失和费用由发货人自行负责。

阅读理解

（一）国际货物集装箱多式联运案例

1. 案情介绍

1988年10月，中国土畜产进出口公司×畜产分公司委托×对外贸易运输公司办理只纸箱的男士羽绒滑雪衫出口手续，外运公司将货装上××远洋运输公司的货轮并向畜产进出口公司签发了北京中国对外贸易运输总公司的清洁联运提单，提单载明货物数量共为333箱，分装3只集装箱。同年6月29日，货轮抵达目的港日本神户，7月6日，日方收货人在港口装卸公司开箱发现其中一个集装箱A的11只纸箱中，有5箱严重湿损，6箱轻微湿损。7月7日，运至东京日方收货人仓库，同日由新日本商检协会检验，10月11日出具的商检报告指出货损的原因是由于集装箱有裂痕，雨水进入造成箱内衣服损坏，实际货损约合1 868 338日元。在东京进行货损检验时，商检会曾邀请××远洋运输公司派人共同勘察，但该公司以"出港后检验无意义"为由拒绝。日方收货人从AIU保险公司取得赔偿后，AIU公司取得代位求偿权，于1989年9月25日向上海海事法院提起诉讼，要求被告货运代理人和实际承运人赔偿日方损失，并承担律师费和诉讼费。两被告答辩相互指出应由另一被告承担全部责任，并要求原告进一步对减少货损的合理措施进行举证。

2．案件结果

上海海事法院认为，根据两被告1982年签订的集装箱运输协议以及提单条款，两被告有相当的责任牵连，但日方收货人与××远洋运输公司在开箱时交割不清，商检又在港口外进行，故原告对货物损害索赔及所受损害的确切数额的请求举证不力。

经法院调解，1990年3月28日，原被告三方达成协议，两被告根据损害事实及提单条款规定，赔付原告人民币8000元（其中300元为原告预知的诉讼费），赔款先由货运代理人先行给付，再由他与实际承运人自行协商解决，案件受理费由原告负担。

3．基本理论

集装箱运输是以集装箱作为运输单位进行货物运输的一种现代化的先进运输方式，目前它已成为国际海上货物运输主要航线上居于主导地位的运输方式。集装箱海运与传统海运相比有许多优点，它的迅速发展为国际多式联运的发展奠定了基础。目前关于集装箱运输的国际公约有2个，1977年9月生效的《国际集装箱安全公约》和1975年12月生效的《1972年集装箱关务公约》，我国分别于1991年和1986年加入了上述2个公约。我国目前关于集装箱运输的立法主要是1990年颁布实施的《海上国际集装箱运输管理规定》及其实施细则，其中规定了集装箱所有人、经营人应当做好集装箱的管理和维修工作，定期进行检验，以保证提供适宜于货物运输的集装箱，违反以上规定造成货物损失或短缺的，由责任人按照有关规定承担赔偿责任。

国际货物多式联运是以至少2种不同的运输方式将货物从一国接管货物的地方运至另一国境内指定交付货物的地方，通常表现为将海洋、铁路、航空等多种运输方式中的2种或多种联结起来进行运输。1980年5月在联合国贸易与发展会议主持下，制定并通过了《联合国国际货物多式联运公约》，我国已签字，但目前该公约尚未生效。公约在规则原则上采取的是推定过失原则，除非多式联运经营人能证明，他和他的受雇人或代理人为避免损失事故的发生及其后果已经采取了一切合理的防止措施，就推定其对损害后果负有过失责任。公约对多式联运索赔的期限规定得很严格。收货人向多式联运经营人提出索赔时，应在收到货物次日起提出；如果货物天灾或损坏不明显的，则收货人应在收到货物3~6天内提出；对于迟延交货的索赔，收货人应在收货之后60天内提出。有关多式联运的任何诉讼，其诉讼实效为2年，自货物交付之日起或应当交付之日次日起开始计算。

4．案例分析

根据"拆箱报告"和商检报告，本案中货损的原因是由于集装箱有裂痕，雨水进入箱内所致,又因为承运人签发的是清洁联运提单,所以发生货损应当归于承运人的责任。根据中远提单条款的规定以及×远洋运输公司与×对外贸易运输公司的协议约定,2被告均应对货损承担责任。

本案中日方收货人对货损也应承担一定的责任。依据商检管理,日方收货人在发现货物有湿损时,应及时在卸货港当地申请商检,并采取适当救济措施以避免湿损扩大。但日方在未采取措施情况下将货物运至东京再商检,显然应对货物损失承担部分责任。对于因日方过错导致货物扩大损失的部分,应由日方自身负责,无权向承运人追偿。

本案处理结果基本上符合各方当事人的责任状况,至于2被告哪一方应对货损承担责任,根据他们之间的协议,应在共同对外承担责任后,查明事实后合理分担。

(二)多式联运经营人应对全程运输货物损害负赔偿责任

2002年7月19日,原告合浦烟花厂与威科公司签订烟花销售合同,约定:原告将货号烟花1858箱售与威科公司,每箱单价25.60美元,总价格FOB北海47564.80美元;2002年9月交货,允许分批装运;目的港汉堡,允许转船;由卖方投保一切险;付款方式:装船后电汇付款。威科公司向原告出具一份委托书,委托原告代威科公司办理其从原告处所购烟花的运输、运费支付及保险事宜,由此而发生的有关运杂费及保险费由威科公司负担。

9月10日,原告与被告安通北海分公司签订出口货物运输委托单,运输上述货物。委托单记载:托运人为原告,发货人安利达公司,通知人威科公司,收货人凭指示,目的港汉堡;北海头程船"桂海102"号,提单号B FGA 020149;货物为16000箱烟花,装入5个40英尺加高货柜和3个40英尺货柜(其中有编号为E ISU 1475464的货柜);在货名一栏中特别载明"Fireworks(烟花) 1.4GUN 0336"字样;合浦清水江基地仓库装柜,运费从仓库装完柜即开始计算(包括陆运与海运)。

9月17日,北海城东运输有限公司受安通北海分公司委托,派汽车将已装入货柜的烟花从原告合浦清水江基地仓库运至北海港装船。司机范谦明驾驶的装载货柜的平板车,在通过北海港铁路专用线时,被火车撞上,汽车及所装烟花燃烧报废。在受损货柜的表面、货柜箱号之下贴有"1.4G"、"UN0336"字样的黄色标签。(另查明,根据国际海事组织国际海运危险货物规则的规定,"1.4G U N0336"的含义是:烟花物质或含烟火物质的物品,或含有爆炸性物质和照明、燃烧、催泪或发烟物质的物品)造成此事故的原因是:汽车司机范谦明驾驶机动车辆通过铁路平交过道时,未遵守"一停、二看、三通过"规定,抢越过道,且运输烟花易燃危险品通过铁路不按规定申报。由汽车司机承担完全责任。

事故发生后,合浦烟花厂即与安通北海分公司协商解决货损赔偿事宜。但安通北海分公司辩称,原告与威科公司销售合同约定的成交价为FOB北海,且出口货物委托单约定运费从仓库装完柜即开始计算,表明货物在仓库装完柜后已视为卖方向买方交付,原告已不拥有该批货物的所有权;托运人为安利达公司而非原告,原告无权索赔。实际装运货物并造成货损的是北海城东运输有限公司及其雇员,被告仅是货运代理人,被告亦非承运人,不应承担货损责任。故原被告均不是本案合适资格主体。烟花系危险品,托运人在托运时未予声明,即便被告为承运人,亦应依法免除赔偿责任。合浦烟花厂遂诉至法院。

实践与练习6-7 多式联运业务纠纷

分析多式联运任务6-2应如何处理?托运人能否获得赔偿?找谁赔偿?

三、索赔与诉讼

在国际货运公约中，一般都规定了货物的索赔与诉讼条款。如《海牙规则》和各国船公司对普通货运提单的索赔与诉讼规定为，收货人应在收到货物 3 天之内，将有关货物的灭失、损害情况以书面的形式通知被索赔人，如货物的状况在交货时已由双方证明，则不需要书面的索赔通知。收货人提出的诉讼时间为从货物应交付起 1 年内，否则，承运人将在任何情况下免除对于货物所负的一切责任。一般的国际货运公约对货损提出的诉讼时效通常为 1 年，但自《汉堡规则》制订以后，诉讼时效有所延长。由于集装箱运输的特殊性，因此，有的集装箱提单规定在 3 天或 7 天内以书面通知承运人说明有关货损的情况。至于诉讼时效，有的集装箱提单规定为 1 年，有的规定为 9 个月，如属全损，有的集装箱提单仅规定为 2 个月。

多式联运公约规定货物受损人在收到货 2 年之内没有提起诉讼或交付仲裁，即失去时效。如果货物在交付之日后 6 个月内，或于货物未交付后 6 个月之内没有提出书面通知，说明索赔性质和主要事项，则在期满后失去诉讼时效。但要使一个索赔案成立，作为提出索赔的人必须是：

（1）提出索赔的人具有正当的索赔权；
（2）货物的灭失、损害具有赔偿事实；
（3）被索赔人负有实际赔偿责任；
（4）货物的灭失、损害系在多式联运经营人掌管期间；
（5）索赔、诉讼的提出在规定的有效期内。

对于上述浏阳彩虹烟花厂货物损失案件的处理方法要根据浏阳彩虹烟花厂与太平洋物流公司签订的运输合同来确定。如果收货人或浏阳彩虹烟花厂按规定及时提出索赔，如果运输合同采用的是经修正的网状责任制，那么当货物发生毁损灭失的区段确定时，多式联运经营人的赔偿责任和责任限额，适用调整该区段运输方式的有关法律的规定，即 2 个集装箱的损失按海上运输的规定进行赔偿；当货物发生毁损、灭失的运输区段不能确定时，多式联运经营人应当依照合同中有关规定承担损害赔偿责任，即因集装箱裂缝造成的损失那个集装箱货物应按合同中的规定赔偿。在货损区段能够确定时，多式联运经营人可以向区段承运人追偿；货损的区段不能确定的，除合同另有约定外，多式联运经营人无法向任何人追偿。

如果本案合同采用统一责任制，不论损害发生在哪一区段，多式联运经营人承担的赔偿责任和责任限制都是一样的，即 3 个集装箱的损失赔偿的标准和责任限制是相同的。

如果多式联运任务 2 中收货人或浏阳彩虹烟花厂未按规定及时提出索赔，则他们的损失将不会得到赔偿。

实践与练习 6-8　多式联运业务索赔

多式联运企业调研

一、实训目标

（1）通过实际调查使学生了解多式联运的组织过程。
（2）通过实际调查使学生了解多式联运使用的各种单证。

（3）培养学生调查收集整理相关信息的能力，了解多式联运过程中货损案例的处理方法。

二、方法与要求

（1）以小组为单位利用节假日到企业进行调查，注意做好调查记录。
（2）了解该企业选择运输方式考虑的主要因素是什么。
（3）了解该企业货损案件的处理方法及法律依据。
（4）了解多式联运组织方法和使用的各种单证。

三、成果与检测

（1）以小组为单位写出调查分析报告。
（2）在全班组织召开一次交流讨论会。
（3）根据分析报告和个人在交流中的表现进行成绩评估。

能力拓展

学习目标

1．掌握多式联运方案设计的概念和影响因素。
2．掌握多式联运风险类型及风险控制措施。

学习任务

1．能针对某运输任务进行运输方案的规划设计。
2．能够对多式联运方案进行评价与改进。

模块一 多式联运方案设计

一、多式联运方案设计的基本概念与影响因素

1．多式联运方案设计的基本概念

多式联运方案设计（Multimodal Transport Planning），也称为多式联运解决方案（International Multimodal Transport Solution），是指多式联运企业针对客户的运输需求，运用系统理论和运输管理的原理和方法，合理地选择运输方式、运输工具与设备、运输路线以及货物包装与装卸等过程。

2．多式联运方案设计的影响因素
（1）物品特征方面。
（2）运输与装卸搬运特征。
（3）储运保管特征。
（4）客户其他要求。

二、多式联运方案设计的内容与程序

如图 6-4 所示，多式联运方案设计主要包括运输模式、运输工具与设备、运输路线和

自营与分包 4 个方面的决策。

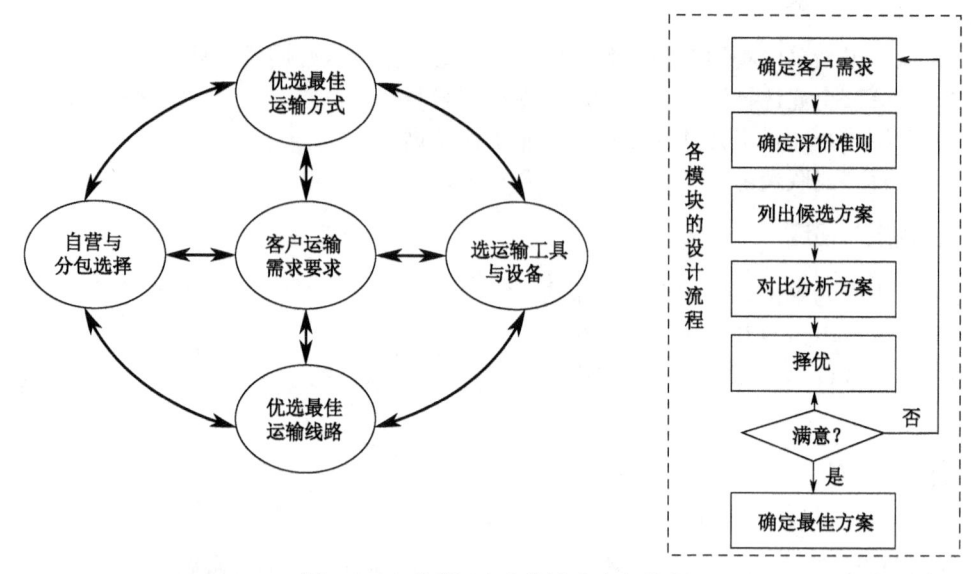

图 6-4　多式联运方案设计内容与流程

1．客户运输需求分析

对客户的货物运输量、运输品种、客户要求的运输时间、出发地目的地等进行综合分析。

2．运输方式的选择

铁路、公路、水路、航空、管道 5 种基本运输方式的优缺点及适用范围在项目一已有详细叙述，在此不再赘述。

3．运输工具与设备的选择

（1）运输工具的选择。

（2）装卸搬运设备的选择。

（3）集装箱的选择。

（4）运输包装的设计。

（5）运输路线的选择。运输路线的选择应注意以下 3 点：

- 运输线路选择与运输方式选择的协同；
- 注重装卸地点的选择；
- 注重不同装货量的拼装，以实现集运、拼装模式，从而影响运输路线选择。

图 6-5 是以海运为干线运输的集装箱多式联运及运输形式示意图。

实践与练习 6-9　多式联运业务方案设计

天津天成物流有限公司有 5000 万吨钢材从天津港到出口到鹿特丹港，请进行运输方案设计。

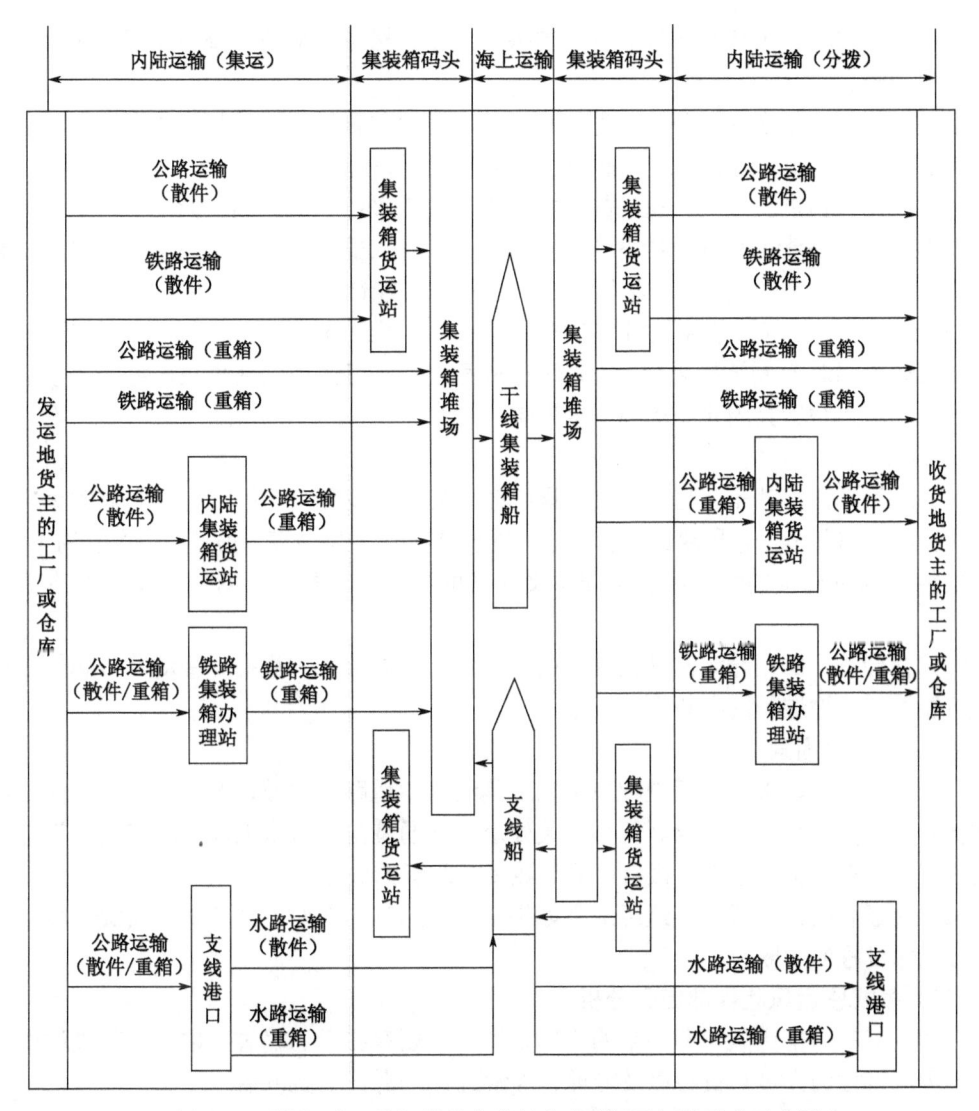

图 6-5　以海运为干线运输的集装箱多式联运及运输形式示意图

模块二　多式联运风险管理

引起风险发生的因素是多方面的，本节按照影响因素的来源将风险分为 2 方面：外部因素和内部因素。

一、多式联运风险因素分析

多式联运外部因素，即外界的不确定性因素，这些因素常常具有不可预测性和不可抗拒性，具体如下。

（一）多式联运风险外部因素分析

1. 自然环境因素

（1）自然灾害。自然灾害包括自然界的水灾、火灾、地震、火山爆发、海啸、飓风、热带风暴、龙卷风、山体滑坡等。自然灾害的发生必然导致交通系统的瘫痪，从而导致运输过程的中断。

目前，我国正处在突发公共事件的高发期，自然灾害的爆发的频率越来越高，因此由自然灾害导致的运输风险问题越来越突出，危害也越来越大。

（2）疾病、瘟疫。疾病、瘟疫的传播会给运输带来巨大的影响。如 2009 年世界范围的甲型 H1N1 型病毒的传播，给各个行业都带来了巨大的冲击，由于病毒传播的主要媒质是空气，这迫使贸易往来减少，以降低病毒传播的可能性。

（3）气候条件。气候条件是指在多式联运过程中所经历和面临的不同天气情况，例如：雨雪，大风等强对流天气都会对运输过程造成危险，一旦出现交通事故，将会导致运输过程的中断，多式联运会因此而受到严重影响。

2．政治因素

（1）政治动荡、战争、恐怖主义。国际政治格局的变化常常因为各种利益的重新布局和各种资源的重新分配，导致国际贸易运输的合作关系发生改变。另外，国内政局不稳定、政府的换届以及战争的爆发以及恐怖主义活动的猖獗，同样会给货物的运输造成很大的危害。

（2）社会秩序的不稳定。社会秩序的不稳定，例如罢工、盗窃、暴动等引起的社会混乱都可能引起运输过程的中断。

3．交通环境因素

（1）交通状况。多式联运过程中运输工具经过的道路、海域以及航空等交通情况对运输过程有着直接而严重的影响。例如，某处道路交通堵塞，海水上涨，高空气流等都会使运输过程发生滞后甚至中断，很有可能导致多式联运的失败。

（2）交通管制。多式联运途经地点如果实行交通管制或对某些运输工具实行限制，也会导致运输过程的中断。

（二）多式联运风险内部因素分析

多式联运的内部因素，即内部的不确定性，主要存在于运输过程以及管理过程中，本文根据运输过程的人员、设备以及管理等因素进行分析，主要包括：

1．人员因素

（1）责任意识。人类的一切活动，包括人的语言、肢体语言交流沟通等，均受大脑支配，均要接受来自大脑的意识思维、决策指挥。因而，自然人在从事运输作业的一切行为、活动时，应受制于人的"责任意识、思维决策"，这一点，当是毋庸置疑的。

（2）技能资历。娴熟的操作技术，丰富的运输实践，无疑是保证运输安全的重要前提。以海上运输为例，船员们所跑的航线、港口多了，所通过的海峡、狭窄水道多了，所经历的港口潮汐水文气象，引航员登轮习惯，引航员操船、用车习惯，甚至于拖轮傍靠习惯、与大船的配合默契程度、反应能力，包括在航海实践中遭逢的丰富的险情经历等，这些都会使粗浅的认识渐进熟悉，并逐步积累那些关于船舶通航密度、航道浅点、水深、避碰技巧，包括通过应对险情所采取的那些被认为是正确的、有效的措施等维系船舶安全的多重要素，都将成为提高应对海上突发事件、险情能力的宝贵经验。

（3）身心状态。人的健康状况不仅取决于全身各器官、各系统的相互协调，而且还取决于整个身体对自然和社会环境的适应能力。一个人的体质和身体状况对他的心理和情绪有着极大的影响；一个人的举止谈吐受他的性格影响；一个人的动作和习惯对他的内脏有着很大的影响；这是 3 条无论正反均能成立的定律。由上述定律可以看出，运输从业人员在高度紧张，高度压力，高度风险的特定环境下，在运输活动中的一切行为，人自身的身体条件、身体状况，将直接影响到大脑的思维决策。也必将直接影响到生产活动中的行为，这一点，却是值得我们警醒的。

（4）应变能力。应变，即应对突发事件的能力，或称下意识、潜意识。人的应变能力、本能反应下意识，是智慧与个人综合素质的体现，虽不能回避风险，但是却可以注重学习，注重积累，在风险发生的时候将损失尽可能地降低到最小程度。所以也可以说，应变能力和"技能资历"以及"身心状态"都有着十分密切的联系。都会对运输风险产生极大的影响。

2．设备因素

（1）运输基础设备。设备是除人之外，影响货物运输安全的另一个重要因素。设备技术状态和质量状态的好坏直接影响、制约着货物运输的生产效率和安全。运输基础设备的危险性主要体现在运输工具老化、故障检修、排除不及时、技术性能差等方面。

（2）装卸设备。多式联运过程中由于运输方式的更换，必然导致装卸作业的频繁进行，所以，装卸设备对整个运输安全也会产生较大影响，主要表现在设备的设计安全性和使用安全性上。

3．管理因素

（1）运输线路的选择。多式联运作为一个运输系统，如何选择最优同时也是最安全的路线，是影响多式联运风险的一个重要内容。如果运输线路选择不合理，就有可能会遇到气候、环境以及交通状况等因素的风险。

（2）运输方式的选择。多式联运包括的运输方式主要有铁路、公路、内河、海上、空中 5 种，它们的性质、技术经济特点和运用范围也不相同。如铁路运输载运量大，连续性强，行驶速度较高，运费较低，运行一般不受气候、地形等自然条件的影响，适合于中长途客货运输；公路运输虽载运量较小，运输成本较高，但机动灵活性较大，连续性较强，适合于中、短途客运和高档工农业产品的运输；水运（包括内河和海上运输）具有载运量大、运输成本低、投资省、运行速度较慢、灵活性和连续性较差等特点，适于大宗、低值和多种散装货物的运输；航空运输具有速度快、投资少、不受地方地形条件限制、能进行长距离运输等优点，也存在载运量小、运输成本高、易受气候条件影响等缺点，适合于远程客运及高档、外贸货物与急需货物的运输。

在多式联运过程中，运输方式的选择，除了考虑货物品种、运输期限、运输成本、运输距离、运输批量等因素外，很重要的一点就是考虑运输安全，尽可能选择能够优先规避风险的运输方式。

（3）信息沟通不畅。信息沟通的作用在于使组织内的每一个成员都能够做到在适当的时候，将适当的信息，用适当的方法，传给适当的人，从而形成一个健全的迅速的有效的信息传递系统，以有利于组织目标的实现。

很多风险的发生都是归根于信息沟通问题，不能有效地进行信息沟通和共享，就不能及时地做出准确的决策。在运输的过程中尤其要注重信息的沟通，例如，及时告知承运人某地的天气和交通状况，可以使其尽可能地调整运输方案，以避免风险的发生。

（4）承运人选择。承运人是运输过程的主体，从货物装运时起，至货物运抵到达地交付完毕时止，承运人应对货物的灭失、短少、变质、污染、损坏负责。所以说，承运人不仅仅要按照托运人的要求从事简单的运输作业，更担负着运输过程中风险防范的责任。有效地选择和管理承运人，尽可能地调动承运人的积极性，对于降低运输风险起着至关重要的作用。

通过以上分析，多式联运风险因素主要来源于多式联运系统外部和系统内部，而且外部因素和内部因素又包括许多二级因素，如表6-4所示。

表6-4　多式联运风险因素构成表

	风险因素	风险因素细分
多式联运系统外部因素	自然环境因素	发生自然灾害
		疾病、瘟疫的流行
		气候条件
	政治环境因素	发生政治动荡、战争、恐怖主义
		社会秩序不稳定
	交通因素分析	交通状况
		交通管制
多式联运系统内部因素	人员因素	责任意识
		技能资历
		身心状态
		应变能力
	设备因素	运输基础设备
		装卸设备
	管理因素	运输线路的选择
		运输方式的选择
		信息沟通不畅
		承运人选择

二、多式联运风险因素类型

根据以上对多式联运风险的起因分析，可以将多式联运风险分为以下几类：

（一）外部风险

外部风险，是指由外界的不确定性因素导致的风险，这些风险一般是难以预测和控制的。

1．自然界风险

自然界风险主要包括水灾、火灾、地震、火山爆发、海啸、飓风、热带风暴、龙卷风、山体滑坡等不可抗拒的自然灾害和疾病、瘟疫的原因以及气候条件等，给运输过程带来的风险。

2．政治风险

政治风险主要指由于政治动荡、战争、恐怖主义、社会秩序的不稳定、政府干预、法律法规及行业政策的变化等政治因素的存在引起的风险。

3．交通环境风险

交通环境风险主要指交通状况以及某些地域交通管制现象的存在对运输过程产生的风险。这种风险有些是本来就存在的，有些是在多式联运过程中突发的，所以，除了要充分了解运输线路上的交通情况外，还要做好应急预案。

（二）内部风险

1．人员风险

人员风险是指由多式联运过程中操作人员导致的风险，主要包括人员的责任意识、技能资历、身心状态以及应变能力4个方面。

2．设备风险

设备风险是指多式联运过程中使用的运输和装卸设备自身存在的问题而导致的整个运输过程可能存在的风险。

3．管理风险

管理风险是指源于一切多式联运管理问题的风险。主要包括运输线路的选择、运输方式的选择、信息沟通以及承运人的选择4个方面。

三、多式联运风险控制措施

在货物多式联运体系中，仅仅对风险因素识别和风险评价是不够的，风险管理的目的就是要对潜在的风险进行有效的防范或对已发生的风险进行有力的控制。而且，由于多式联运风险变量多，不但涉及自然原因、运输工具状况等客观原因，还涉及人员、管理等主观原因，因此，既要积极主动预防风险的发生，又要建立良好的风险应急处理机制，从而实现监控、降低、化解和消除风险，使货物多式联运过程达到快速、安全的目的，既能满足托运人的需要，又能实现货运企业的长期发展。

（一）交通安全风险控制

交通事故是货物运输风险的一个重要方面，每年因为交通事故造成的经济损失和人员伤亡触目惊心，所以，提高交通安全水平是货物运输风险控制工作的重要组成部分。

1．自然环境因素

自然环境因素是交通安全不可忽视的因素，其中，多数自然因素是不可人为改变的，但是，如果事先获得足够的信息，却可以通过有效的管理和决策避免风险的发生。例如：气候条件对运输环境的影响，雨、雪、大风天气可能会造成道路安全性降低，视线受阻，海上风浪可能会造成船舶颠簸等。但是，运输环境存在的不安全问题，可以靠运输人员发现和预防，如果运输人员的安全思想牢固，责任心强，驾驶技术熟练，也可以保证运输安全。

对自然环境因素可能造成的风险，可以采取事先预防，事中控制的方式进行防范。

（1）首先要保证信息的畅通，对天气的变化情况及时关注、收集和讨论，特别恶劣的天气争取不要从事运输活动。

（2）必须进行的运输活动，应该严格检查运输工具安全性能，运输单位和个人应建立健全运输工具技术检验与安全检查制度，发现故障和隐患应及时排除；不超载超限运输。

（3）选派经验丰富、技术熟练、应急能力强的运输队伍承担此次运输任务，在运输过程中要多观察，留意环境的变化，并时刻保持通信联系，及时汇报。

（4）严禁疲劳驾驶，可以通过限制驾驶员每次驾驶的最长小时数，规定每天行驶的时间，为驾驶员提供充足的时间和设施供他们在旅途中停下来休息、进食和小睡，保证驾驶员的精力和体力，有效降低疲劳驾驶的程度。

（5）大力改善运输作业环境。作业环境是指技术环境，影响人们作业环境的因素主要有物化性质的环境因素（粉尘、化学性气体、蒸汽、熏烟、雾滴等）、物理性质的环境因素（光、辐射、噪声、振动、温度、湿度和气压等）和空间环境因素等。关于物化性质的环境因素，国家有关部门制订有相应的政策和标准，其安全要求有标准可查。在改善作业环境中，应严格按照国家规定标准实施，有效防止人员疾病、中毒现象发生，避免过度疲劳和不舒适感，使作业人员在繁忙的工作中，仍能保持良好的心态和充沛的精力。

2. 交通环境因素

交通环境是影响运输安全的重要因素，交通环境主要包括运输活动所经过路线的道路状况、车辆通行状况、海域状况以及航空状况等。尤其对道路运输而言，道路的不安全因素是造成货运风险，以致交通事故发生的重要原因，这些不安全因素主要有：非法占用挖掘道路、视距不够、路拱不符、超高不符、路面光滑、路面损坏、路肩松软、急弯陡坡等。所以，交通环境因素对货物多式联运产生的风险主要应从道路状况以及通行状况等方面进行预防控制。

（1）提高道路设计的安全性。道路的设计应考虑驾驶人员、行人、乘车人、骑自行车者的安全。比如，设置减速振动带、有单独分开的人行道和自行车道、道路两侧没有树木、大木块、钢制和水泥杆柱等。

（2）高危碰撞地点的补救措施。道路碰撞事故并非均匀地分布于整个道路网络中，事故常集中于某个地点、某些特定路段或散发于居民区中。可行的措施包括：增加防滑路面，改进照明条件，提供中央安全区或安全岛，增加标志或标记，在交叉路口设信号灯或环形路，安装摄像仪在红灯时拍摄闯红灯的车辆，以及增加步行路或过街桥等。

（3）建立船舶运输的控制系统。船舶运输控制系统是对船舶运输过程的有关信息进行传输、接收、存取、变换和反馈，并不断对过程进行调整和优化的控制管理一体化系统，涉及航海、通信、计算机、机电、自动控制、运输管理、船货代理、码头港务、商贸、金融及保险等专业技术。通过建立船舶运输控制系统，对船舶的航行状态进行实时监控、定位导航，使船舶航行处于一种安全、平稳的航行状态之中。

（4）GPS 与 GIS 系统的应用。GPS 即全球定位系统（Global Positioning System），主要有以下用途：

● 陆地应用，主要包括车辆导航、应急反应、大气物理观测、地球物理资源勘探、工程测量、变形监测、地壳运动监测、市政规划控制等；

● 海洋应用，包括远洋船最佳航程航线测定、船只实时调度与导航、海洋救援、海洋探宝、水文地质测量以及海洋平台定位、海平面升降监测等；

● 航空航天应用，包括飞机导航、航空遥感姿态控制、低轨卫星定轨、导弹制导、航空救援和载人航天器防护探测等。

> 知识链接

GIS 与 GPS 这 2 种信息技术的结合可以针对车辆在长途运输途中车辆的流量、流速，来判断是否堵车，从而重新规划运输路径，节约运输时间，减少风险的发生；同时也可以帮助船舶操作人员进行实时调度和导航，寻找安全航线，避免海况对船舶运输产生风险。

3. 人员因素

人是多式联运风险诸要素中最为重要的部分，人的高素质即能力、责任意识以及身心状态等是确保运输安全的根本所在。运输风险的防范和控制固然要依靠科学技术的不断进步,采用先进的技术装备,以加强安全生产的物质基础,加大安全系数,降低风险水平,但要防止见人不见物的倾向,风险水平防范的好与坏,主要取决于管理人员和操作人员的综合素质,如果人员的素质不高,技术设备再先进,也往往发挥不了应有的作用。因此,在风险管理工作中,不仅要发挥现代化技术设备的作用,更为重要的是要在提高人员素质上下功夫,充分调动人员的积极性、主动性和创造性。

1)一般要求

(1)掌握运输生产规律。针对关键时间、岗位、车次和人员,把安全教育工作做到运输过程中去。

(2)掌握自然规律。根据风、雨、雾、霜、雪等天气和季节变化对运输生产和人员心理带来的影响,有预见地做好事故预想和预防工作。

(3)掌握人员思想变化规律。对于社会条件和职工需求之间的矛盾,坚持正面教育为主,及时疏通引导,协调关系,增强团结。

(4)掌握人的生理心理规律。按照人员性别、年龄、体力和智力差异在运输过程中担当工作的性质不同,加强对运输主要工作人员的选拔和管理。

2)提高对人员的安全管理水平

(1)大力进行运输人员队伍的思想道德和职业道德教育。提高干部和员工的政治素质和品德修养,充分发挥广大职工安全生产的积极性、主动性和创造性。对违反作业标准、规章制度的人与事,应实事求是地予以批评教育,对事故责任者根据损失和责任大小给予相应的处罚。

(2)全面强化人员业务培训。重点提高全员实际操作技能,特别是非正常情况下作业技能和设备故障应急处理能力,落实作业标准化,并严格执行人员持证上岗制度。

(3)提高安全监察人员和安全管理人员的综合素质。安全监察人员和安全管理人员具备良好的思想、业务和身心素质是运输安全方针政策得以贯彻执行,运输安全技术、安全工程和安全管理得以推行和落实的重要基础条件。鉴于安全监察人员和安全管理人员工作的多样性、复杂性与重要性,应通过培训,使其努力掌握运输安全系统工程的基本理论和方法,并在实践过程中不断运用、总结、提高,以增强安全工作的预见性,提高风险防范工作的有效性,从根本上改变凭经验管理的落后状态。

(4)构建运输人员生理心理安全保障体系。对运输操作主要工作人员建立并逐步完善人员生理、心理指标体系及其标准,以便对人员的管理更加科学可靠。

3)加强对运输具体操作人员的选拔管理

由于人的主观能动性在运输风险管理中起到很大的作用,运输操作人员良好的生理心理素质显得尤为重要。合格的运输操作人员应具备的职业生理与心理素质归纳如下:

(1)认知能力。智力中等程度以上,视觉功能强,注意力转移和分配好,反应快,动作协调、准确。

(2)身体状况。生理功能正常,体格健壮,有良好的适应环境能力。

(3)人格(个人性格)特点。责任心强,情绪稳定,紧急状态下应变能力较强,对单调工作有良好的心理承受能力,疲劳状态下有耐久力等。

根据上述要求,可以对运输操作人员建立人员生理心理指标体系和测验检查方法。为了加强对重点操作人员的选拔和管理,除思想品德和业务素质要求外,运输企业管理部门应重视从生理、心理素质角度选拔操作人员,对他们进行专门的适应性检查,定期进行生理心理测试和咨询，在不断录用新人员的同时，妥善安排生理心理素质不适应运输工作的人员。

4. 设备因素

运输基础设备是运输过程的基础，也是风险产生的重要方面，为提高运输基础设备质量，必须加快发展安全技术装备，不断增强运输风险防范能力。设备安全管理的重点工作主要包括加强对设备的养护维修，加快设备更新改造速度，保证安全技术装备重点项目顺利实施等。

1）提高运输基础设备的安全管理水平

提高设备质量，加强设备管理，必须坚持定期检查制度，建立各种检查记录制度，定期保质保量地做好维修保养和安全隐患排除工作。对设备的惯性故障、重点隐患、严重隐患要集中力量加以排除，采取严密的安全防范制度和措施，杜绝简化检查、检测、维修作业程序的现象发生，确保运输安全。对设备的养护维修，应坚持预防为主、检修与保养并重、预防与排除相结合的原则，处理好设备维修与运输生产的关系，正确合理地使用设备，提高操作技术和保养水平，防止超负荷、超范围、超性能地使用设备，使设备质量可靠稳定，逐步形成"修、管、用"良性循环的发展模式。

2）提高运输基础设备的安全性能

改善运输设备技术状态，有计划、有步骤地淘汰超期使用的旧设备；依靠科学技术加快对新型设备的研制和使用；提高设备制造和检修质量。大力发展先进通信设备。

3）加强装卸搬运的安全操作管理

（1）搬运装卸人员应严格遵守安全操作规程，正确使用搬运装卸机械，避免发生货损和人员伤亡事故；

（2）进行搬运装卸作业时，要轻装轻卸，堆码整齐、捆扎牢固，衬垫合理，避免货物移动或翻倾，防止混杂、撒漏、破损；

（3）严格遵守货物配装规则，严禁有毒、易污染物品与食品混装，危险货物与普通货物混装；

（4）危险货物的搬运装卸作业人员应根据危险货物的具体情况穿戴胶服、防毒面具、手套、胶靴、披风帽等防护用品，保护人身安全；

（5）搬运装卸过程中，发现货物包装破损，搬运装卸人员应及时通知托运人或承运人；

（6）搬运装卸作业完成后，货物需绑扎苫盖篷布的，搬运装卸人员必须将篷布绑扎苫盖严密并绑扎牢固，由承、托运人或委托站场经营人、搬运装卸人员编制有关清单，做好交接记录，并按有关规定施加封志和外贴有关标志；

（7）承、运双方应履行交接手续，包装货物采取件交件收，集装箱及其他施封的货物凭封志交接，散装货物原则上要磅交磅收或采用承托双方协商的交接方式交接，交接后双方应在有关单证上签字；

（8）货物在搬运装卸中，承运人应当认真核对装车的货物名称、重量、件数是否与运单上记载相符，包装是否完好，包装轻度破损，托运人坚持要起运的，应征得承运人的同意，承托双方需做好记录并签章后，方可运输，由此而产生的损失由托运人负责。

5. 管理因素

当前，货物运输风险管理方面存在的主要问题：一是没有有效地利用先进的信息技术对多式联运的线路和运输方式进行规划和设计，而是按照各自擅长或是经常使用的方式进行操作，从而很容易导致货物运输风险发生率的提高。二是在处理问题时存在好人主义。部分货检站之间、货检站与装卸作业站之间的干部职工对检查发现的问题，只要未严重危及行车安全，就相互隐瞒，掩盖问题，从而造成安全信息不畅通，使隐患得不到彻底解决。三是在承运人的选择方面缺乏标准的承运人评价指标体系，没有严格审查承运人的承运资质和运输能力等条件，从而很可能会导致运输系统不稳定、运输时间增加、货损率上升甚至公司机密泄露等问题。

（1）有效建立和使用信息系统风险管理机制。基于智能交通系统（ITS）的技术和原理，将先进的信息技术、数据通信传输技术、电子传感技术、电子控制技术以及计算机处理技术等有效地集成运用于整个交通运输管理体系，建立起一种大范围、全方位发挥作用的、实时、准确、高效的综合运输和管理系统。制订 ITS 标准，加快标准体系研究；根据中国国情制定 ITS 的近期发展战略，以城市为中心、以交通干线为纽带，逐步将 ITS 联成网；加快交通事故管理技术、机动车信息管理技术、运输操作人员档案信息管理等应用软件的研发和使用；完善交通信息服务与车载路径导航系统的关键技术、交通信息采集与处理技术、交通信息发布技术等；建立完善的安全事故预防系统。

（2）建立有效的信息沟通机制。运输过程中实时保持信息通畅，遇到问题及时汇报，及时处理，也可以通过有效的信息沟通获取环境状态信息，遇到环境变化，突发事件等，及时制定解决方案，有效控制风险的发生。

（3）建立标准和实用的承运人评价指标体系。建立一套规范、标准并且符合企业实际需要的承运人评价指标体系是承运人选择的必要前提，针对运输风险，承运人的选择应更多地考察承运人运输成本、运输时间、运输能力、可靠性、可用性以及安全性等指标。另外，货主与承运人在对承运人评价指标的重要性程度上有着不同的理解，此问题的存在既影响了对货主提供服务的好坏，又造成承运人在自身资源分配上的错误，带来一定的损失。

因此，运输企业在考虑选择承运人指标时，应尽量与货主在评价指标认识上达成一致。

（4）完善安全运输管理责任制。首先，运输管理部门和运输企业要制定明确的责任目标，把安全工作量化、细化、做到人人有任务、有目标，制定目标既要科学合理，又要便于操作；其次，要制定的具体的考核办法，使考核制度化。这样才能做到预防为主。同时要抓好运输市场的清理整顿。一是严把市场准入关，把安全生产资格作为经营许可审批的重要内容，实行安全一票否决制；二是重点解决无证、手续不全、非法经营问题；三是打击货运超载和超范围承运化学危险品问题。

（二）运输企业经营风险控制

1．强化风险意识，建立风险责任机制

要有效地对交通运输企业进行风险管理，必须首先树立起良好的风险意识，建立和落实经营风险责任考核机制。具体到实践中，首先要对企业经营结果和决策结果形成责任具体化和量化，属于经营者个人因素应追究个人责任，属于集体决策责任的，要落实到直接责任人。通过明确责任，把这种风险激励约束机制与经营者的政绩和任用结合起来，让经营者主动适应市场，增强抵御风险的能力。

2．对风险进行全过程管理

（1）对潜在风险进行分析和评估。风险评估的关键在于总结风险发生的频率和损失大小、预防风险发生以及风险发生后采取何种措施应对等。在进行潜在风险评估时必须明确如下几点：首先，资产类型的不同决定了对风险的承受力不同，不同的标的会面临不同的风险；其次，不同的风险会造成不同财产、不同程度的损失，对极易发生的风险，要准确掌握其损失的幅度；再次，要根据估算的财产损失情况，评价哪一种风险转移方式最为合理。

（2）根据企业具体情况妥善处理风险。当企业面临风险时，应根据实际情况结合风险控制目标，决定采取何种方式来化解风险和如何最大限度地减少风险给企业带来的损失。例如：某一航线上气候恶劣或者出现其他突发性问题，可以及时调整运输线路或者改走其他线路。对于意外事故造成的损失，企业可以根据购买的保险产品上规定的理赔项目，及时找保险公司索赔，以转嫁风险，降低企业的经济损失。

3．完善企业风险的内部控制

（1）加强企业内部的组织机构控制。企业应根据自身经营活动的具体需要在企业内部设置相关内控部门和机构，确保其组织机构的合理性和职责分工的明确性。一方面，各组织机构必须得到授权才能行使其职权，同时，相关部门和机构在行使职权时不能受到其他部门和外界其他因素的干预；另一方面，企业的各项经营活动必须在授权范围内运行，并保证负责部门或个人对其在授权范围内行使的权利和职责进行有效的检查和监督；此外，在对经营业务的检查中，检查者必须是不从属于被检查者的独立个人或部门。

（2）做好授权批准控制。授权批准控制是指对企业内部各部门和人员处理经济业务的权限的控制。单位内部某个部门或某个职员在处理经济业务时，必须经过授权批准才能进行，否则就无权审批。授权批准控制可以保证企业既定方针的执行并且有效限制职权的滥用。授权批准可分为一般授权和特定授权，其中一般授权是对办理一般经济业务权利等级和批准条件的规定，通常在企业内部控制中会予以明确。特别授权是对特别经济业务处理的权利等级和批准条件的规定，例如：当某项经济业务的数额超过某部门的批准权限时，只有通过特定的授权批准才能处理。做好授权批准控制，首先，要明确一般授权与特定授权的区别，并严格分清其界限和责任；其次，每一笔经济业务的授权批准程序都必须严密，对授权批准进行检查时，要有相关的凭证和记录；再次，要建立相关的授权批准检查制度，以保证经授权后所处理经济业务的质量。

（3）做好预算控制。做好企业的事前预算控制是完善内部控制的重要方面，预算控制从时间上分主要包括年度预算、季度预算、月度预算等项目；从内容上包括收入、成本、采购、生产等项目。在有效的内部控制体系下，企业必须针对各项经济业务制定详细的预算和计划。通过授权后，由各有关部门对预算计划的执行情况进行控制。

事前预算主要包括三项内容：第一，编制预算应与企业经营管理目标相符合，预算编制中并明确相应负责部门的职责。第二，预算执行中，应当允许经过授权批准对预算进行调整，以便使预算更符合实际需求。第三，要定期及时反馈预算的执行情况，对预算效果进行有效地控制。

（4）做好事后审计和风险内部审计工作。做好事后审计控制的关键在于建立内部审计机构并使其发挥应有的作用。内部审计机构是强化内部控制制度的一项基本措施，内部审计工作的职责包括审核会计账目，稽查、评价内部控制制度的完善程度，企业内各组织机构执行指定职能的效率之后，将审计结果向企业最高管理部门提出报告，从而保证企业的内部控制制度更加完善和严密。在建立企业内部审计制度的同时，还应发挥社会审计部门和上级审计机构的作用，由这些机构和部门对企业预算执行情况、内部控制制度制订实施情况、组织机构建立情况等进行定期或不定期的审计监督，以便遏制企业管理部门负责人滥用职权所造成的内部控制制度践行不利。开展企业内部风险审计。企业内部审计部门每年至少一次对风险管理部门和其他职能部门按照风险管理手册进行监督评价并出具监督评价报告。直接送董事会或风险管理委员会和审计委员会。风险评估是一个持续不断的过程，风险无时不有，无处不在，任何企业的风险管理体系的建立都不是一成不变的，必须根据发展变化的内、外部环境进行反复地持续地检测和分析。

（5）减少人为因素对内部控制的负面影响。企业内部控制体系的实行过程应是客观化系统化的过程，在这个过程中，必须最大限度地减少人为因素对制度执行带来的负面影响。当前，企业内部控制制度得不到良好的执行，主要来源于以下几点因素：第一，员工对内部控制制度具体内容不够了解；第二，员工由于疏忽造成内控制度执行上有所偏差；第三，员工主观上认为工作受到过多的控制，在执行某项内部控制制度时产生了反感情绪；第四，员工为了个人利益，故意绕开内部控制制度使企业利益受到损失。上述因素的存在导致了企业内控制度执行效率低下，执行效果也不尽如人意。

因此，减少人为因素带来的负面影响也是完善企业内部控制工作的一个重要环节。要尽量减少和避免人为因素对内控制度的消极影响，主要可以从以下几个方面进行改进和完善。第一，加强对企业内部控制制度的宣传工作，通过各种渠道向员工介绍本企业各项内部控制制度，并使其了解内控制度的内容和具体作用；第二，加强对员工执行内部控制的操作培训，注重对员工职业道德的教育，针对部分员工对制度产生的反感情绪进行相应的解释和说明，让员工在执行内控制度时保持正确良好的践行态度；第三，在制定内部控制制度时，尽量减少或避免对职工利益的损害，从根本上杜绝职工因追求个人利益而做出损害企业利益的行为；第四，管理者和相关负责人在制订内部控制制度时，既要考虑过多的控制会引起员工的不满，可能会扼杀员工的积极性、主动性和创造性，又要认识到过少地控制将不能使企业的经营管理活动有序地进行；第五，对于员工违反内部控制制度，违反法律、法规的行为，一方面要对当事人进行恰当的处理，另一方面要反思内控制度是否存在漏洞并及时找出改进方法；第六，通过层层授权、绩效考核与奖罚机制，使每位员工都明确自己的责任、目标和动力；第七，建立管理层与员工的沟通渠道，鼓励员工发现企业内控制度存在的缺陷并及时进行反馈。

（6）完善内部控制信息系统。从内部控制角度来说，运输企业的信息系统主要有2个方面的作用：一方面，为企业管理者和相关控制部门提供全面及时有效的信息，以便使企业管理者和内部控制部门，及时发现企业内部控制的薄弱点和各项活动的执行情况，以便对其进行及时的处理和反馈。另一方面，信息系统是确保内部控制制度执行的重要手段。在企业内部的很多系统中，相关人员只有拥有一定的权限才能进入。例如：会计凭证未经审核不能在会计系统中入账；不同层面的员工对其他层面和部门的办公系统没有浏览和修改权限。因此完善企业信息系统对于提高内部控制水平，促进内部控制制度的执行具有重要的意义。运输企业在实践中应结合企业自身特点，不断建立和完善信息系统。首先，企业制定信息系统的总体开发规划，实现信息在各部门间的有效传递和资源共享；其次，要提高信息内部各子系统的关联性，如对业务系统和会计系统中已实现的收入和成本信息的关联；再次，要充分从成本和效益两个方面综合考虑，不能盲目追求信息系统的先进性和完备性，要从企业具体需要出发，选取最经济的系统建设方案；此外，要掌握好系统开发的节奏，系统开发过程不能过于仓促，要充分考虑系统在运用中的各种实际问题，及时发现漏洞和缺陷及时进行补救，以确保系统的稳定性，避免因系统漏洞给企业带来额外的风险。

4. 通过购买保险产品以转移风险

运输企业属于高风险行业，选择有效的保险产品对于转移风险具有直接的作用，能够在很大程度上直接减少和避免因不可抗力等自然因素给企业带来的经济损失。充分利用保险制度，选取符合企业生产经营特点的保险产品，主要应从以下几个方面进行考虑：首先，要从企业和保险公司方面共同考虑，选择适合企业的保险公司和保险品种。运输企业在投保时，既要充分考虑自身的经济情况和具体需求，还要从保险公司的实力和信誉以及保险产品的具体内容和事项上进行考虑。一方面，港口企业选择产品要符合经营业务的特征，并且还要充分考虑自身的经济实力，不能脱离企业实际在保险上投入过多的资金，或者单纯从目前的经济投入上来考虑，在保险方面投入过少。具体到实践中，企业应对风险进行归类，根据风险等级的高度确定投保方式和投保金额。并进行严格的保险成本测算，选取成本耗费最小、成本潜在效益最大的保险产品进行组合。例如：对于低频率高损失事故，企业一定要购买保险，因为这类事故一旦发生就会给企业带来巨大的损失。另一方面，企业在选择保险产品时，不能单纯以价格因素来衡量，而要从保险产品的价格、期限、保障金额等各个方面进行综合考虑。注重保险公司的服务水平和信誉度，购买符合实力雄厚口碑良好的保险公司的产品，确保一旦出现保险条款规定的问题时，能够顺利获得理赔，使保险产品真正发挥转移企业风险，降低企业经济损失的作用。其次，企业在签订保险协议时，应注重对合同条款的推敲和考量，确保每一项合同规定事项的全面，避免因保险合同规定不清而导致执行过程中发生争议。此外，一旦发生保险合同争议，企业应及时诉诸法律，维护自身的合法权益，确保保险规定的权益的获得。

实践与练习 6-10　多式联运风险控制

1. 有一个 20 英尺的集装箱从中国的武汉运往美国的芝加哥，请对各条线路进行综合评价确定最佳的多式联运线路（可考虑运输时间、运输费用、运输质量因素）。

2. 我国 A 公司与某国 B 公司于 2001 年 10 月 20 日签订购买 52 500 吨化肥的 CFR 合同。A 公司开出信用证规定，装船期限为 2002 年 1 月 1 日至 1 月 10 日，由于 B 公司租来运货的"顺风号"轮船在开往某外国港口途中遇到飓风，结果装至 2002 年 1 月 20 日才完成。承运人在取得 B 公司出具的保函的情况下签发了与信用证条款一致的提单。"顺风号"轮船于 1 月 21 日驶离装运港。A 公司为这批货物投保了水渍险。2002 年 1 月 30 日"顺风号"轮船途经巴拿马运河时起火，造成部分化肥烧毁。船长在命令救火过程中又造成部分化肥湿毁。由于船在装货港口的延迟，使该船到达目的地时正遇上了化肥价格下跌，A 公司在出售余下的化肥时价格不得不大幅度下降，给 A 公司造成很大损失。请根据上述事例，回答以下问题：

(1) 途中烧毁的化肥损失属什么损失，应由谁承担？为什么？

(2) 途中湿毁的化肥损失属什么损失，应由谁承担？为什么？

(3) A 公司可否向承运人追偿由于化肥价格下跌造成的损失？为什么？

3. 奇瑞汽车有限公司有一批轿车出口伊朗，轿车的发货地为安徽省芜湖市，交货地为伊朗的德黑兰市。这批轿车如果采用传统的单一运输方式，由奇瑞公司分别与铁路、航运或汽车运输公司签订合同进行运输，将会耗费大量的人力和物力。如果委托一家多式联运企业运输，享受"门到门"的服务，就会使这项工作变得简单、快捷。如果您是一家多式联运企业的业务经理，负责这批汽车的运输，请回答以下问题：

（1）请设计 2 种运输方案。

（2）在运输方案中涉及哪几种运输方式？有哪些与合同有关的当事人？

（3）在运输方案中涉及哪些法律、法规和国际公约？

项目七

运输信息系统管理

引导任务七

小张应聘到一家以公路运输为主的物流企业,主管说所有的工作都在信息系统上完成,运输信息系统的作用是什么?由哪几个模块组成呢?操作中应注意什么?如果公司想重新建设信息平台,又如何建设呢?

知识储备

学习目标

1. 掌握运输信息系统的概念及分类。
2. 掌握运输信息系统的功能和作用。
3. 了解运输信息系统所涉及的技术。
4. 掌握运输信息系统开发要素。
5. 掌握运输信息系统平台的基本功能。
6. 掌握运输信息系统使用上的关键点。

学习任务

1. 能够认识运输信息系统对企业的重要作用。
2. 能够根据仓储系统、物流设施设备等课程学习,进一步掌握条码技术和相关软件操作流程。

3. 进一步熟练掌握 6 个项目中相关的软件应用。
4. 能够设计本企业运输信息系统开发相关方案，并能寻找合适的开发企业。
5. 能够寻找合适的物流公共信息平台，并利用平台进行业务处理。
6. 能够完成新旧系统切换的工作方案设计。

单元一　运输信息系统的概念

运输信息系统（Transport Information System）是物流中一个主要系统，是用现代信息技术对运输指挥、运输工具和人员及运输过程的跟踪等管理的人机系统。根据运输信息系统服务对象的不同，分为企业物流运输信息系统，公共货运运输信息系统及物流企业的运输信息系统，如表 7-1 所示。

表 7-1　运输信息系统分类

按服务对象的不同分为	服 务 对 象	主要服务内容
企业物流的 TIS	生产企业的运输部门	从原材料采购单下单到收到原材料，从产成品的销售订单下单到客户收货的整个过程的管理
公共货运的 TIS	配货站、专线公司、货运司机	为用户提供物流相关政策，最新车源货源等物流市场信息，车货配载，车辆定位
物流企业的 TIS	物流企业的运输部门	从客户下运输订单到收货人收到货的整个过程的管理

运输信息系统会和其他系统共享信息，由主管运输业务的部门进行管理，例如货物发运清单、产品数量、重量和体积，货物在途信息，预计到达时间，统计资料，运输事故查询、处理等。

物流运输信息系统是物流信息系统的一个重要的子系统，与其他子系统有着密切的关系，它们之间的相互衔接、相互配合相当重要。

运输信息系统主要管理对象是运输工具（车、船、飞机等）、运输环境（运输线路、站点和地图）、人员（驾驶员、装载人员以及管理人员等）、运单（运单、运输计划排程等）、运输成本核算（人员成本和运输资源成本，包括工具成本和人员成本）、能源消耗核算控制、优化管理（路径优化、运输能力优化以及服务优化等）、客户管理（客户订单服务、查询等）和跟踪管理。运输管理信息系统的核心功能模块主要包括：计划/调度管理、运输工具管理、人员配备管理、装卸/配载管理、过程跟踪管理、客户信息管理、费率/费用管理等。

阅读理解

正当物流需求增长放慢、市场竞争加剧的时候，我们发现物流信息化的投入却在明显增加，成为物流市场一个引人注目的焦点，信息化成为物流新一轮发展的主要内容；物流信息化未来的方向和目标究竟是什么？有规律可循吗？
- 物流业的基础服务市场将加快资源整合，网络信息化是竞争主力。
- 物流公共信息平台的创新将会出现一个新的高潮。
- 专业物流服务市场的发展仍然取决于背景产业的发展。
- 身份识别、定位和移动通信这 3 项技术将成为物流信息化的技术基础。
- 物流业在物联网时代将走向物流智能化。

公共信息平台的建设情况。以前，政府乐于投资建设各种类型的物流公共信息平台，但是成功者少，失败者多。近年来，政府投资谨慎起来，而一些民间资本投资信息平台取得了成功。例如，深圳汇通天下、深圳易流科技的市场越做越大，厦门嘉晟服装物流平台也比较引人注目。这反映出一个问题，即公共信息平台实现信息整合是市场行为，遵循市场规律，在竞争中形成服务价值，服从优胜劣汰的规则。而政府投资的平台难以满足这样的要求。

其实，物流信息平台的发展空间很大，因为社会发展过程中的分工与合作越来越频繁。而随着分工越来越细，合作越来越普遍，层次也越来越高。在分与合之间，需要有一个纽带，这就是公共平台存在的价值。只不过这一切都要放在市场规则下进行，如此才能形成有效的分工与合作。同时，平台的服务必须标准化，公共平台的发展过程，实际上也是提炼标准的公共服务的竞争过程。政府在公共平台的领域里更适于开展依法监管的公共服务，而不是商业性的公共服务。

展望未来　把握方向

物流信息化的实践是丰富多彩的，难免有人会发出不知未来方向之感慨。但是回顾历史，梳理现状，还是可以把握一些趋势性的要求。

物流业的基础服务市场将加快资源整合，网络信息化是竞争主力。网络信息化的基础是对物流资源的管控能力、网络合理布局和动态均衡的调控能力。这些可能最终落实为资源的身份识别、资源属性的时空跟踪能力。

专业物流服务市场的发展仍然取决于背景产业的发展。流程透明化是专业物流流程领域信息化的一个特点，这个透明化是无止境的，因为流程中的资源会展现出越来越多的相关属性，而这些属性将成为专业物流价值创新的源泉。实际上，透明化技术就是将这些属性信息按时间、空间记录下来，以便在流程中加以利用。

物流业在物联网时代将走向物流智能化。何谓智能化？在物流领域无非表现为网络的智能化和流程的智能化。网络的智能化，本质上是对物流资源管理的智能化，体现为无论在多么复杂的情况下都能够减少资源浪费，提高资源利用率。流程的智能化，是价值创新的智能化，体现为无论在多么复杂的情况下都能够选出最优方案，实现服务价值的最大化。

物流公共信息平台的创新将会出现一个新的高潮。与前期相比，市场机制的作用将更加明显。公共服务将呈现出模块化和嵌入式的特点，在公共服务标准化后又被整合在各用户自身的信息系统中。

在技术层面，身份识别、定位和移动通信这3项技术将成为物流信息化的技术基础。在智能化的大趋势下，我们可以预见物流智能终端设备将得到大发展。不管终端设备的形式如何变化，其基本特征就是集成身份识别功能、定位技术和移动通信功能。如果再根据特殊需求加上某种特有的信息采集功能（传感器），就可以将物流资源的特定属性以及相关的时间、空间记录下来，从而使管控实现智能化。

从20世纪60—70年代算起，物流信息化已经走过近半个世纪。其间丰富的实践是一笔宝贵的财富。总结历史经验、探索发展规律对于未来工作的开展具有重要意义，因此这也应该是物流信息化工作的重要组成部分。

资料来源：http://finance.sina.com.cn/hy/20110830/100110402377.shtml，新浪财经

实践与练习 7-1　熟悉运输信息系统

请调研 5~10 家运输企业信息系统情况，由哪些模块组成，有什么异同点？并写出调查报告。

单元二　运输信息系统涉及的相关技术

近年来，IT 技术在物流信息管理系统中的应用很快。基于互联网应用的信息管理技术，使得现代物流企业能够迅速地对客户的各种需求做出响应。物流在途运输管理信息系统开发和设计的主要技术有以下方面。

1．网络技术

物流在途运输管理信息系统需要大量应用网络技术，尤其是引入无线网络技术。在物流信息系统的运行方面，通过网络，使客户端可以通过 Web 服务器实现具体的查询等功能，进而达到能够及时准确地了解物流运输状态的目的。

2．条形码技术

条形码技术（Bar Code，简称条码）是在计算机应用中产生并发展起来的，广泛应用于商业、邮政、图书管理、仓储、工业生产过程控制、交通等领域的一种自动识别技术，具有输入速度快、准确度高、成本低、可靠性强等优点，在当今的自动识别技术中占有重要的地位。物流行业利用条码技术可对物品进行识别和描述，从而解决了数据录入和数据采集的瓶颈问题，为供应链管理提供了有力支持。国际上公认的用于物流领域的条码标准主要有 3 种，即通用商品条码、储运单元条码和贸易单元条码，基本上可以满足物流领域中消费单元、储运单元和贸易单元的应用要求。

3．电子数据交换 EDI（Electronic Data Interchange）技术

EDI 具有快速、准确、安全的特点，因而自从 EDI 技术发展以来，就在运输行业得到了大量的应用。在物流在途运输管理信息系统中，系统各模块之间既有联系而又在功能上相互独立，各功能模块之间的相互联系主要是通过标准化的数据接口利用 EDI 技术来进行的。

4．无线射频技术 RFID（Radio Frequency Identification）技术

RFID 是 20 世纪 90 年代兴起的一种非接触式的自动识别技术，射频卡具有非接触、阅读速度快、无磨损、不受环境影响、寿命长、便于使用的特点和具有防冲突功能，能同时处理多张卡片。

5．地理信息系统 GIS（Geographic Information System）技术

通过 GIS 技术实现与多种交通信息分析和处理技术进行集成，能够提供有效的数字化平台为运输管理服务。例如，运输企业通过应用 GIS 运行路径选择可以优化公司的物流运输线路，在专用的 GIS 软件中往往还提供了地图的统计分析功能，有利于实现对客货流量变化情况的分析，从而辅助物流运输管理系统进行行车计划的制定。

6．全球定位系统 GPS（Global Positioning System）技术

GPS 技术可以应用于物流运输领域的以下方面：

第一，可用于对运输工具、货物的跟踪。应用 GPS 技术，可以通过地面计算机终端实时显示出运输工具的实际位置，其位置的精度可以达到以米计量，能够随时掌握运输工具

与货物的运输动态，使整个物流运输过程都处于有效监控与快速运转的状态中。

第二，能够进行有效的信息传递和查询。应用 GPS 技术可以实施双向的信息交流，不但能够实现对物流运输车辆提供相关的气象、交通、指挥等信息，还可以将运行中的车辆、船舶的信息传递给管理中心，达到对物流车辆及货物的安全进行有效监控和可靠保障的目的。

第三，应用 GPS 技术能够实现及时报警的功能。可以有效快速掌握物流运输车辆的异常情况，并能够接收求助和报警信息，有利于实施紧急救援。

第四，方便进行科学管理。物流运输系统中应用 GPS 技术能够提供许多信息，对于实施运输指挥、监控、路线规划、向用户发出到货预报等具有现实应用价值，有效支持大跨度的物流系统管理。

7．物联网技术 The Internet of things

物联网（Internet of Things）指的是将无处不在（Ubiquitous）的末端设备（Devices）和设施（Facilities），包括具备"内在智能"的传感器、移动终端、工业系统、数控系统、家庭智能设施、视频监控系统等，和"外在使能"（Enabled）的，如贴上 RFID 的各种资产（Assets）、携带无线终端的个人与车辆等"智能化物件或动物"或"智能尘埃"（Mote），通过各种无线和/或有线的长距离或短距离通信网络实现互联互通（M2M）、应用大集成（Grand Integration）以及基于云计算的 SaaS 营运等模式，在内网（Intranet）、专网（Extranet）、和/或互联网（Internet）环境下，采用适当的信息安全保障机制，提供安全可控乃至个性化的实时在线监测、定位追溯、报警联动、调度指挥、预案管理、远程控制、安全防范、远程维保、在线升级、统计报表、决策支持、领导桌面（集中展示的 Cockpit Dashboard）等管理和服务功能，实现对"万物"的"高效、节能、安全、环保"的"管、控、营"一体化。

物联网技术是指通过射频识别（RFID）、红外感应器、全球定位系统、激光扫描器等信息传感设备，按约定的协议，将任何物品与互联网相连接，进行信息交换和通信，以实现智能化识别、定位、追踪、监控和管理的一种网络技术叫做物联网技术。

实践与练习 7-2　熟悉运输信息系统的相关技术

Gartner 最新的研究的报告称在 2020 年物联网（IoT）将会创造高达 3090 亿美元价值，现在围绕在我们身边的任何设备和服务都能够连接到网络上，那么请分析物联网与运输信息系统的关系。

单元三　运输信息系统的功能

运输信息系统主要是用于计划和控制企业的运输活动，提高了物流运输活动的服务水平，降低了物流运输的作业成本，根据企业的特殊情况，其运输信息系统管理的内容会有所不容，总的来说，一般会包括以下这些功能。

1．选择合适的运输方式

对于不同批量、不同种类的货物，选用的运输方式也有所不同。运输信息系统能够储存各种运输方式的服务费用、预计运输时间、服务质量等信息，然后根据货物批量、运输成本和运输质量要求来确定最适合的运输方式。

2．货物配载

货物配载是运输信息系统的一个重要功能：将小批量的各种货物合并成大批量来运输，提出合理的配载和拼装建议，使运输工具的载重量和容积都可以充分地利用，因此，合理地拼装货物能节约大量的运输成本。

3．选择运输线路

运输信息系统会根据运输任务的不同选择最佳的运输路线，提高了运输效率，降低了运输成本。

4．跟踪货物和运输工具

随着 GIS 和 GPS 技术的广泛应用，现有的物流信息系统平台实现了运输车辆跟踪定位，提高了物流企业的工作效率和货物的安全性。但在货物的运输过程中仍然存在着物流信息和商单信息相分离、无法追踪到具体货物的"盲点"。利用物联网技术和视频电子标签编码合成技术对现有物流信息平台的改进解决了这两个问题，使物流全过程可实时可监控、关键信息查询快捷高效。

货物在物流流转过程中各个环节达到视频监控信息全程可视化、商单信息全程可视化、物流信息全程可视化。视频监控信息全程可视化：在物流过程的关键环节如分拣、装卸、运输、交接等操作场地或运输车上全部安装摄像机，对环节的操作过程可以进行实时监控，并对录像进行存储，需要时可进行查询。

商单信息全程可视化：所有货物的发货单信息都可以在物流信息系统中进行查询。在 GIS 地图上，随机选中某辆车的标记，就可以显示该车所载货物的货单号、货物种类、数量、运达目的地等相关信息。物流信息全程可视化：利用 RFID、条码、传感器技术，可以全程实时追踪到单件货物或整体货物所在的位置，记录货物所处的环境信息等。

5．客户服务

运输信息系统为客户提供电子订舱、信息查询（包括船期查询、运价查询、货物跟踪、服务指南）、信息传递（包括特殊要求、投诉、各种询问）等服务，适应网络信息时代与市场经济的需求，体现面向市场、贴近客户的战略方针，改善了企业形象，提高了服务质量，增强了竞争能力。

阅读理解

阿里不造仓库将建设物流信息系统

在 2012 年双十一创造交易额高峰后，物流系统经受了巨大考验，有用户反映半月未收到包裹等情况，而天猫则推出了延迟打款等措施进行补救。不过阿里巴巴首席风险官邵晓锋表示，今年物流的情况比去年要好很多。

阿里巴巴自建物流的传闻一直不断，而大促销对物流系统的考验，越来越证明阿里巴巴一己之力并不能承载爆发式增长的网店配送需求。现在电商的规模仅靠一家公司去买地建仓送包裹是无法满足产业需要的，一定要有一个社会化大物流的依托，阿里已经与国内前十大快递公司进行系统接入，通过数据共享和交易提升物流效率。

"阿里不会是一个配送员，也不想去做仓库，而是建设物流信息系统，最终形成物流天网。"邵晓锋说。

资料来源：阿里巴巴：不造仓库建物流信息系统 冲击 3 万亿交易额，凤凰网

单元四　运输信息系统的开发与平台运用

一、企业信息系统开发前期准备工作

（一）信息系统开发的原则

由于 TMS 或 TIS 仅是企业管理信息系统的一个子模块，因此，运输信息系统开发其实际过程是企业管理系统开发中的一个产品。无论是企业新开发还是购关相关产品，一定要遵循以下几个原则。

1．系统性原则

企业管理信息系统的开发必须对企业整体的运营状态及将来的业务发展要有充分的把握，并按照系统规划、分阶段开发与利用，整体提升企业的管理水平与形象来进行。要做到系统调研、系统设计、统筹运营、系统管理的思想和步骤来实施。

2．适用性与技术先进性相结合的原则

企业管理信息系统的开发，它不仅是一个管理信息系统的开发与使用过程，更是企业运营模式与管理模式和企业文化的一个转型过程。其产生的冲击和带来的成本都必须在企业的合理控制范围之内。保持信息技术适度的先进性，可以避免企业的信息系统在一定时期内不能够满足自身的需求，减少不必要的浪费。

3．人才培养与引进同步进行的原则

企业管理信息系统的开发如果没有相应的人才是无法保证信息系统的正常运作与管理的。引进或培训信息系统管理人才是企业在进行信息开发时的一项非常重要的工作，是发挥信息系统功能的基础与条件之一。如果企业自主研发管理信息系统，则要引进和储备更多的信息技术人才。除此之外，还需要业务方面的专业人才和客户业务管理人才共同参与信息系统的开发工作，以便开发前明确需求、开发后有效对接，充分发挥信息系统功能。

4．业务需求同步满足的原则

业务需求是信息系统开发的最根本的需要。信息系统需求需要同时满足以下各层次及各环节的需求，如图 7-1 所示。

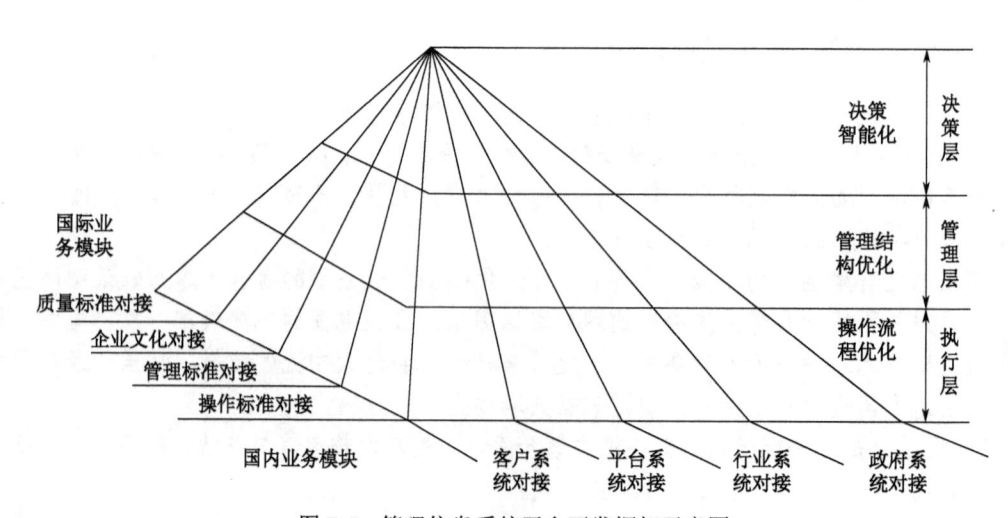

图 7-1　管理信息系统平台开发框架示意图

（二）信息系统开发需求的确定

管理信息系统平台要满足企业 3 个层次，国际、国内 2 个市场，对接政府、行业、企业及公共信息平台，从而为企业的全方位运营与业务管理形成一个完整的信息链，从而实现供应链管理的信息需要和强化自身的供应链管理。

确定信息系统需求是企业进行管理信息系统开发的前提和基础，是决定采购现有的信息系统软件还是全新开发的关键。

1．目前比较流行的软件系统

（1）ERP 系统。包括 SAP、用友、金碟、MRPII 软件等。这些软件基于供应链管理，包括企业生产经营所需要的方方面面。

（2）TMS 专业系统。包括专业配装配载系统、运输监控系统、运输调度系统等。

2．明确信息系统需求

通常情况下，企业对自身的需求是基本能够明确的，但不能完全明确。这源于企业目前经营业务范围有限和企业所面对的客户范围与要求，以及企业将来的发展需求情况不明。

因此明确需求，需要做 3 方面的工作：

（1）目前业务对信息系统的需求。

（2）目前信息系统的缺陷。

（3）未来业务的发展预测。

（三）企业内部流程优化

建立信息系统，一方面企业的管理各部门、各环节是信息的产生环节和处理、管理环节，另一方面企业的信息系统也将促使企业去适应信息化条件改变管理模式。

（1）精简部门及环节，实现扁平化管理；

（2）实现部门业务重组和流程优化。

企业流程重组的本质就在于根据新技术条件信息处理的特点，以事物发生的自然过程寻找解决问题的途径。

企业流程与企业的运行方式、组织的协调合作、人的组织管理、新技术的应用与融合等紧密相关，因而，企业流程的重组不仅涉及技术，也涉及人文因素，包括观念的重组、流程的重组和组织的重组，以新型企业文化代替老的企业文化，以新的企业流程代替原有的企业流程，以扁平化的企业组织代替金字塔型的企业组织。其中，信息技术的应用是流程重组的核心，信息技术既是流程重组的出发点，也是流程重组的最终目标的体现者。

（四）寻找合适的开发商

寻找合适的信息系统开发商，是信息系统开发的关键之一。一个合适的开发商必须熟悉物流行业、产业及大型物流企业的运作，其开发的软件必须满足先进的管理经验和技术先进性、系统安全性和开发成熟的团队等。

寻找合适的开发商宜采用招标或邀标方式进行。

（五）做好内部的宣传与培训工作

使用信息管理系统，要提前做好企业内部宣传工作，以确保信息系统正式投入前做好各级员工思想准备。

加强对人员的培训工作，特别是专业技术人员的培训和普通员工的基本功训练。

二、企业信息系统开发与使用

（一）信息系统的发展历程（参见图7-2）

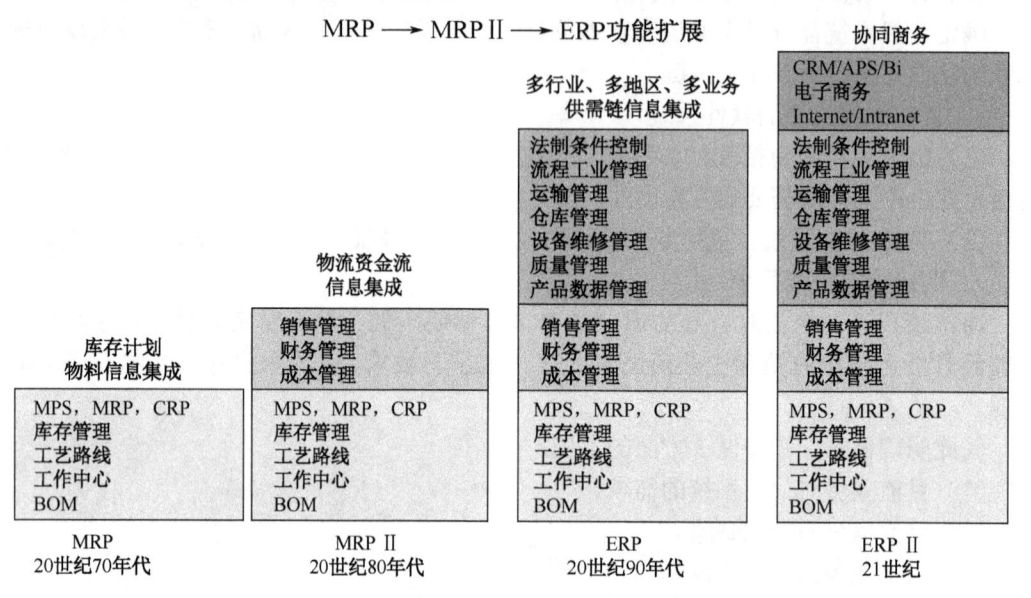

```
MRP → MRPⅡ → ERP功能扩展    协同商务
```

MRP 20世纪70年代	MRPⅡ 20世纪80年代	ERP 20世纪90年代	ERPⅡ 21世纪
库存计划 物料信息集成	物流资金流 信息集成	多行业、多地区、多业务 供需链信息集成	CRM/APS/Bi 电子商务 Internet/Intranet
		法制条件控制 流程工业管理 运输管理 仓库管理 设备维修管理 质量管理 产品数据管理	法制条件控制 流程工业管理 运输管理 仓库管理 设备维修管理 质量管理 产品数据管理
	销售管理 财务管理 成本管理	销售管理 财务管理 成本管理	销售管理 财务管理 成本管理
MPS, MRP, CRP 库存管理 工艺路线 工作中心 BOM	MPS, MRP, CRP 库存管理 工艺路线 工作中心 BOM	MPS, MRP, CRP 库存管理 工艺路线 工作中心 BOM	MPS, MRP, CRP 库存管理 工艺路线 工作中心 BOM

图7-2 企业管理信息系统发展历程

（二）防范信息开发过程中的6个陷阱

1. 信息化建设不切实际

避免在决策准备阶段盲目立项的有效方法是聘请物流信息化专家对本企业的信息化工作进行专门指导，要严格按照企业自身的需要合理地选择系统平台和应用逻辑的功能覆盖，同时要看到信息化建设的系统性、全局性和整体性。

2. 盲目相信"熟人"

企业在将物流信息化建设外包给软件开发商时，不能以是否熟悉开发商作为选择的主要基准，而要对开发商进行细致的观察、分析和比较，要依据多项标准进行综合评价，并最终以合同的形式确定与合适的软件开发商之间的合作关系。

3. 对信息化没有持久性

好的系统软件一般都有很好的延续性和扩展性。这需要企业在进行物流软件系统开发之前就应该对整个系统软件有一个宏观和长期的规划，也就是说要考虑得尽量全面具体，并要充分照顾到企业将来的应用需求以方便软件系统的升级，这也是企业信息化建设的可持续发展问题。

4. 由不懂信息化的人员领导

物流信息化工作具有较强的技术性和专业性，因而需要组织企业进行物流信息化建设的领导要具有较高的素质，具体包括良好的计算机相关专业的教育与实践背景，较好的管理与组织能力，同时他还要十分熟悉所在物流企业的业务流程、经营模式和发展战略，并且能够对企业的经营发展需要什么样的信息系统有正确、全面的认识。

在目前物流人才缺乏的环境下，信息技术与物流管理两方面都兼备的复合型人才更为奇缺。但是哪怕一时找不到一个既懂信息技术又懂管理的人员来担此重任，但至少也应当找一个从事过几年软件设计编程的非计算机专业人员来任职,否则把企业的物流信息化工作交给一个既不懂信息系统又不懂管理的主管人员负责实施的话,其后果是可想而知的。

5. 不接受合理的服务支出

许多企业经常把"软件就是服务"片面理解为:我一旦买了你的软件系统,你就应该为我提供免费的技术服务,任何服务性收费都是不合理的。事实上,这是一个认识上的误区。

6. 软件交付使用就万事大吉

一些企业在外包开发的物流软件系统交付使用后往往会犯这种错误,这种认识的误区与购买设备的心理颇为相似:在订购一些具有固定技术参数、功能指标的设备时,一般会仔细挑选并且综合评价,直到找出性能价格比较高的设备才会最终决定购买。但是物流软件系统的购买却并非如此,与购买设备相反,企业外包开发的软件系统在交付使用时,仅仅意味着企业与软件开发商重要合作的开始。

三、物流公共信息平台的使用

不论企业是否拥有自身的信息系统,都可以充分利用各地方或区域的公共信息平台,特别是物流公共信息平台。

目前在我国建设有省级物流公共信息平台的有 20 多个,地市公共信息平台正在蓬勃发展。

(一)湖南省物流公共平台

1. 平台公司成立

2010 年 2 月由现代物流职业技术学院牵头,联合一批物流企业注册成立了湖南省物流公共信息平台有限公司,作为平台运营的载体。

2010 年 5 月与中国电信湖南省分公司签订了《"天翼物流 E 通"移动业务合作协议》,平台公司成立了研发部、业务部、综合部 3 个部门。

2010 年 6 月一期工程进入了紧张的系统研发,首批包括 5 个工程:物流公共信息平台门户网站、"物流 E 通"综合配载系统、GPSone 定位系统、"物流 E 通"手机、短消息平台。

2. 平台公司技术开发的三期工程

湖南省物流公共信息平台开发三期工程如图 7-3 所示。

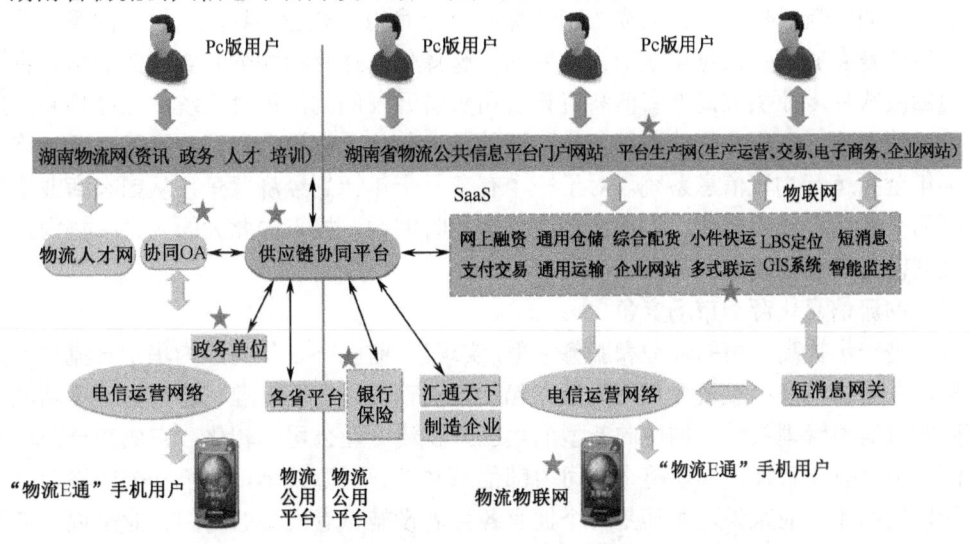

图 7-3 湖南省物流公共信息平台开发三期工程示意图

3. 平台网址及注册

（1）平台网址：http://www.hnwlw.net/index.xhtml。如图 7-4 所示。

图 7-4　湖南省现代物流公共信息平台的物流软件图

（2）注册：先进行注册，注册与登录窗口如图 7-5 所示。经过审查后，可以获得相关资格，并进行网络信息共享。该平台目前拥有近 20 000 家用户。信息真实可靠，并对接了江西省、湖北、山东等省物流公共信息平台。

图 7-5　湖南省现代物流公共信息平台注册与登录窗口

实践与练习 7-3　如何提高运输信息化

用信息化奠基现代物流——武汉世通公司物流股份公司实例（来自于网络）

一、公司概况

武汉作为华中地区的特大中心城市，物流产业已经成为该市的重点基础性产业之一。武汉世通物流股份公司就是在武汉市启动华中现代物流总体规划时成立的，并在该规划的总体实施概要中以龙头企业的身份成为这一规划的代表。

由湖北省商业仓储运输有限公司、武汉市商业储运公司、武汉新良有限责任公司、武汉常码头粮库整合而成的武汉世通，是一家专业提供第三方物流服务的企业。公司转制后面临着从计划到市场的脱胎换骨，面临着机构、体制、人力、财力、物力等多方面的改造。

武汉世通物流股份公司在完成改制挂牌后 1 个月内。企业领导班子做出的第一项重大战略决策就是实施整体信息化改造。并明确了整体信息化目标和分布实施的战略。目前，由国内物流软件专业供应商上海博科资讯公司负责开发的物流信息系统，已经顺利完成了第一阶段的调研、流程分析改造等工作，开始进入整体方案设计和开发阶段，预计将于今年下半年全面运行物流信息系统。对于一个有着几十年计划经济背景，从国有商业仓储企业转制而来的新型物流企业，如何能在这样短的时间内，投入如此大的人力、物力、财力进行大规模的信息化改造？

二、物流信息化源于市场竞争

为了进一步提高公司的管理和服务水平，实现世通在 3～5 年内成为华中一流物流企业的目标，世通物流决心投资数百万元建立包括运输管理、仓储管理、客户管理等功能在内的协同物流信息管理系统，加快向新型的第三方物流专业公司的转化，完成在全公司范围内全面实施信息化管理，实现整个公司内部信息共享、资源共享。对于一个即将迎接市场竞争的现代物流企业来说，尤其是一个拥有各种老设施、老设备的转制企业来说，需要改造的地方有很多，但其中最主要的就是信息化的改造。因为缺乏信息化的服务手段，就会丧失客户丧失市场。武汉世通转制挂牌后迅速做出实施信息化改造的决定，是有切身体会的，公司曾经因为不能提供信息化的服务手段而流失了不少客户。因此，在所有的改造中信息化改造必须要先行，其他的改造可以视企业的发展需要来定。

从供应链的角度来分析，无论是生产、贸易、服务，还是建筑、交通，任何产业、任何企业都有供应链的环节，也都需要物流服务。在传统仓储业务中，离不开高架仓、叉车、托盘等，而在今天的仓储物流服务中，不同的商品服务需求不同，有些不要高架仓，有些不要托盘或叉车，但所有的商品都需要信息化。通常选择第三方物流服务，首要条件就是有没有信息化服务手段。因此，信息化改造是市场的需要，也是发展的必需。

三、物流信息化发于专业运作

目前国内物流企业的信息化通常采用自己开发、与IT公司合作开发以及外包给专业的物流软件公司3种方式。而武汉世通从一开始就排除了独立或参与合作开发的选择。世通的领导认为信息化本身是手段不是目的。与专业的物流软件公司合作除了能保证系统完成的效率和质量外，还可以引进先进的物流管理思想和方法。

因此，在选择信息化实施项目合作伙伴时，武汉世通首先考虑的是要找专业的软件公司，并且是专业的物流软件公司进行合作，同时还必须有物流行业信息化的成功案例可以参照。李源认为对于做物流信息化项目的软件企业来说，关键要知道如何做、怎么做，而不仅仅是满足于客户说什么你做什么。

在考察过程中，上海博科的客户满意度、市场占有率的领先优势，以及众多的物流成功案例吸引了世通，但除此之外，世通还特别注意到了博科拥有国内同类软件企业中比较少的CMM3（软件能力成熟度模型）评估认证，这些都证明了博科在物流项目上的开发能力。

一个专业的公司更大程度上也是一个好的规划咨询顾问，与专业的公司合作不仅可以保障系统的有效运行和信息化目标的实现，更重要的是他们可以为武汉世通带来先进的物流经验。可以说，物流企业的信息化成功与否，与所选择的专业物流软件公司密切相关。

四、物流信息化基于适用开放

博科仓储管理通过无线移动射频设备为配送、电子商务和第三方物流供应等各种类型的企业提供高级的实时物料管理功能。武汉世通是中原物流的样板，构建高效的现代物流网络，就需要高起点高规划的物流信息系统来保障．这样才能降低成本、提高效率、提高服务质量，信息系统是现代物流

五、物流信息化成于观念转变

再好的企业，再好的工具，没有合适的使用者都是不可能最终产生效益的。现代物流的最终的成败在于物流企业服务人员的观念转变。从成立初期，武汉世通就一直坚持全员的电脑操作技能培训和物流信息化的管理培训，从企业领导到一般管理干部，在日常企业运营的各种场合，各个环节都尽可能地使用电脑或电子形式的协同工作。为此，企业在物流信息化真正实施前，在日常管理中先运行了一个行政管理系统，实现了企业管理架构的扁平化，同时也通过这样的实际应用推动和促进各级员工的转变，让每个人都有所感受，同时也给每个人以压力，因为这是市场竞争的压力，也是企业发展的压力。

物流信息化过程是物流企业运作模式和服务模式的改造过程，也是物流企业提高服务质量，为客户创造价值的过程。武汉世通要求企业中的每个人都认识到，物流信息化不是一个简单的现代管理手段，它是物流企业从传统到现代的转变，是服务模式的转变，更是

思想观念的转变。

六、把握好核心业务

目前国内物流行业中，除了外资物流企业外，目前的国内物流企业主要是从 2 种企业转化而来，一种是原来的运输类企业，另一种是原来的仓储类企业，但还不能称为真正的第三方物流。从武汉世通来说，核心业务是立足于仓储优势上的物流。武汉世通从一开始便把目标定在了企业的整体信息化改造上，但信息化并不是公司的目标，武汉世通的目标是要成为中国本土最具实力的第三方物流企业之一。

请分析上述案例，并回答下列问题：

1．一个企业要发展，信息化是必要手段，那么如何来提升公司的信息化水平？
2．开发企业的信息系统在选择合作伙伴上应该注重哪些方面？

实践与练习 7-4　湖南省现代物流公共信息平台的应用

1．请登录湖南省物流公共信息平台，并查看相关软件与栏目，并针对软件平台的功能、栏目设置等做出综合性平台。
2．查找其他省市物流公共信息平台，并就 2 个平台进行相互比较，利用 SWOT 分析法对 2 个平台进行分析。

（二）交通运输物流公共信息共享平台

浙江省建设交通运输物流公共信息共享平台。"平台"是在交通运输部领导下，由浙江省交通运输厅牵头，多省交通运输管理部门、科研单位、物流企业、IT 企业等多方参加，共建、共享的物流信息化建设系统工程。"平台"主要是构建一个公益性的物流信息交换基础网络，同时推出若干个物流企业管理通用软件、推进若干个物流公共信息服务平台共享、推动与若干个外部重要系统联网。

1．构建国家物流数据交换基础网络

为供应链各环节物流信息系统提供中立、开放、免费的单据和服务交换。计划到 2015年，在交通部和浙江省设立互为镜像的根服务器，在全国部署 30 个交换服务器。

2．推出若干个物流企业管理通用软件

为了推动基础网络的构建，加快行业信息化水平，在"平台"框架和标准下为物流企业提供一批普通运输、集装箱、物流基地、仓储、货代等企业通用软件。

3．推进若干个物流信息服务平台互联

各省市行业管理部门、行业协会、企业在交换基础网络框架下建设区域物流公共信息服务平台，"平台"向社会提供物流信息服务。这些应用包括信息发布、软件 SAAS 服务、货物跟踪、信用评价、运输交易等。

4．推动若干个外部重要信息系统互联

"平台"将和国内外主流的物流相关系统互联，实现单据和服务交换。主要包括电子口岸、运政管理等行业管理和服务信息系统；中国远洋物流有限公司、中国外运股份有限公司、顺丰速运等大型龙头企业的物流管理系统；铁路、民航等运输方式的物流系统；日本 COLINS、韩国 SP-IDC 等国外物流信息系统等互联，实现物流信息全覆盖。计划到 2015年，实现和 20 个重要物流信息系统联网。

5．平台建设思路

平台建设思路：交换是核心、标准是基础、应用是关键、综合是方向、建设是要务、创新是生命。

实践与练习 7-5　分析运输信息系统

请认真阅读资源包《7-1 交通运输物流公共信息共享平台情况汇报》文档，并写出自己的读后感。

实践操作

学习目标

1．掌握运输信息系统的构成。
2．掌握运输信息系统各模块的功能作用。
3．掌握运输信息系统的操作流程。

学习任务

1．能够掌握运输信息系统的操作流程与规范。
2．能在运输信息系统或平台进行熟练操作。

操作一　以公路运输为主的信息系统

物流运输信息系统一般是由发送货物托运人、物流运输的承运人和接收货物收货人组成的。

（1）发送货物托运人（如生产厂家）在接到订货通知后制订货物运送计划，并把运送货物的清单及运送时间安排等信息发送给物流运输承运人和接收货物收货人（如零售商），以便物流运输业主预先制订货物接收计划。

（2）发送货物托运人依据顾客订单的要求和货物运送计划下达发货指令、分拣配货、打印出货物条形码的货物标签（如 SCM 标签，Shipping Carton Marketing）并贴在货物包装箱上，同时把运送货物品种、数量、包装等信息发送给物流运输承运人和接收货物收货人，向物流运输承运人发出运送请求信息，物流运输承运人依据请求下达车辆调配指令。

（3）物流运输承运人在向发送货物托运人取运货物时，利用车载扫描仪读取货物标签的物流条形码，并与先前收到的货物运输数据进行核对，确认运送货物。

（4）物流运输承运人在物流中心对货物进行整理、集装、填妥送货清单并向收货人发送发货信息。在货物运送的同时进行货物跟踪管理，并在货物交纳给收货人之后，通过 EDI 向发送货物业主发送完成运送业务信息和运费请求信息。

（5）收货人在货物到达时，利用扫描读数仪读取货标签的物流条形码，并与先前收到的货物运输数据进行核对确认，开出收货发票，货物入库。同时向物流运输承运人和发送货物托运人发送收货确认信息。

运输信息系统是为企业的运输单元和运输网络而建立的高效，可靠，安全，分布式的现代物流运输管理信息系统，其目的是对运输过程中的人（驾驶员等），车，货，客户以及费用核算进行有效的协调和管理。同时，系统通过互联网把运输企业的分布在不同地区的分支机构、车辆、仓库等物质资源和人力资源以及相关企业部门集中起来，进行统一的管理，某以公路运输为主的物流企业的运输信息系统构成如图7-6所示。下面介绍各模块的功能。

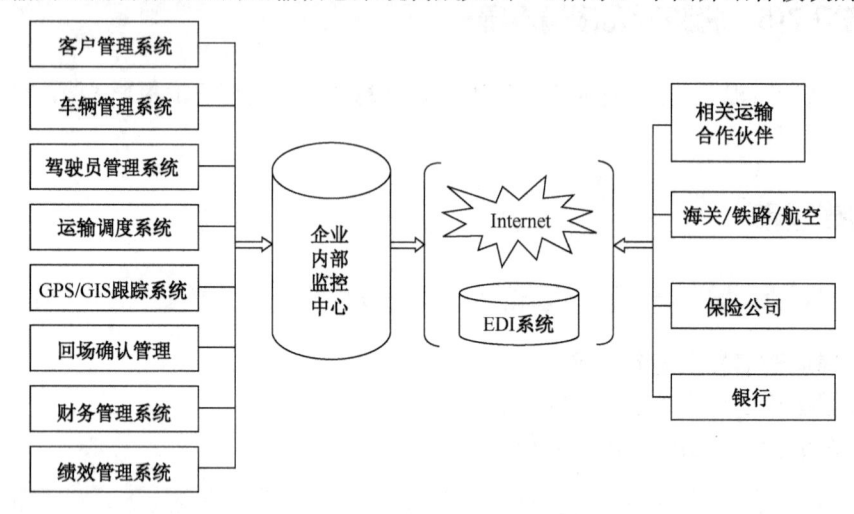

图7-6 信息系统构成结构示意图

（一）客户管理系统

1. 订单处理流程

订单处理流程如图7-7所示。

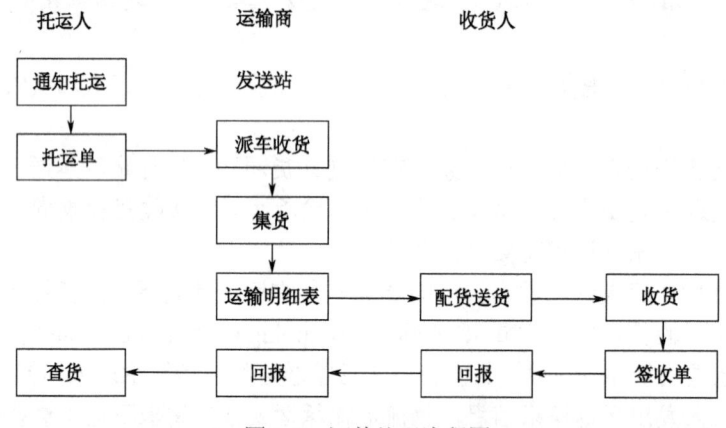

图7-7 订单处理流程图

实现多种订单受理方式，客户可通过电话，传真，同时在Internet环境中实现安全的、标准的EDI数据交换，接受网上直接下单，根据客户的指令进行托单的录入，主要包括受理日期、订单号（可人工输入或自动生成）、起运地址、货物名称、重量、体积、数量，货主、联系人、电话，收货单位、联系人、到达地址、电话及各种费用等订单信息。对下达的订单进行分析审核，经双方确认后签订运输合同。支持多种发运订单，主要包括车辆运单，散户运单，合同运单，货物运单等。

2. 合同管理

（1）对签订的合同进行统一管理。管理内容主要包括：受理日期、合同编号、订单号、起运地址、货物名称、重量、体积、数量，货主、联系人、电话，收货单位、联系人、到达地址、电话、车辆种类、车辆数量、签订人、审核人、起始时间、到达时间、预付费用计算、结算方式等信息。

（2）合同破损记录。合同破损记录主要指对装车、发货时发生的破损记录情况进行修改、登记工作。理赔部门按照事先双方签订的合同协议进行理赔处理，系统自动将金额转入财务结算。

3．客户查询管理

客户通过输入货物代码，就可以得知货物在途状况，在库情况，预计到达时间等。

4．投诉理赔管理

（1）处理客户投诉：处理客户的投诉处理，对客户的投诉进行分析和统计，做出投诉处置并进行相关记录，向上汇报。

（2）对客户反馈的信息进行分析，记录，提高服务水平。

（二）车辆管理系统

利用专业的管理软件对运输车辆（包括企业自用车辆和外用车辆）的信息进行日常的管理维护，随时了解车辆的运行状况，以确保在运输任务下达时，有车辆可供调配。

（1）管理每天的出车记录：输入运单号，显示出出车日期、出车车辆、客户名称、工作内容、吨位、单价、提货地、目的地等。

（2）输入车辆编号，查看车辆维修与保养计划，车辆维修查询、添加零件、车辆违章查询、车辆事故查询等多项信息。

（3）查看出车的车辆、待命车辆、维修车辆。

（三）驾驶员管理系统

1．驾驶员档案管理

驾驶员档案管理主要是对驾驶员档案资料信息的管理。主要包括：驾驶员名称、家庭详细住址、详细常用居住地、家里电话、手机、身份证号码、所属公司、驾驶证主证号、驾驶证副证号、驾龄、上岗证、通行证、准营证、劳动合同情况等众多信息。

2．驾驶员查询

分日常和月度对不同驾驶员的业绩、经费等进行统计查询。显示驾驶员月度或年度的业务量情况。对某一驾驶员发生的经费进行统计，显示驾驶员的所用运输杂费、人工费、工资等费用。

3．绩效管理

支持驾驶员刷卡考勤，实行工作绩效管理。

（四）运输调度系统

该系统包括3个环节：运输计划安排、运输方式选择和运输路线优化。

1．运输计划安排

根据客户的要求安排运输计划，如运输货物的数量、客户时间等实际要求制订运输计划，并生成运输计划书。

2．运输方式选择

根据货物的性质、特点、运输批量及运输距离等实际情况，综合考虑运输的经济性、安全性、迅速性等服务特点，在保证按时到货及运费负担能力的前提下选择合适的运输方式。

3. 运输路线优化

制定适当的运输方式后，系统提供自动路线规划：输入起点和目的地，系统将调用由 GPS 和 GIS 系统共同建立的运输线路数据库，按要求自动设计最佳行驶路线，包括最快的路线、最简单的路线，通过高速公路分段次数最少的路线等的计算。线路规划完毕后，显示器自动在电子地图上显示设计线路，并同时显示汽车运行路径和运行方法。调度完成后，系统可自动产生送货单、装车单等单据；同时有运输状况报告和运输任务统计报告等的输出。

（五）GPS/GIS 跟踪系统

车载单元即 GPS 接收机在接收到 GPS 卫星定位数据后，自动计算出自身所处的地理位置的坐标，后经 GSM 通信机发送到 GSM 公用数字移动通信网，并通过与物流信息系统连接的 DDN 专线将数据送到物流信息系统监控平台上，中心处理器将收到的坐标数据及其他数据还原后，与 GIS 系统的电子地图相匹配，并在电子地图上直观地显示车辆实时坐标的准确位置。各网络 GPS 用户可用自己的权限上网进行自有车辆信息的收发、查询等工作，在电子地图上清楚而直观地掌握车辆的动态信息（位置、状态、行驶速度等）。同时还可以在车辆遇险或出现意外事故时进行种种必要的遥控操作。

其主要功能为：

（1）提供运输任务的实时监控和查询。实现数据网络共享和对营运车辆的实时网络追踪管理（包括车号、车种、车型、所在区域、状态、内容和去向等）。

（2）提供预警功能，当在任务执行的考察点，发生应到未到的现象，系统自动提出警示，提醒可能产生的延误。

（3）集成 SMS 功能，当发生例外事件时促发 SMS，使相关人员及时得到信息，提高反应能力。

（4）支持外部用户通过 Internet 或 GSM 网络等方式进行货况查询。

（5）发生车辆遇险或出现意外事故，系统自动报警并自动执行相应的处理。

（六）回场确认管理系统

驾驶员把货物送至目的地车辆回场后，将客户收货确认带回，输入本次执行任务后的一些信息，如行程，油耗，台班数，货物有无损坏和遗失，以及是否准点到达等，这些数据将作为数据统计分析的基础。

（七）财务管理系统

（1）可提供全国各地运输价格和所需时日的查询。

（2）可设置联盟运输商的价格信息数据库。

（3）可依据合同分客户制定运输价格表。

（4）费用结算报表和费用明细的列表。

（5）成本核算每趟运输出行的过桥过路费、油费、人工费和资产折旧等费用。

（6）支持多种结算方式及利率统计。

（八）绩效管理系统

（1）主要用于高层管理者和决策者，是对业务管理和经营事务进行控制、优化和决策的系统。

（2）可以进行事前、事中和事后的管理和控制。例如，根据历史数据，给将要实行的车辆调度计划给予一个指标，使其计划达到合理性和优化。

（3）可以对经营决策给予支持，如要不要进行外包车辆等，系统都会根据数据给予一个分析和参考的指标。

（九）海关/铁路/航空系统对接

（1）系统能够涵盖所有的运输方式，包括水路运输、公路运输、铁路运输和航空运输，并提供对多式联运业务的支持。

（2）实现对不同运输方式的衔接互补：当某有运输任务牵涉到多种运输方式时，能实时提出运输组织的策略，以合理地组织完成运输任务。

（3）通过与海关部门的连接，为外贸交易提供系统的报关服务，方便了客户也扩大了企业的业务。

（十）保险公司、银行对接

（1）为物流运输部门的车辆和员工提供保险业务。

（2）承接网上投保业务，为物流公司承接的运输货物随时办理保险业务。

（3）分担了物流企业的风险。

（4）系统可通过与银行接口，实现网上支付和结算业务，不仅缩短了作业时间，节省了费用，同时也为客户提供了方便。

在物流运输作业活动中，由于运输车辆处于分散运动状态中。因此，对物流运输车辆的管理是其他作业管理不能比拟的困难。随着无线技术、地理信息系统和全球定位系统的发展，车辆运行管理信息系统被应用到物流运输作业中，为客户提供运输迅速、准确、安全、经济的服务，满足货主多样化、个性化、多频度、小数量和及时运达的需求健全完善的物流信息系统管理体系已成为当今物流业在激烈地竞争环境下取得成功的必备工具，建立社会物流基础设施关联信息系统也是时代发展的要求。

实践与练习 7-6　公路运输信息系统

请调研 3~5 家以公路运输企业为主的信息系统情况，由哪些模块组成，有什么异同点？并写出调查报告。

操作二　以水路运输为主的信息系统

以中远集运航运企业的运输信息系统为例介绍以水路运输为主的信息系统。

中远集运信息系统功能设置原则：

（1）以提高管理水平和服务质量为宗旨；

（2）以集装箱班轮运输组织与管理为核心内容，逐步向综合物流管理的方向拓展；

（3）加强市场营销与经营管理方面的功能以适应市场经济的要求；

（4）规范集装箱运输的货运程序，优化集装箱班轮运输管理的业务流程；

（5）既体现先进性，又考虑实现可能性。

根据上述原则，结合集装箱运输的货运程序及集装箱班轮运输组织与管理的基本内容，中远集装箱运输信息系统设置如表 7-2 所示的 12 项基本功能，这些基本功能都与集装箱运输业务密切相关，其中和运输有关的功能介绍如下。

一、客户服务功能

该功能为客户提供电子订舱、信息查询（包括船期查询、运价查询、货物跟踪、服务指南）、信息传递（包括特殊要求、投诉、各种询问）等网上服务，旨在适应网络信息时代与市场经济的需求，体现面向市场、贴近客户的战略万针，改善公司形象，提高服务质量，增强竞争能力。

二、班轮运输管理

班轮运输是指固定的船舶在固定的港口之间（形成固定的航线）按公布的船期表和运费率进行的规则运输。

班轮运输管理系统的主要功能有：

（1）班期表管理。本模块负责班期表的辅助编制和发布。

（2）船舶动态跟踪。本模块负责船舶动态数据资料的录入与维护。将船长发来的航次结束报数据、抵离港报数据、船位报数据，输入到船舶动态数据库。并将班期延误情况通知有关部门。

（3）商务管理。本模块负责船舶保险、索赔管理、理赔管理、合同管理等。

（4）租船管理。本模块负责租船决策支持、租船调度、付租金及到期退租还船提示。

（5）合作船管理。本模块负责合作船调度，对合作船船期、箱运量及箱重量进行统计跟踪，分别按日、周、月、季度、年，统计己方和合作方的运量，生成报表。

（6）供应管理。本模块负责燃油供应管理、物料供应管理、物资库存管理、物资消耗统计分析等。

三、集装箱管理

集装箱管理系统主要对集装箱运输过程中集装箱的动态进行管理。它是其他系统，如货物跟踪，效益分析等系统的数据源。集装箱管理系统包括集装箱信息管理、调箱计划的制订、租箱管理、集装箱设备管理、堆场管理等部分。

1．集装箱信息管理

集装箱信息管理主要对集装箱的基本数据及集装箱动态信息进行维护、管理。包括查询（某个箱子查询，某港口，堆场，船上箱子等的查询），统计（各类统计报表的产生），核对（产生有关报表）等功能。

2．空箱调运管理

空箱调运管理功能主要用于制订空箱的调运计划，包括集装箱保有量计算，调运计划的制订和监督执行等模块。

3．租箱管理

租箱管理模块用于处理与租箱有关的事务，包括租箱公司信息管理，租箱合同的管理，租箱管理，还箱管理，错用箱管理，转租处理，租箱账单审核等功能。

4．集装箱设备管理

集装箱设备管理主要处理集装箱技术方面的一些事务，包括新造箱管理，修箱管理，备件管理，待售箱（报废箱）管理，灭失箱处理等功能。

5．堆场管理

堆场是集装箱运输中的一个重要环节，本模块主要处理堆场中与集装箱有关的事务，包括堆场协议管理，考核管理，费用管理等模块。

6．集装箱成本控制

集装箱成本控制根据集装箱成本的构成，从不同方面加强管理。包括：通过科学的集装箱需求预测，合理配备集装箱，控制集装箱购置成本；确定合理的自备箱/租箱比，采用合适的租箱方式，控制租箱费用；确定最佳更新期，控制修理费用；结合运价策略，缩小港口进出口箱量的不平衡性，减少空箱调运量，合理组织空箱调运，控制空箱调运费用；根据集装箱动态信息，提供预警功能，对代理的考核挂钩，控制堆场费用。

四、代理业务管理

1．集装箱货运代理业务管理

集装箱货运代理业务管理包括客户管理，单证处理，电子报关、报验，业务进程跟踪，综合统计，运费管理，发票管理，综合查询，报表生成，EDI 通信管理等。

2．集装箱船舶代理业务管理

集装箱船舶代理业务管理包括进出口单证管理，中转管理，商务管理，集装箱管理，业务统计，综合查询，报表生成，EDI 通信管理等。

五、陆上储运管理

1．集装箱堆场、货运站业务管理

集装箱堆场、货运站业务管理包括集装箱进出场、站动态信息管理，集装箱装、拆箱信息管理，场、站费率管理及费用结算，集装箱维修管理，装卸机械管理，场、站业务综合统计，综合查询，报表生成等。

2．仓储业务管理

仓储业务管理包括进、出库及库存管理，费用结算，进、出口联运业务管理，业务综合统计，综合查询，报表生成等。

3．集装箱陆上汽车运输管理

集装箱陆上汽车运输管理包括编制货物运输计划，车辆调度，车辆、货物动态跟踪，运输设备管理，车队营运统计，综合查询，报表生成等。

六、业务统计

航运业务统计是对船舶生产活动进行不间断的审核与计算，并及时向业务计划人员、调度人员和企业负责人汇报运输生产成果以及存在的问题。航运业务统计主要包括 3 项内容：一是船舶生产能力统计；二是船舶运输量统计；三是船舶生产效率统计。

1．船舶生产能力统计

船舶生产能力统计包括：船舶实有数统计、船舶箱天统计、互换舱位运力统计。

2．调度快速统计

调度快速统计包括：分航线船舶生产日报；分航线船舶生产旬报；分航线船舶生产月报功能；分货类船舶生产日报；互换舱位船舶生产日报；运量统计月报、季报、年报。

3．船舶生产效率统计

船舶生产效率统计包括运输生产效率和技术指标统计；分航线船舶工作效率统计；集

装箱船分航线箱位利用率；船舶准班率统计。

七、经营分析

经营分析是航运企业科学管理不可缺少的一项工具，通过经营分析，不仅可了解企业生产结构规模水平以及增长变化速度，而且可发现生产经营中存在的某些问题，从而有利于经营者采取及时的措施，加以改进。运用本功能可以最大限度地避免分析及措施的滞后性，保证企业的经营管理在良性循环的轨道内运行。

经营分析主要包括生产情况分析、航线效益分析、新开航线分析；和集装箱管理分析。

1．生产情况分析

生产情况分析包括航线运量分析；航线运量方向不平衡性分析；航线运量时间不平衡性分析；港口进出口箱量分析；舱位合理分配；航线调箱分析；航线租箱分析。

2．航线效益分析

航线效益分析包括航线成本分析；航线收入分析；航线盈亏分析；航线各港口贡献值比例测算；各代理网点贡献值比例测算。

3．新开航线分析

新开航线分析包括：航线成本分析；班轮航线局部调整论证；沿线港口货流及盈亏分析；相关市场分析；舱位互租成本效益分析。

4．集装箱调箱分析

集装箱调箱分析包括：港口集装箱周转期分析；港口集装箱合理保有量分析；调箱成本分析。

八、船舶技术管理

船舶是航运企业生产的物质技术基础，是决定航运企业生产效能的重要因素之一。国际航运企业的生产能不能正常进行，在很大程度上取决于船舶的管理状况。船舶技术管理系统的功能包括：船舶技术资料管理、节能管理、备件管理、机务管理、设备管理、造船管理、更新改造管理、维修管理。

九、安全、质量管理

船舶的安全生产管理是优质完成运输任务的首要问题，它包括航行安全、人身安全、设备安全、货物安全和环境保护几个方面的工作。货运质量是运输生产全过程各项管理工作的综合反映，是运输企业取得市场信誉并求得生存和发展的重要因素。

该系统功能包括：海事安全管理、货运质量管理。

十、EDI 服务

建立中远全球集装箱运输管理 EDI 服务中心，联结中远全球集装箱运输网络，制定统一、规范的单证格式，接收、审核、转发、翻译、转存各类 EDI 报文，提供安全保密功能，用户管理功能，日常维护功能。

实践与练习 7-7　水路运输信息系统

请调研 3～5 家以水路运输企业为主的信息系统情况，由哪些模块组成，有什么异同点，并写出调查报告。

操作三　以铁路运输为主的信息系统[①]

铁路运输信息系统通过计算机网络从全路 6000 多个站名中选取的 2000 多个主要站段中，实时收集列车、机车、车辆、集装箱以及所运货物的动态信息，对列车、车辆、集装箱和货物进行节点式追踪管理，实现货票、确报、编组站、区段站、货运站、货运营销及调度系统的计算机管理，为全路各级运输管理人员提供及时、准确和完整的运输信息和辅助决策方案，实现紧密运输、均衡运输，提高运输生产效率，改善客户服务质量。

一、铁路运输信息系统的应用目标

实现对运输市场信息和客户需求信息管理、运力资源信息管理、运输作业过程信息管理、管内现在车和集装箱动态分布信息管理和运输信息综合利用等。

1．运输市场信息和客户需求信息管理

动态掌握货源分布动态和运输货物在途状态；动态掌握托运人的货运订单和请求车需求；向客户反馈货运订单的核准情况、请车计划的安排和执行情况；动态掌握企业自备车（箱）的位置及状态；动态掌握重点客户、重点企业（港口、电厂、玻璃厂、焦化厂等）重点物资的运输计划执行情况。

2．运力资源信息管理

实现主要运力资源信息管理，包括：铁路货车、机车、集装箱保有量动态（含加入铁路运营的企业自备货车和集装箱）；其他铁路运力资源信息，如车务、电务维修管理等。

3．运输作业过程信息管理

实现主要运输作业过程信息管理，包括：货物的承运、交付信息；装/卸车信息；列车的编、解、到、发信息；作业计划、作业单据的编制信息等。

4．管内现在车动态分布信息管理

实现管内现在车（含自备车）动态分布信息管理，包括：车种别重/空车分布动态信息；去向别、品类别重车分布动态信息；管辖范围内现在车出/入动态信息；管辖范围内运用/非运用转换信息等。

5．管内集装箱动态分布信息管理

实现管内集装箱（含自备箱）动态分布信息管理，包括：管辖范围内箱型别、去向别的集装箱分布动态信息；箱型、箱号别的集装箱检修状态信息；运用/非运用、加入/剔除变化动态信息等。

6．运输信息综合利用

各级系统共享运输生产过程中采集的原始信息，建立铁路运输信息系统原始信息库、动态信息库和历史信息库，在此基础上开发面向运输业务部门的综合应用，并最大限度地与办公自动化、点到点成本计算、财务结算、经济活动指标分析等专业系统实现信息资源共享。

[①] 束汉武．TMIS 建设目标．百度文库，2011．11

二、铁路运输信息系统的子系统

1．确报系统

建成全路确报原始数据库，收集全部确报，实现确报信息共享；实现跨局确报转发；覆盖 880 个确报点。

2．货票系统

建成全路货票原始数据库，收集全部货票和装载清单，实现货票数据共享；实现到达货票转发；提供货运清算数据；实现货票综合应用；覆盖 2 000 多个制票点，包括 1 200 个设计制票站，273 个车务段和扩大实施的一批非设计制票站。

3．集装箱追踪系统

建成全路集装箱原始数据库，实现集装箱数据共享；实现跨局集装箱报告转发；实现在途集装箱位置追踪；600 个集装箱办理站实现集装箱报告，包括扩大实施的 148 个非设计报告站。

4．车号自动识别信息报告系统

建成全路车号自动识别报告信息原始数据库，实现车号自动识别报告信息数据共享；实现分界口跨局车号自动识别报告信息转发；覆盖 530 个车号自动识别系统信息报告点，实现 43 万辆部属货车、12 万辆企业自备货车和 1.6 万辆机车的车号、车次和位置信息的自动识别和报告。

5．货运营销与生产管理系统

建成全路原提货运订单、核准货运订单原始数据库和执行动态库；实现全路货运营销计划和技术计划的编制、下达；实现 1200 个货运站和 273 个车务段以及重点货主连网。

6．运输日常调度系统

建成调度信息应用数据库；实现日班计划和调度命令的编制和下达。

7．大节点货车追踪系统

建成中央列车、货车、集装箱动态信息库；实现基本的中央报告命令集；实现基本的中央查询命令集；覆盖 530 个大节点追踪车站（车号自动识别信息报告点）。

8．运输信息综合应用系统

利用各原始数据库的有关信息，建立列车和车辆动态库、历史库；建立综合应用数据库，实现运输信息的综合利用；实现货车使用费清算。

9．处理中心

建成 3 台大型主处理机并行综合体系统；完成各前置处理机系统整合；完成中央通信子系统整合；建成铁路运输信息系统；Web 应用服务器系统；优化各应用系统资源配置。

实践与练习 7-8　铁路运输信息系统

请调研 3~5 家以铁路运输企业为主的信息系统情况，由哪些模块组成，有什么异同点？并写出调查报告。

操作四　以航空运输为主的信息系统

现代物流的发展要求航空运输信息系统具备以下功能：能建立并管理全球性的航空运

输网络，深入覆盖所有主要城市；能对最终用户从单个或多个仓库取货送货路线进行重新设计，减少地面运输造成的延迟，充分体现航空物流的快速；能提供订制化的服务，包括跟踪信息服务，保证在途货物信息透明化（特别是国际货物运输）；能与机场离港系统、订舱系统实时信息交互，合理配载，顺利订舱；具备相应的组织和流程灵活性，能够灵活处理各种突发问题；能提供客户增值服务等，具体的子系统如下：

1. 订舱信息管理

接受客户的订舱，对舱位资源进行有效的计划分配，具备航班资源调配、设施资源调配等，收集航班销售信息，监控航班销售情况并做好单向性航班促销，航班舱位的及时调整，实现航班收益最大化。

2. 客户服务管理

通过收集客户需求信息、记录客户订单信息、进行销售分析和预测、管理销售价格、处理应收货款及退款等，实现对客户资料的全方位、多层次的管理，使各个环节实现流通机能的整合，货物的实时跟踪查询功能。

3. 货运站信息管理

对企业内部各种物流作业（Logistics Technology）信息实施管理，包括：收运计重、各种柜台（营业厅）作业、货物存储、组板、ULD 分解、进出港义件处理、予配计划、配载、出港出库、临时加拉货处理、退运处理、提货出库等，并能有效地对货物进行跟踪。作业过程中，支持自动读取电子称重量读数，还应当支持无线网络数据传送和读取条形码数据。

4. 航线信息管理

航班日常销售管理；航线的市场销售分析、预测、组织和实施评估；重要的航班进行预先分析；确定每个航班的超订额度及管理；确定每个航班的订舱水平；所管辖航线、航班的航线、航段优化及机型调配工作；对已起飞航班的收益做出评估；对每日最高 5 航班的销售分析与控制措施实施监控；对每日最差 5 航班进行分析，并设置举措报表；航线航班销售的分析、预测；系统能够与海关的信息系统连接，实现电子报关及"电子卡口"。各个供应链，特别是各个代理，可通过未来的信息系统与海关进行电子报关，加快报关速度。海关监管仓库可通过系统，实现进出"电子卡口"，提供快速通道电子口岸的功能。

实践与练习 7-9　航空运输信息系统

请调研 3~5 家以航空运输企业为主的信息系统情况，由哪些模块组成，有什么异同点？并写出调查报告。

能力拓展

学习目标

1. 掌握信息系统的供应链管理的内容。
2. 掌握信息系统的安全性管理的内容。

学习任务

1. 能够进行信息系统的供应链管理。

2. 能够进行信息系统的安全性管理

通过对以上4种运输信息系统的分析，我们发现4种运输信息系统都具备了向客户提供产品处于运输状态的实时信息，查询简便迅速，信息及时准确；不再是一个个信息孤岛，与其相关的其他相关部门（如代理、客户、银行、海关等）的信息系统形成了对接；都应用了先进的信息技术，建立了网络平台，体现了物流运输业的智能化。同时，信息系统的供应链管理和安全管理也受到越来越多企业的重视。

模块一　信息系统的供应链管理

供应链管理不是仓库的库存管理系统，也不是仅仅针对某个物流企业的内部作业管理信息系统，而是能够对各个供应链之间的货物流动进行信息管理。确切地说：利用计算机网络技术全面规划供应链中的商流、物流、信息流、资金流等，并进行计划、组织、协调与控制。企业资源计划在这里主要是针对航空货运企业网络各个供应链内部生产管理的信息系统，通过前馈的物流和反馈的信息流、资金流，把上游的需求和企业内部的生产经营活动以及航班的资源整合在一起，完成各项航空货运作业。

未来的供应链管理信息系统是经过总体规划的，多层次、多功能计算机网络系统。以航空公司的运输信息系统为例，它将覆盖航空公司主枢纽、集散基地和国际区域的货运营业点，覆盖货运代理人企业、直接用户企业等，能够与主枢纽内外的业务相关部门进行信息交换，还能够与境外航空业务代理公司、国内其他运输主枢纽和铁路、公路、海运等运输方式的港站和企业进行信息交换，提供完整的供应链管理服务。

根据上述情况和业务覆盖面要求，仅仅依据现有的民航货运信息系统类似功能的系统，在覆盖面、成本费用、实现的可能性等方面显然是远远不够的。尤其是面向公众和代理人的市场营销、网上订舱、网上跟踪查询、客户管理、货运代理人管理、代理制单、公布报价、客户关系管理、电子邮件系统、电话语音查询、电子商务、航班运营管理、货运基地管理、卡车航班和车队调度管理、空地联运服务信息系统包括地理信息系统（GIS）和全球定位系统（GPS）等不仅要能在民航专用网上访问，而且应该构筑在覆盖面更大的以国际互联网为基础的信息平台上，这样不仅可以覆盖所有的国家和用户，而且可以较大幅度地降低运营成本。

任意供应链通过系统能够对本供应链的货物流动进行全程跟踪，能够及时掌握上游供应链对本段供应链的资源或服务请求，使本供应链能够及早进行必要的准备，制订出相关的作业，具有良好的开放性和与其他系统的互联能力，提高了效率，降低了成本。

> **知识链接**

供应链定义为："围绕核心企业，通过对信息流，物流，资金流的控制，从采购原材料，制成中间产品及最终产品，最后由销售网络把产品送到消费者手中。它是将供应商，制造商，分销商，零售商，直到最终用户连成一个整体的功能网链模式。"所以，一条完整的供应链应包括供应商（原材料供应商或零配件供应商），制造商（加工厂或装配厂），分销商（代理商或批发商），零售商（卖场、百货商店、超市、专卖店、便利店和杂货店）以及消费者。

供应链管理系统是基于协同供应链管理的思想，配合供应链中各实体的业务需求，使操作流程和信息系统紧密配合，做到各环节无缝链接，形成物流、信息流、单证流、商流和资金流五流合一的领先模式。实现整体供应链可视化，管理信息化，整体利益最大化，管理成本最小化，从而提高总体水平。

模块二　信息系统的安全性管理

随着经济、信息技术和互联网的快速发展，以及信息化进程的不断深入，网络化成为物流企业信息化发展的必然选择，运输信息系统已经得到广泛的应用，物流决策、业务流程、客户服务的全程信息化，给物流企业的发展带来了极大的推动作用。但是，网络信息系统的安全问题也随之而来，可以通过以下几方面的措施保障物流管理信息系统的安全运行。

1．身份认证

身份验证又称"验证"、"鉴权"，是指通过一定的技术手段，完成对用户身份的确认，用户名和口令识别是身份认证中最常用的方式。在数据库管理系统中，用户名和口令是管理权限和访问控制的一种安全措施。我们在系统设计中采用了 Windows 认证、物流管理信息系统认证和 SQL Server 认证相结合的混合身份认证模式。

2．安装杀毒软件

物流企业网络安全性建设中最重要的一个环节，就是对计算机病毒的防范。利用各种杀毒软件防止病毒侵入系统，是人们最为熟悉的安全防范措施。除此之外，病毒防范还需要有完善的管理规范，例如：不使用盗版软件；不打开来历不明的电子邮件，不访问不可靠的网站；对重要文件设置访问权限或加密；特别重要的数据随时备份保护；及时升级杀毒软件，并定期查杀病毒；等等。在物流信息系统的具体设计中我们选择了诺顿企业版防毒软件，并结合相关的防病毒制度，有效地保障了系统的安全。

3．配置防火墙

防火墙是设置在可信赖的企业内部网和不可信的公共网之间的一系列部件的组合，是网络安全的保护屏障，也是防范黑客攻击的有效手段，它能通过过滤不安全的服务而降低风险，并极大地提高内部网络的安全性。在逻辑上，防火墙是一个限制器、分离器，还是一个分析器，能有效监控因特网和内部网络之间的活动，为内部网络提供了安全保证。在物流管理信息系统设计中我们选择的是瑞星防火墙结合其他技术来构建网络防护系统。

4．数据库安全机制

数据库是信息管理系统的基础，对物流公司来说，所有的合同、订单以及交易信息都存储在数据库中，因而对数据库的安全必须高度重视。数据库的安全性是指保护数据库避免被非法使用，防止数据的泄露、破坏或更改，主要体现在以下方面：

（1）数据库的储存安全；

（2）数据库可用性；

（3）数据库的机密性；

（4）数据库的完整性。

数据库安全机制可划分为四个层次：用户层、数据库管理系统（DBMS）层、操作系统层、数据库层，其中：① DBMS 层安全机制通过访问控制实现，即设置不同用户对数据库各种对象的访问权限,是数据库管理系统最有效的安全手段,也是数据库安全系统中的核心技术。访问控制可以通过用户分类和数据分类实现。② 数据库层的安全机制大多以加密技术来保证。数据库加密是网络系统中防止信息失真的最基本的防范技术,也是数据安全的最后防线。在实际系统设计中,我们选择 Microsoft SQL Server 2000 作为数据库管理系统,采取加密粒度为字段的数据存储加密方式,实现了基于角色和口令的用户访问以及信息在网络中的密文传输,大大提高了数据库系统的安全性。

5. 数据备份

数据安全是物流管理信息系统安全的核心部分,这有两方面的含义:一是逻辑上的安全,二是物理上的安全。前者需要系统的安全防护,后者则需要数据存储备份的保护。数据备份是系统数据可用性的最后一道防线,保证发生故障(主要是系统故障)后的数据恢复。没有数据备份,就不可能恢复丢失的数据,从而造成不可估量的损失。定期备份数据库是最稳妥也是比较廉价的防止系统故障的方法,能有效地恢复数据。人们经常采用的数据库备份方法有双机热备份、硬盘镜像备份等。一个完整的数据库备份策略需要考虑很多因素,包括备份周期、使用静态备份还是动态备份(动态备份也即允许数据库运行时进行备份)、使用全备份还是结合增量备份、备份介质、人工备份还是系统自动备份等。出于成本方面的考虑,我们采用了比较经济的异机备份形式,使用 MSSQL Server 2000 的自动备份功能和异机传送工具来实现数据存储备份,并根据物流企业的业务量或数据重要程度选择合适的备份计划,设置定时(可以是每周、每月、每日或每时)由计算机自动把服务器中数据库的数据传送到另外工作站机的数据库中。此外,还需要定期把某些表或全部数据备份到光盘、U 盘中,妥善保管。

6. 管理层面的安全防范

物流管理信息系统的安全保障是由技术、管理和人的作用共同决定的。利用技术手段获得的安全毕竟是有限的,而所有的策略、技术、工具的使用和管理都要依靠人,因此对物流管理信息系统的安全从管理层面的防范至关重要。这需要制定体系化的安全管理制度,例如:系统信息安全备份及相关的操作规程,系统和数据库的安全管理制度,网络使用授权、网络检测、网络设施控制和相关的操作规程,等等。

现代物流运输市场竞争十分激烈,传统的运输管理手段已不能适应竞争日趋激烈的运输市场,物流综合运输信息系统作为一种运输竞争优势的手段,对提高物流企业运输效率、增强企业核心竞争力十分有利。不仅可以提高运输管理水平,提高差别化的物流服务,还可以满足社会对物流企业运输的各种信息需求。

实践与练习 7-10　运输信息系统安全性管理

请调研 3~5 家企业运输信息系统在信息安全方面采取了哪些手段和措施,有什么异同点?并写出调查报告。

参 考 文 献

[1] 朱晓宁．集装箱运输与多式联运[M]．北京：北京交通出版社，2012．
[2] 丁俊发．货物运输实务[M]．中国物流与采购联合会，2012．
[3] 国际物流管理（GLMP）[M]．美国运输与物流协会，2012．
[4] 国际物流管理（GLMI）[M]．美国运输与物流协会，2012．
[5] 余洁．运输管理[M]．北京：电子工业出版社，2012．
[6] 吴清一．物流实务[M]．北京：中国物资出版社，2010．
[7] 洪晔．航空货物运输：知识与技能[M]．北京：中国人民大学出版社，2011．
[8] 王益友．航空国内货物运输[M]．化学工业出版社，2012．
[9] 王益友．航空国际货物运输[M]．化学工业出版社，2012．
[10] 孙瑛，韩杨．物流运输管理实务[M]．北京：清华大学出版社，2011．
[11] 季永清、江建达．物流运输管理实务——理论、实务、案例、实训[M]．2012．
[12] 鲁广斌．国际货运代理实务与集装箱运输业务[M]．北京：清华人学出版社，2010．
[13] 严南南．多式联运实务[M]．北京：人民交通出版社，2012．
[14] 黄河．物流运输实务[M]．北京：北京大学出版社，2012．
[15] 付丽茹．运输管理实务[M]．北京：中国水利水电出版社
[16] 夏洪山．现代航空运输管理[M]．北京：科学出版社，2013．
[17] 顾永才．物流运输实务[M]．北京：首都经济贸易大学出版社，2011．
[18] 别文群．物流信息管理系统[M]．广州：华南理工大学出版社，2009.5．
[19] 彭秀兰．道路运输管理实务（任务驱动）[M]．北京：机械工业出版社，2010．
[20] 关忠兴．物流信息系统[M]．北京：北京大学出版社，2012．
[21] 孙家庆．集装箱多式联运[M]．北京：中国人民大学出版社，2013．
[22] 郭勇．中远全球集装箱运输信息系统建设规划研究[D]．大连：大连海事大学，2000.3．
[23] 徐惠喜．全球航空运输市场出路何在[J]．经济日报，2013（4）．
[24] 张倩．美国发展多式联运的组织与制度保障[J]．合作经济与科技，2013（1）．
[25] 郭建芳．集装箱多式联运流程问题研究[J]．对外经贸，2012（12）．

反侵权盗版声明

电子工业出版社依法对本作品享有专有出版权。任何未经权利人书面许可，复制、销售或通过信息网络传播本作品的行为；歪曲、篡改、剽窃本作品的行为，均违反《中华人民共和国著作权法》，其行为人应承担相应的民事责任和行政责任，构成犯罪的，将被依法追究刑事责任。

为了维护市场秩序，保护权利人的合法权益，我社将依法查处和打击侵权盗版的单位和个人。欢迎社会各界人士积极举报侵权盗版行为，本社将奖励举报有功人员，并保证举报人的信息不被泄露。

举报电话：（010）88254396；（010）88258888
传　　真：（010）88254397
E-mail：dbqq@phei.com.cn
通信地址：北京市万寿路 173 信箱
　　　　　电子工业出版社总编办公室
邮　　编：100036